BIBLIOTHÈQUE

DE LA PLÉIADE

Album Antoine de Saint-Exupéry

ICONOGRAPHIE
CHOISIE ET COMMENTÉE
PAR JEAN-DANIEL PARISET
ET FRÉDÉRIC D'AGAY

nrf

GALLIMARD

AVANT-PROPOS

> « Saint-Exupéry ne fabriquait pas sa propre statue. Que ses amis ou ses confidents du hasard ou de la minute imitent son exemple et ne dressent de lui ni une statue du désespoir ni une statue de la sérénité. »
>
> *Léon Werth*

Né avec le siècle, Antoine de Saint-Exupéry est un des rares auteurs à ne pas vieillir, le seul peut-être ; son immortel Petit Prince *continue sa vie dans les rêves des enfants et des parents du monde entier.*

Pour d'autres, il reste le pilote décrivant avec une grand pureté de langue l'épopée de l'aviation naissante ; et cet aviateur défricheur de ligne, chef d'escale, côtoie dans le panthéon des pilotes Mermoz ou Guillaumet.

Homme de conviction, son engagement contre le fascisme est évident : Terre des Hommes *porte la marque de son humanisme, comme ses articles et ses reportages, car l'ensemble de cette œuvre reste le témoin exigeant de ses expériences, à la recherche de l'autre dans sa dignité d'homme, avec, ce contrepoint de l'enfance, les* Lettres à sa mère *qui enracinent l'affection filiale.*

Sa volonté de servir dans la reconnaissance durant la guerre, malgré ses amis, fit de lui l'un des rares à pouvoir écrire sur la défaite de 1940 sans en rougir. Pilote de guerre *est sa mémoire, celle de son unité, le 2/33, des camarades qu'il retrouve à Alger, puis, en Corse, lors de son dernier vol le 31 juillet 1944.*

Mais « Saint-Ex » était plus que cela : un inventeur passionné de sciences, un bon vivant connu pour ses belles histoires et ses jeux. Il était aussi un penseur chaleureux, dont les Carnets *montrent l'intérêt qu'il a pour tout ce qui est humain. Quant à* Citadelle, *nul ne sait s'il s'agit d'un long poème, d'un conte philosophique, d'une sourde prière née dans le désert de Juby...*

J.-D. P.

REMERCIEMENTS

Depuis 1974, la revue Icare, *éditée par le Syndicat national des pilotes de ligne, a publié sept numéros spéciaux sur Antoine de Saint-Exupéry présentant la quasi-totalité des documents visuels sur notre écrivain. Que le colonel Edmond Petit et le commandant Jean Lasserre soient ici remerciés.*

Le Musée Air France, dirigé par l'un, puis par l'autre, a rassemblé objets, livres, manuscrits, photographies...

L'Association des Amis d'Antoine de Saint-Exupéry a coordonné de nombreuses manifestations sous l'impulsion de son secrétaire général Jean Israël.

En 1984, à l'occasion du quarantième anniversaire de sa disparition, les Archives nationales, à l'initiative de Jean Favier, membre de l'Institut, directeur général des Archives, ont organisé une exposition ; Raymond Noël et Brigitte Lebrigand ont rassemblé la documentation, Nicole Plessard a établi les contretypes. Une exposition itinérante a été réalisée avec le concours de la Délégation aux Célébrations nationales que dirige Élisabeth Pauly.

Les prêteurs et les personnes qui, à l'époque, y ont apporté leur concours, furent

Famille d'Agay ; MM. Jean Chitry, Henri Claudel ; Dr Pierre Cozannet ; MM. Pierre Dalloz, Louis Évrard ; baron André de Fonscolombe ; général René Gavoille ; colonel Jean Israël ; M. Jean-Jacques Languepin ; Mme Marie-Madeleine Mast ; Dr Georges Pélissier ; MM. John Phillips, Pierre Picard ; Mmes Anabella Power, Jean Renoir ; M. Michel Richelmy ; Mme la vicomtesse de Saint-Exupéry ; MM. Charles Sallès, Henri-Jean de Saussine, Arnaud de Ségogne, Robert Traut, André de Vilmorin, Claude Werth.

Nous avons également sollicité les collections, ou eu recours aux anciennes collections, de MM. Pierre Billon, Thierry Bodin, Gervais Chappée, Robert Dutordoir, Jean Escot, Lewis Galantière ; Mmes Noëlle Guillaumet, Silvia Hamilton, Peggy Hitchcock ; M. Paul James ; MM. Bernard Lamotte, Jean-Marie Lelièvre, Olivier de Lestrange ; Lady Osborne ; M. Pollès ; Mme André Poulin ; M. Philippe Zoumeroff.

Certains, amis chers, ou contemporains, sont décédés depuis ou n'ont pu être retrouvés à l'occasion de ce nouvel hommage.

D'autres ont toujours voulu rester anonymes ; respectons cette volontaire discrétion avec laquelle ils gardent dans leur cœur le souvenir si présent d'Antoine de Saint-Exupéry.

Tous, nous les assurons de notre profonde gratitude.

Nous avons plaisir à remercier les Institutions suivantes pour leurs contributions :

Archives du ministère des Affaires Étrangères, Archives cantonales de Fribourg, Archives nationales, Archives départementales de Haute-Garonne, Archivo general de la Nación Argentina, Bibliothèque nationale, Éditions Gallimard, Lycée Notre-Dame de Sainte-Croix (Le Mans), Musée de l'Air et de l'Espace, Musée de l'Hydraviation (Biscarosse), The Pierpont Morgan Library, Service historique de l'Armée de l'Air [cité *SHAA*].

En 1984, comme en 1994, Jean-Pierre Dauphin des Éditions Gallimard a vu naître ce catalogue, puis cet album ; avec amitié et franchise, il l'a corrigé, amélioré, apportant à tout instant son concours, n'hésitant pas à être avec nous plus qu'un éditeur, un auteur.

Jean-Daniel Pariset, Frédéric d'Agay

2

Antoine de Saint-Exupéry est né le 29 juin 1900 à neuf heures quinze à Lyon au 8, rue du Peyrat, l'actuelle rue Alphonse Fochier. Troisième enfant de Jean, vicomte de Saint-Exupéry (1863-1904), et de Marie de Fonscolombe (1875-1972), il est leur premier fils, après Marie-Madeleine, dite Biche ou Mimma (1897-1926), et Simone, dite Monot (1898-1978). Deux autres enfants, François (1902-1917) et Gabrielle, dite Didi (1903-1986), naîtront peu après. Le décès prématuré de Jean de Saint-Exupéry, en 1904, laisse une veuve de vingt-neuf ans et cinq orphelins.

Les Saint-Exupéry, cités dès le XIIIe siècle en Limousin lorsqu'ils participent aux croisades, formèrent plusieurs branches : l'aînée, en Auvergne, des seigneurs de Miremont, éteinte au XVIe siècle dans un rameau bâtard des Bourbons, les marquis de Malauze ; la cadette, des seigneurs du Fraysse (à Terrasson, Dordogne), se subdivisa en deux : celle des marquis de Saint-Exupéry, en Périgord, reçue aux Honneurs de la Cour en 1757, et celle des comtes de Saint-Amans, en Quercy, tige de nombreux officiers, les auteurs d'Antoine...

L'un d'eux, Georges-Alexandre-Césarée de Saint-Exupéry (1757-1825), capitaine au régiment de Sarre-Infanterie, participa aux côtés de La Fayette et de Rochambeau à la guerre d'Indépendance américaine en 1779-1780, dont il a laissé une relation publiée au début du siècle

1 (double page précédente). Une caravane dans le désert.

2. Saint-Exupéry vers 1935. Photogramme.

3

4

3. Jean, vicomte de Saint-Exupéry, père d'Antoine.

4. Marie de Fonscolombe, mère d'Antoine.

5. Le mariage de Jean et Marie de Saint-Exupéry à Saint-Maurice-de-Rémens (Ain) en 1896.

6. Maison natale d'Antoine au 8, rue du Peyrat à Lyon.

7. De gauche à droite, Marie-Madeleine, Gabrielle, François, Antoine et Simone ; vers 1907.

7

5

6

JOURNAL

M. le duc de Choiseuil humilié pour la france de la paix honteuse qu'il avait été forcé d'acheter aux anglois en 1763, [illegible] il ne negligea aucune ocasion de faire apercevoir aux anglo-americains que le joug de leur metropole était insuportable et en les eclairant sur leurs droits, en les invitant à la Revolte il leur faisait esperer le secours des françois. ce grand ministre politique avait bien prevu pour sa patrie l'avantage qui devait Resulter de cette division et sans doute qu'il en eut Mieux profité mais victime de la Cabale d'une vile Courtisanne il fut disgracié en 1770. cependant ses principes avait germé en amerique. les esprits etaient inquiets, ils se plaignaient [illegible] pas les même privileges que les habitans de leur metropole. [illegible] ils s'assemblaient, firent des Reclamations [illegible]. Enfin en 17[illegible] tabac mit le Comble a leur Mecontentement et le [illegible] fut arboré partout. le ministere françois fidelle au [illegible] fournit quelques secours aux americains. d'abord [illegible] des armes et des munitions de guerre; puis des hommes. [illegible] juin 1778 les anglois ayant attaqué la belle poule [illegible] et l'angleterre Commencerent la guerre sans aucun [illegible]age.

Le Cte. destaing [illegible] etait partie de toulon quelques mois auparavant, avec une Escadre de 12 V. de guerre et quelques fregates il devait aller faire le siege de boston. mais ce general quoique tres brave et plein d'esprit n'avait ni science ni bonheur et il etait detesté de toute la marine et il avait la vue tres basse: ce choix ne promettait pas beaucoup: effectivement, il Resta pres de six semaines avant de pouvoir passer le detroit de gibraltar, et autant près de 4 mois pour se Rendre en amerique ou il trouva le Commodore biron arrivé depuis 15 jours, quoique parti d'europe deux mois plus tard que lui aux atterages il eprouva un violent ouragan qui demata et dispersa une partie de son Escadre ensuite essaya un Combat ou tout l'avantage fut pour les anglois. heureusement il ne perdit aucun vaiss. il se Refugia a la martinique point de Ralliement. le Mis de bouillé en etait gouverneur, et ce general venoit de savoir enlever Ste lucie [illegible] qu'un detachement de 50 hommes [illegible] cette faute [illegible] ala [illegible]

dans la revue *La Sabretache*. Il avait épousé à Saintes en 1790 Victoire Green de Saint-Marsault, nièce de Louis-Henry, chevalier de Saint-Marsault, capitaine de vaisseau et chevalier de Saint-Louis, un des héros de la Marine de Louis XVI, mort en 1781 à Brest des suites des blessures reçues lors du combat de *La Belle Poule*, qu'il commandait en second, contre la frégate anglaise *L'Aréthuse*.

Son fils Jean-Baptiste, dit César (1791-1843), comte de Saint-Exupéry, officier de la Maison du Roi sous la Restauration, vendit le château familial de Saint-Amans pour se fixer à Bordeaux et à Margaux, où il avait hérité le château Malescot.

Son petit-fils, Fernand (1833-1919), grand-père d'Antoine, fit d'abord carrière dans l'administration. Sous-préfet sous le Second Empire, intendant militaire pendant la guerre de 1870, il entre à la Compagnie d'assurances *Le Soleil* et se fixe au Mans, ayant dû vendre Malescot après la crise du phylloxéra. Il épouse Alix Blouquier de Trélan (1843-1906), descendante de Feudrix de Brequigny (1714-1794), érudit historien, membre de l'Académie française (1777).

Leur fils aîné, Jean, d'abord officier de dragons, fut envoyé à Lyon comme inspecteur de la compagnie d'assurances de son père ; dans le salon de la comtesse de Tricaud, lointaine parente par les Green de Saint-Marsault, 1, place Bellecour, il

8. Georges-Alexandre-Césarée de Saint-Exupéry. Pastel, fin XVIIIe.
9. « Journal », de G.-A.-C. de Saint-Exupéry. Manuscrit, début XIXe.
10. Alix de Saint-Exupéry, née Blouquier de Trélan, grand-mère paternelle d'Antoine ; vers 1890.
11. Fernand de Saint-Exupéry, grand-père d'Antoine, avec Marguerite et Anaïs et ses deux fils ; vers 1880.

10

11

12

fait la connaissance d'une de ses petites-nièces qu'il épouse en 1896 à Saint-Maurice-de-Rémens (Ain).

Marie Boyer de Fonscolombe était la fille de Charles, baron de La Môle, et d'Alice de Romanet de Lestrange. Sa famille paternelle provençale, anoblie par charges au XVIIIe siècle, s'adonnait aux arts et aux sciences : collectionneurs, peintres, compositeurs, entomologistes, botanistes et antiquaires distingués se retrouvent à toutes les générations.

Son grand-père Emmanuel de Fonscolombe (1810-1875), maître de chapelle à Aix-en-Provence, ami du compositeur saint-simonien Félicien David et membre de l'académie Sainte-Cécile de Rome, a hérité le château de La Môle (Var) proche de Saint-Tropez où son fils Charles s'est retiré après avoir été un temps inspecteur des Finances. Les Fonscolombe vivaient à La Môle une vie patriarcale, consacrée à l'exploitation

12. Le château de La Môle, près de Saint-Tropez.

13. La marquise de Lestrange avec sa fille Alice et son gendre, Charles de Fonscolombe, et leurs enfants Emmanuel et Madeleine.

14. Marie de Saint-Exupéry âgée de trente ans.

13

14

15

du domaine, que Marie de Saint-Exupéry, qui y passa son enfance puis avec ses enfants de nombreuses vacances, a décrit dans *J'écoute chanter mon arbre* (Gallimard, 1971).

La mort prématurée de Jean de Saint-Exupéry en 1904 fut un drame pour Marie, son épouse, et leurs cinq enfants. Jusqu'en 1909, la famille réside à Lyon et au château de Saint-Maurice-de-Rémens, propriété de Madame de Tricaud, née Gabrielle de Lestrange, « *Tante* » de Marie. Cette veuve, qui a perdu sa fille unique, les accueille dans sa grande maison du Bugey, sans style précis, mais spacieuse et gaie où toute la tribu passe une enfance heureuse, magique et trop tôt dispa-

16

18

17

15. Gabrielle de Tricaud, tante et marraine de Marie ; vers 1900.

16. Le salon de Saint-Maurice-de-Rémens.

17. Marie de Saint-Exupéry dans le parc de Saint-Maurice ; vers 1910.

18. Le château de Saint-Maurice-de-Rémens. Carte postale, avant 1914.

19 (double page précédente). Antoine (deuxième, à gauche) avec son frère et des amis à Saint-Maurice ; 1906 ou 1907.

20. Antoine (premier, à gauche) avec son frère et des amis à Saint-Maurice ; 1906 ou 1907.

21. Antoine et sa tante, Madeleine de Fonscolombe, à La Môle ; vers 1906.

rue ; Antoine l'évoquera avec nostalgie dans son œuvre : « *Je ne suis pas sûr d'avoir vécu depuis l'enfance.* »

En 1908, Antoine entre en huitième chez les Frères des Écoles chrétiennes à Lyon ; mais, dès l'année suivante, Marie de Saint-Exupéry est appelée par son beau-père au Mans ; veuf depuis 1906, il souhaitait connaître ses petits-enfants et se préoccuper de l'éducation d'Antoine et de François. Elle y loue une

22

maison 21, rue du Clos Margot tandis que le grand-père et ses filles, non mariées, Marguerite et Anaïs, résident 39, rue Pierre Bellon.

Antoine est inscrit chez les Jésuites à l'Institution Notre-Dame de Sainte-Croix, où son père avait déjà été élève. De la sixième à la seconde (1909-1915), il y effectue une scolarité normale sans être parmi les premiers de la classe. L'éducation est stricte, l'uniforme de drap bleu à boutons de cuivre ; il fait sa première communion le 25 mai 1911.

Lors des vacances de 1912, à Ambérieu, aérodrome voisin de Saint-Maurice, Antoine découvre l'aviation (Paul Bertaud, un industriel lyonnais, a conçu un appareil équipé d'un moteur de 70 cv ; Gabriel Wrobleski le fait voler, Léon Thénoz en est le mécanicien) et reçoit

22. L'entrée de l'Institution Notre-Dame de Sainte-Croix au Mans.

23. Antoine (assis, le deuxième à gauche) chez ses cousins Churchill au Mans. Carte postale datée du 24 mars 1910.

24. La classe de sixième à l'Institution Notre-Dame (Antoine, au dernier rang, le second à droite) ; printemps 1911.

23

24

son baptême de l'air. Il se passionne aussi pour la photographie.

Très musicienne, Marie de Saint-Exupéry fait apprendre à ses enfants le piano et le violon, qu'Antoine abandonnera mais sans oublier toute sa vie de fredonner vieilles mélodies françaises et airs d'opéra. Elle s'adonne également au dessin [voir hors texte, p. 65] et jusqu'à la cécité de la fin de sa vie peindra paysages et portraits qu'elle expose au Salon d'Automne, à Lyon, à Cannes – ce dont son Antoine la félicite : « *Je suis si heureux de ce que la ville de Lyon vous*

26

25. La classe, en uniforme de sortie, à l'automne 1911 (Antoine est toujours au dernier rang, le premier à gauche).

26. L'aérodrome d'Ambérieu. Carte postale dédicacée par Saint-Exupéry.

27

28

27. Marie de Saint-Exupéry peignant à Saint-Maurice-de-Rémens.
28. Portrait d'Antoine par Marie de Saint-Exupéry. Pastel.
29. Lettre d'Antoine à sa mère ; 1910.
30. Antoine et sa sœur, Marie-Madeleine, jouant du violon ; au piano, une amie ; été 1917 à Saint-Maurice.

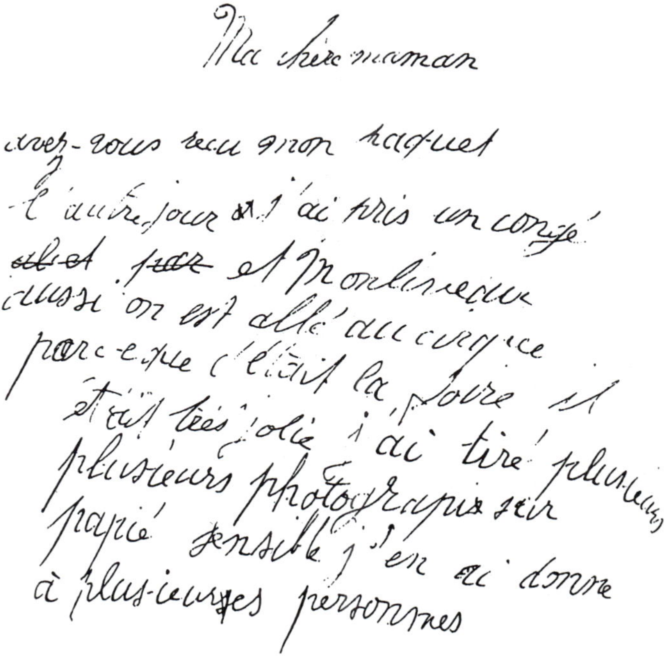

Ma chère maman

avez-vous reçu mon paquet
l'autre jour j'ai pris un congé
~~et par~~ et Monlineaux
aussi on est allé au cirque
parce-que c'était la foire il
était très jolie j'ai tiré plusieurs
plusieurs photographis sur
papié sensible j'en ai donné
à plusieurs personnes

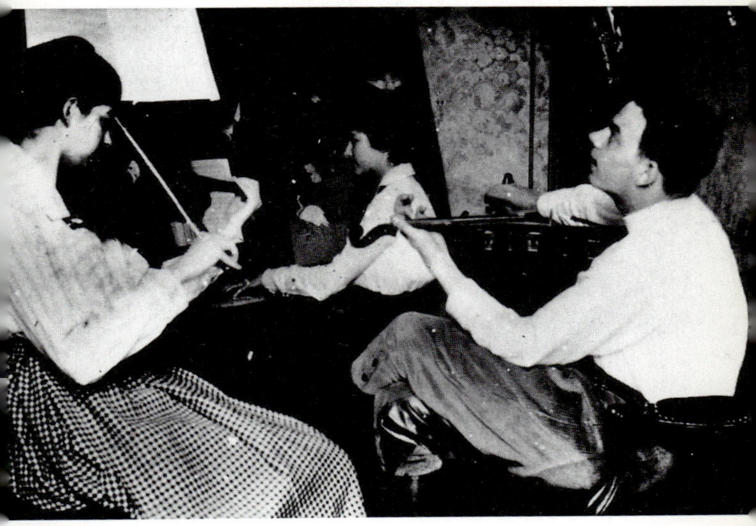

30

ait acheté un tableau, ma petite maman célèbre. »

C'est aussi une grande dame, ouverte à toutes les formes de l'intelligence, soutenue par une foi optimiste, tournée vers l'avenir, et qui eut une influence considérable sur l'esprit d'Antoine.

En 1914, Antoine obtient le premier prix de composition française pour l'histoire d'un chapeau et participe avec ses amis Lelièvre, Le Bihan, Chappée, Castillon à un journal de classe, *L'Écho de troisième*, qui sera interdit dès le premier numéro.

En octobre 1914, les deux frères, Antoine et François, poursuivront leur scolarité comme pensionnaires, d'abord pendant un trimestre à Villefranche-sur-Saône, au collège jésuite

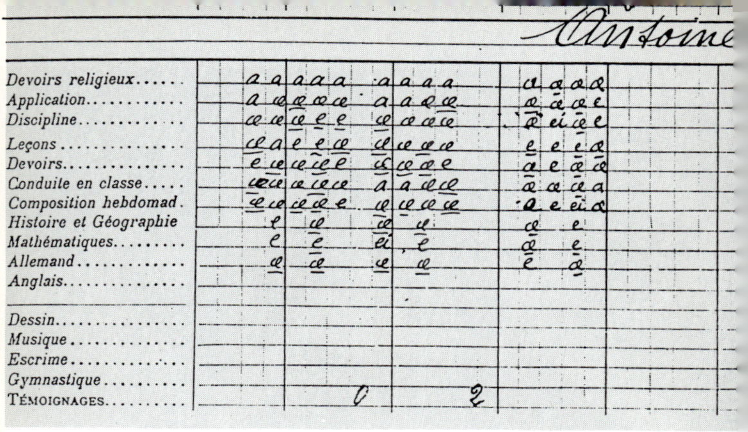
Antoine

Devoirs religieux
Application
Discipline
Leçons
Devoirs
Conduite en classe
Composition hebdomad.
Histoire et Géographie
Mathématiques
Allemand
Anglais
Dessin
Musique
Escrime
Gymnastique
TÉMOIGNAGES 0 2

31

de Notre-Dame-de-Montgré, avant de regagner Le Mans à Noël. Madame de Saint-Exupéry s'engage dans la guerre et fonde l'infirmerie de la gare d'Ambérieu, soignant les troupes ou les ravitaillant sur cette ligne qui conduit vers le Jura, les Vosges ou les Alpes et rapatriant blessés et malades vers l'arrière.

À la rentrée 1915, les deux garçons sont pensionnaires en Suisse à la Villa Saint-Jean à Fribourg. Cet internat de marianistes en relation avec le collège Stanislas de Paris avait été créé en 1903 par le père Kieffer, partisan des échanges fréquents, entre élèves et enseignants, dans les sections française ou allemande du collège. Les cours ont lieu au collège cantonal Saint-Michel. Antoine se lie avec Charles Sallès, Paul Michaud, Louis de Bonnevie, Marc Sabran. En 1916, en première, après deux mentions en français et en latin, il obtient la première partie du baccalauréat (latin, grec).

31. Bulletin scolaire d'Antoine en classe de seconde au collège Notre-Dame-de-Montgré ; Villefranche-sur-Saône, automne 1915.

32. « Narration française », d'Antoine en classe de troisième.

32

St Exupéry

Excellence . . .	20		26		
Diligence	22	28	19	31	30
Instruct. relig	19				29
Thème latin . .	20				
Version latine	22	22	26		
Vers latins . .					
Thème grec . .					
Version grecq.	15	18			18
Orthographe (Narrat.?) . .	3				8
Analyse . . litt.	26				
Calligraphie .					
Hist. et Géogr.	12				
Mathématiques	14				
Allemand	•				17
Exam. 1er Sem.					
Exam. 2e Sem.					

Narration française

•

Je naquis dans une grande usine de chapeauné, pendant plusieurs jours je subis toutes sortes de supplices : on me découpait, on me tendait, on me vernissait. Enfin un soir je fus envoyé avec mes frères chez le plus grand chapelier de Paris.

On me mit à la vitrine ; j'étais un des plus beaux hauts de forme de l'attelage, j'étais si brillant que les femmes qui passaient ne manquaient pas de se mirer dans mon vermi ; j'étais si élégant qu'aucun gentleman distingué ne me voyait sans avoir pour moi un regard de convoitise.

Je vivais dans un parfait repos

33. L'infirmerie de la gare d'Ambérieu, vers 1915 ; Gabrielle distribuant du café aux soldats.

34. Marie de Saint-Exupéry, infirmière à Ambérieu.

35. « Quelques profils de Boches », dessin d'Antoine ; 1914 ou 1915.

34

35

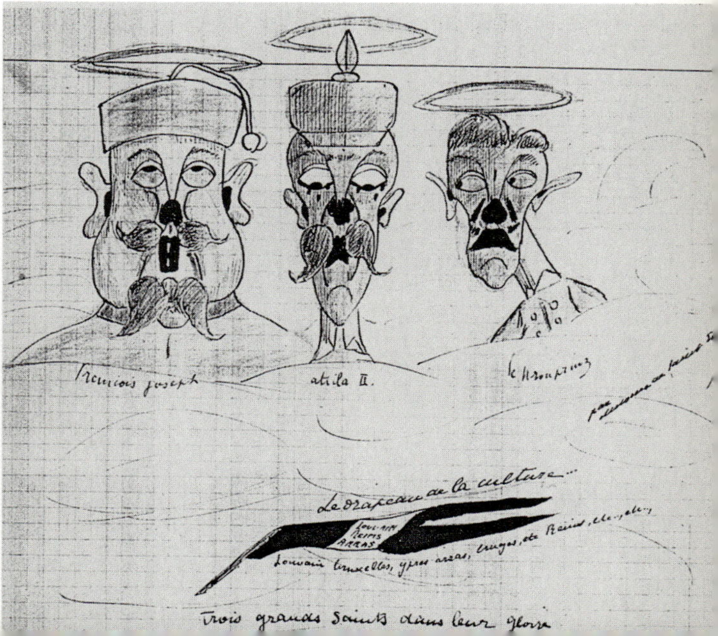

33

37

36. Antoine, élève à la Villa Saint-Jean à Fribourg ; vers 1916.
37. Représentation du *Malade imaginaire* à la Villa Saint-Jean. Au centre, Antoine dans le rôle de Diafoirus ; vers 1917.
38. François de Saint-Exupéry sur son lit de mort à Saint-Maurice. Photo d'Antoine de Saint-Exupéry, 10 juillet 1917.

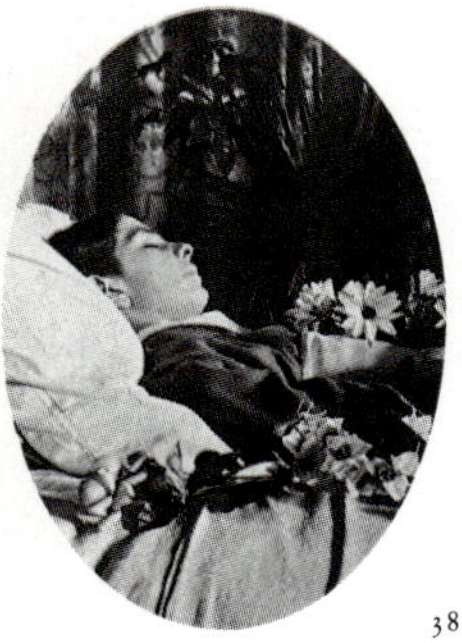

36 38

Antoine participe au Centre d'études sociales où, devant ses camarades, il fait une conférence sur « Le Sillon » qui fut suivie d'une « *discussion animée bien que courtoise* ». Acteur dans la troupe de l'académie Saint-Jean, il tient le rôle de Diafoirus du *Malade imaginaire* ; écrit des poèmes, et même un livret d'opérette, « Le Parapluie », demandant à son professeur de piano de Lyon, Mlle Poncet, de composer la partition.

Il revient à Paris, en juin 1917, pour passer le baccalauréat de Philosophie. Mais l'événement qui va le marquer est la mort, le 10 juillet 1917 à Saint-Maurice, de son jeune frère François, à l'âge de quinze ans, atteint de rhumatisme articulaire. À l'automne, il est inscrit pour préparer

39

BALLADE DU PETIT BUREAU

J'étais dans le fond de l'étude
un petit bureau sans valeur.
Je faisais la béatitude
de mon illustre possesseur
Noir comme un citoyen d'Afrique,
usé par d'austères travaux,
j'étais, discret et pacifique,
le plus paisible des bureaux.

Bien au frais sous une fenêtre,
gonflant mon dos comme un lézard,
j'étais gratifié par mon maître
d'un beau désordre, effet de l'art.
La paix, là-bas était profonde.
Rien ne troublait notre repos.
Nous étions retirés du monde
mieux que les morts dans leur tombe

Les souhaits que je pouvais faire
se bornaient tous au statu quo.
La paix ne fut que passagère.
Et moi, vieux meuble rococo,
banni de cette quiétude,
je fus exilé, comme un roi.
Je moisis dans une autre étude,
o mon vieux maître, loin de toi.

ENVOI

Prince, qui par un geste inique,
êtes devenu son bourreau,
daignez, touché par sa supplique,
me rendre mon petit bureau.

SAINT EXUPERY,
élève à l'école Bossue

40

41

le concours de l'École navale au lycée Saint-Louis, replié alors au lycée Lakanal à Sceaux. Interne, il est sous la responsabilité de sa correspondante, la générale Jordan, relation familiale lyonnaise, et continue de composer de petits poèmes, des saynètes et une célèbre « Ballade du Petit Bureau » (qu'il refusait de ranger).

En décembre 1918, il échoue à l'oral du concours de l'École navale et recommence une préparation à l'école Bossuet en janvier 1919. Dans cet univers de *prépa*, Antoine se lie avec Henry de Ségogne, Henri de Vilmorin, Bertrand de Saussine, Raoul de Roussy de Sales, Jean de Vogüé... Un Groupe Bossuet se crée, ce sont les « *fiançailles pour rire* » que Louise de Vilmorin anime.

39. Antoine lors de la promenade de fin d'année au lac des Quatre Cantons. Villa Saint-Jean, juin 1917.

40. « Ballade du petit bureau », d'Antoine. Dactylogramme.

41. La classe préparatoire de l'abbé Sudour à l'École Bossuet en 1919 (Antoine est le premier à gauche).

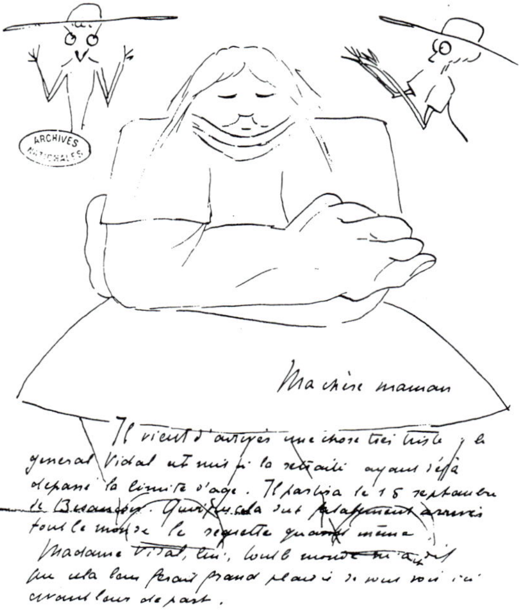

Ma chère maman

Il vient d'arriver une chose très triste, le général Vidal est mis à la retraite ayant déjà dépassé la limite d'âge. Il partira le 18 septembre de Besançon. Quoique cela dut fatalement arriver tout le monde le regrette quand même. Madame Vidal, lui, tout le monde m'a dit que cela leur ferait grand plaisir si vous veniez avant leur départ.

42

43

Il est à nouveau reçu à l'écrit en juin à l'École centrale et à l'École navale. Le général Vidal, ami de la famille, est chargé à Besançon durant l'été de pratiquer l'allemand avec lui ; il recommence une troisième classe préparatoire au lycée Saint-Louis, en restant pensionnaire à Bossuet... en vain.

D'octobre 1920 à avril 1921, auditeur libre à l'école des Beaux-Arts, il se perfectionne en dessin, matière où il avait toujours obtenu de bons résultats. Il loge à l'*Hôtel de la Louisiane*, rue de Buci, et fait la rencontre de Bernard Lamotte.

Ces années lui font découvrir le monde parisien : les Vilmorin rue de

ARCHIVES NATIONALES
Je ne sais pas
signer — Zut!

42 (double page précédente). Dessin d'Antoine dans une lettre à sa mère en 1920.

43. Dessin d'Antoine dans une lettre à sa mère en août 1919.

La Chaise, les Saussine rue Saint-Guillaume dans l'hôtel de Créquy (fréquenté par Robert de Montesquiou et Marcel Proust), sa tante Anaïs de Saint-Exupéry (qui est dame d'honneur de la duchesse de Vendôme, sœur du roi des Belges), sa cousine Yvonne de Lestrange, alors duchesse de Trévise, ou sa tante Fernand de Fonscolombe dans son hôtel de la rue Saint-Dominique au cœur du faubourg Saint-Germain. Sa correspondante, la générale Jordan, lui fait apprendre la valse, mais il préfère le groupe « *GB* » de Louise de Vilmorin ; lorsque celle-ci part à Saint-Jean-de-Luz à *La Maïtaggaria* se reposer et soigner son arthrite tuberculeuse de la hanche qui la retint pendant trois ans allongée, Antoine la rejoint à plusieurs re-

44

45

46

44. Le salon des Saussine, rue Saint Guillaume, à Paris.

45. Yvonne de Lestrange, tante d'Antoine.

46. De gauche à droite, Simone, Antoine et Gabrielle se baignant dans l'Ain à Saint-Maurice.

47. Antoine en 1919 ou 1920.

48

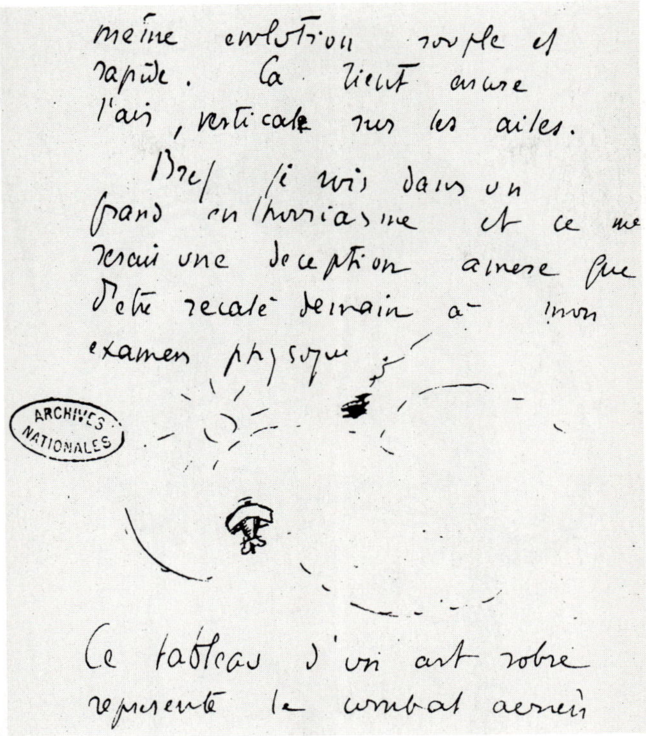

même évolution souple et
rapide. Ça vient encore
l'air, verticale sur les ailes.
Bref je vis dans un
grand enthousiasme et ce ne
serait une déception amère que
d'être recalé demain à mon
examen physique.

Ce tableau d'un art sobre
représente le combat aérien

49

prises. Il assiste avec Henry de Ségogne à *Quo vadis?* en 1920 au *Théâtre des Champs-Élysées*, va parfois à l'*Opéra*, assiste à *La Vierge folle* d'Henry Bataille, lit beaucoup Albert Samain et s'enthousiasme pour *Le Chariot d'Or*, fréquente le Salon des Indépendants.

Ses amis poursuivent leurs études. Bertrand de Saussine intègre en

48. Antoine durant son service militaire en 1921.

49. Lettre d'Antoine à sa mère à la veille de passer son brevet de pilote (1921). Autographe.

côté figure →
ARCHIVES NATIONALES
50

51

1922 l'École navale ; Henry de Ségogne fait du droit avant d'entrer à la Cour des comptes, puis au Conseil d'État. Le 2 avril 1921, Antoine est incorporé et affecté au 2e régiment d'aviation de chasse au camp de Neuhof, près de Strasbourg. Ainsi débute la vie d'Antoine de Saint-Exupéry, celle qui fera de lui un pilote d'avion. Si son affectation est due à des relations, il n'est encore que simple mitrailleur, donnant à ses camarades des cours sur le moteur à explosion et sur l'aérodynamisme. Il ne s'intègre pas à la vie de la caserne et préfère habiter en ville ; dès qu'il a un instant libre, il prend des cours avec Robert Aeby, pilote de la Compagnie transaérienne de l'Est, un héros de la Première Guerre. Il obtient très rapidement son brevet de pilote civil grâce à sa mère qui lui consacre le plus clair de ce dont elle a pu hériter de sa tante

50. Autoportrait en aviateur, dessin d'Antoine dans une lettre à sa mère.

51. L'élève officier de Saint-Exupéry ; automne 1922.

52. Dessin d'Antoine au verso d'une photographie d'avion (lire : 1921, et non *1920*).

52

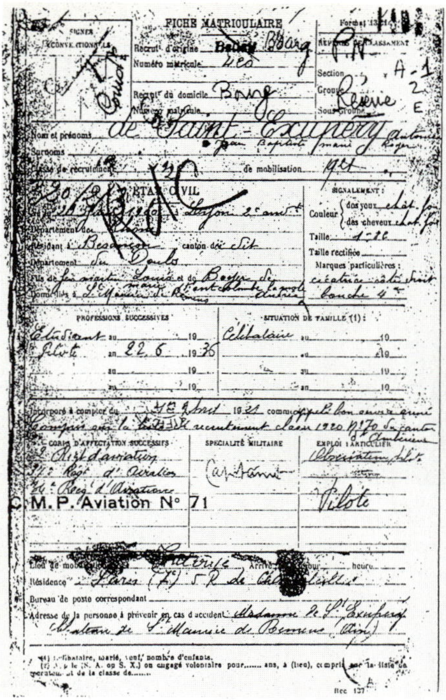

FICHE MATRICULAIRE

Signes reconventionnels

Recrut. d'origine Belley Bourg

Numéro matricule 420

Section A-1

Groupe 2

Sous-groupe E

Réserve

Recrut. du domicile Bourg

Numéro matricule 960

Nom et prénoms de Saint-Exupéry Antoine Jean Baptiste Marie Roger

Surnoms

Classe de recrutement 1920 de mobilisation 1921

ÉTAT CIVIL

Né le 29 juin 1900 à Lyon 2e arrond.

Département du Rhône

Résidant à Besançon canton de Sud

Département du Doubs

Fils de feu vicomte Louis et de Boyer de Fonscolombe Marie

Domiciliés à St Maurice de Rémens

SIGNALEMENT :

Couleur des yeux chât. fo. / des cheveux chât. fo.

Taille 1m 8[illegible]

Taille rectifiée

Marques particulières : cicatrice côté droit bouche

PROFESSIONS SUCCESSIVES	SITUATION DE FAMILLE (1) :
Étudiant au 19	Célibataire au 19
Pilote au 22.6.1936	au 19
au 19	au 19
au 19	au 19

Incorporé à compter du 9 avril 1921 comme appelé bon service armé

Compris sur la liste du recrutement classe 1920 N° 70 du canton

CORPS D'AFFECTATION SUCCESSIFS	SPÉCIALITÉ MILITAIRE	EMPLOI PARTICULIER
2e Régt d'aviation	[illegible]	[illegible]
37e Régt d'Aviation		
34e Régt d'Aviation		
M.P. Aviation N° 71		Pilote

Lieu de mobilisation Arrivé le jour heure

Résidence Paris (7e) 5 R de Chanaleilles

Bureau de poste correspondant

Adresse de la personne à prévenir en cas d'accident Madame de St Exupéry Château de St Maurice de Rémens (Ain)

(1) Célibataire, marié, veuf, nombre d'enfants.

(2) ... (S. A. ou S. X.) ou engagé volontaire pour...... ans, à (lieu), compris sur la liste de recrutement de la classe de.......

Rec 127

53

54

55

et marraine Tricaud, morte en 1920 en lui léguant Saint-Maurice, et du grand-père Fernand de Saint-Exupéry, décédé en 1919.

Le 17 juin 1921, après ce court trimestre alsacien, il est affecté au Maroc, au 37e régiment d'aviation où il peut pratiquer le pilotage. Il passe le concours des Élèves officiers de réserve, qu'il ne souhaite pas réussir pour pouvoir continuer à voler au Maroc.

Breveté pilote militaire le 23 décembre 1921, il est nommé caporal le 5 février 1922 et affecté à Istres quand il revient de Dakar. Le

31 mars, il est reçu élève officier de réserve et admis à l'école d'Avord, à 25 km de Bourges, avant-dernier d'une liste où se trouvent Pintenet, Noirot, Escot... En août et septembre, il effectue un stage à la base de Villacoublay et renoue avec ses amitiés lycéennes, le Groupe Bossuet.

Le 10 octobre, il rejoint le 34e régiment d'aviation comme sous-lieutenant au Bourget et connaîtra son premier accident, sur un Hanriot HD 14, début janvier 1923. En avril, sans autorisation, il pilote à nouveau un appareil de ce type et est sanctionné, en mai, de quinze jours

53. « Fiche matricule » de Saint-Exupéry.

54. Le personnel de la Compagnie Aérienne Française au Bourget en 1926 (Antoine est le premier à gauche).

55. Avion militaire Breguet XIV (Maroc, 1921).

56. Avion biplace d'apprentissage Hanriot HD 14.

56

Henry

Tu travailles trop. Tu vas te fatigu[er]

la ce matin et ce soir tu n'y ...

continue j'écrirai à Raoul Peret : je

les tas d'impots pour toi.

J'ai d'excellentes nouvelles

reçue[s]

belle

lettre

déjà

...

beau

travai[l]

d'ami[...]

Henry dans le feu du travail

d'arrêt de rigueur. Le 5 juin, il est libéré de ses obligations militaires et passe dans la réserve ; désormais, il effectuera tous les ans une période de quinze jours.

La Compagnie aérienne française (CAF), dirigée par Henri Balleyguier, l'embauche sur la recommandation du général Édouard Bares : il fait le taxi ou des baptêmes de l'air.

Au printemps 1923, il se fiance officiellement avec Louise de Vilmorin, orpheline de père comme lui, dont il est très épris. Sur la demande expresse des Vilmorin, il abandonne l'aviation pour un travail plus stable. Aux Tuileries Boiron, il occupe un bureau de comptable au 52, rue Saint-Honoré ; loge rue Vivienne, puis rue Petit. Durant l'été, il va retrouver Louise chez le pasteur de Renconvilliers dans le Jura suisse.

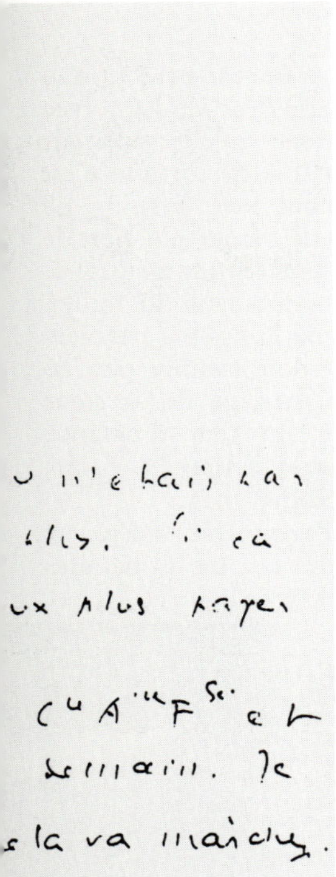

57. Lettre d'Antoine à Henry de Ségogne à la veille de son engagement par la C.A.F. (1923).

Les fiançailles durent peu, Louise est partie à Saint-Jean-de-Luz avec beaucoup d'amis qu'elle appelait aussi ses « *fiancés* ». Sa fortune n'est pas à la hauteur des besoins de Louise, son petit métier n'a rien de passionnant. Sa mère, qui méprise le monde un peu décadent du milieu des Vilmorin, ne le pousse pas vers cette union. Il doit rompre peu de jours avant le mariage de sa sœur Gabrielle avec un ami d'enfance provençal, Pierre d'Agay, à Saint-Maurice en octobre 1923.

Rentré à Paris, très triste, il fréquente à nouveau ses camarades

de lycée ou de régiment, mais restera toujours en relation avec Louise. Il cherche un nouveau métier avec les appuis de ses amis influents Vilmorin et les conseils d'Yvonne de Lestrange. Journaliste, pilote, quelques essais... En octobre 1924 Antoine devient représentant de commerce pour les camions Saurer dans la Creuse. C'est une vie errante désabusée, jalonnée de lettres à sa famille et à ses amis [voir aussi hors texte, p. 66-67] qui racontent ces heures tristes et vides. Dès qu'il peut, il rentre à Paris à l'hôtel *Titania* ; il écrit, en les

58. Antoine menant à l'autel sa sœur Gabrielle le jour de son mariage avec Pierre d'Agay à Saint-Maurice en octobre 1923.

59. La photographie de famille du mariage (Antoine est assis, au premier rang, à droite).

GRAND HOTEL CENTRAL
Place Bonnyaud
GUÉRET (CREUSE)
GARAGE
TÉLÉPHONE 80
R. C. GUÉRET 874

Guéret, le aujourd'hui … 192

Henry –

Tu es un salaud. J'avais le cafard, je sacrifiais 5,75 pour entendre ta voix de sirène mais tu n'as pas voulu quitter les draps. Tu ne veux jamais te déranger.

Tu es un salaud. Je voudrais te dire des choses pénibles à entendre, j'éprouve une joie vive à t'engueuler – malheureusement ça t'est égal. Tu es le monsieur que l'on dérange, à qui on téléphone, à qui on demande poliment pour une soirée une entrée libre, on te présente des hommages. Pendant ce temps tu joues au bridge et incline la tête d'un air condescendant. Ça me dégoûte.

Tu es un salaud. Je voudrais t'être infiniment désagréable. Ma sympathie pour toi est une faiblesse de jeune pucelle, la marque d'un caractère niais. Ça me dégoûte aussi de moi.

Je vais me venger : on m'a raconté de source sûre que lorsque tu as fait la première (que tu dis) de l'aiguille verte tu as trouvé en haut les inscriptions suivantes. →

Tu ne t'es pas vanté bien sûr à cause de ton orgueil peu sportif.

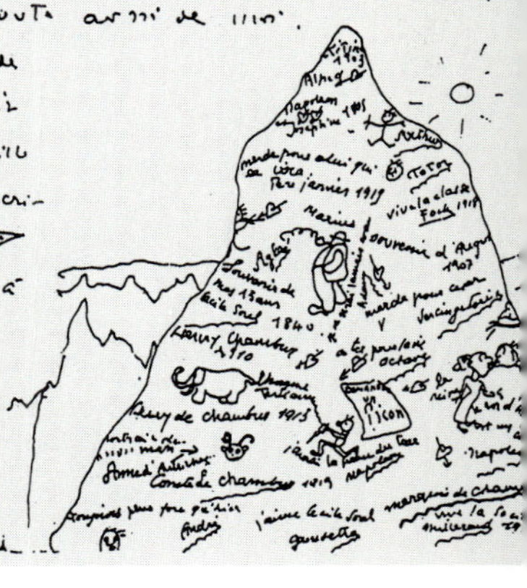

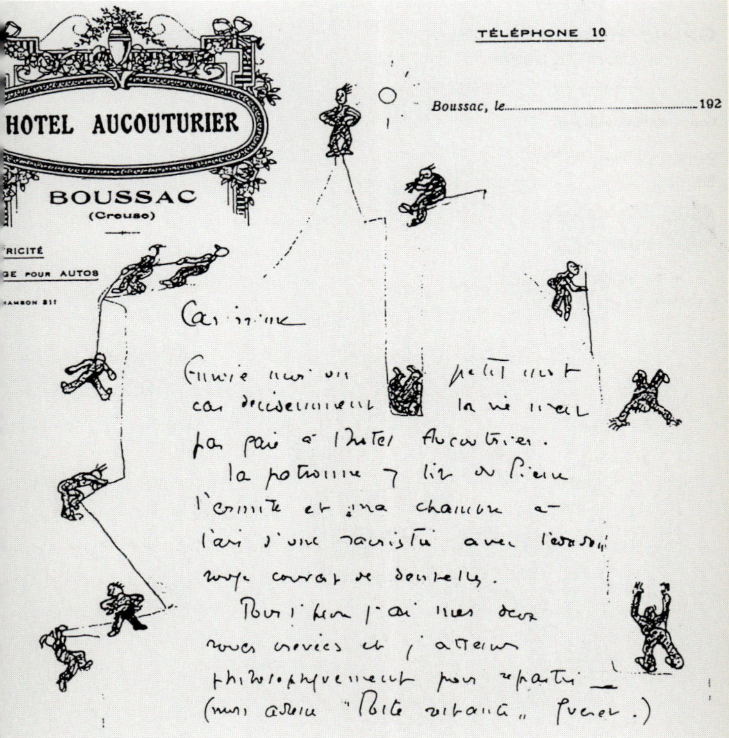

HOTEL AUCOUTURIER

BOUSSAC

(Creuse)

TÉLÉPHONE 10

Boussac, le................192

Caro mio

Envoie moi un petit mot car décidément la vie n'est pas gaie à l'hôtel Aucouturier.

La patronne y lit du Pierre l'Ermite et sa chambre a l'air d'une sacristie avec l'édredon rouge couvert de dentelles.

Pour l'heure j'ai mes deux roues crevées et j'attends philosophiquement pour repartir —
(mon adresse "Poste restante" Guéret.)

61

60-61. Lettres d'Antoine, représentant de commerce, à Henry de Ségogne ; de Guéret et de Boussac, 1925.

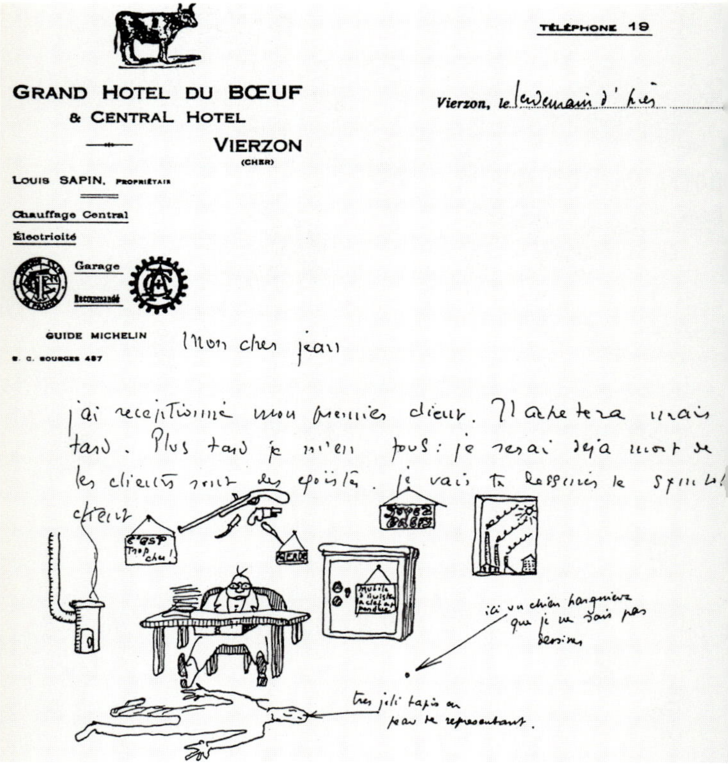

TÉLÉPHONE 19

GRAND HOTEL DU BŒUF
& CENTRAL HOTEL
VIERZON
(CHER)

LOUIS SAPIN, PROPRIÉTAIRE

Chauffage Central
Électricité
Garage Recommandé
GUIDE MICHELIN
R. C. BOURGES 487

Vierzon, le lendemain d'hier

Mon cher Jean

j'ai réceptionné mon premier client. Il achètera mais tard. Plus tard je m'en fous : je serai déjà mort. Les clients sont des égoïstes. Je vais te dessiner le sympathique client

62

62. Autre lettre d'Antoine à Jean Escot ; de Vierzon, 1925.

63. Page de titre, avec dessin, d'un recueil de poésies, « L'Adieu », de Saint-Exupéry. Autographe.

64. « Épilogue » de « L'Adieu », avec dessin de l'auteur. Autographe.

65. « Manon danseuse », de Saint-Exupéry. Dactylogramme.

dédiant à Louise, des nouvelles dont « Manon danseuse », non publiée, des poèmes : « L'Adieu ». Yvonne de Lestrange lui fait rencontrer des écrivains comme Jean Prévost, rédacteur en chef du *Navire d'Argent*, la revue de la librairie « La Maison des Amis des Livres », qu'anime Adrienne Monnier. Le 1er avril 1926, dans le dernier numéro, paraît « L'Aviateur », des extraits de

63

64

65

MANON , DANSEUSE .

La fumée des cigarettes l'étouffe, le pas des serveurs l'obsède : ils se hâtent, d'un bout à l'autre de l'année. Et ce barman contemplatif qui digère des pensées, et ces danseurs ... celui-là langoureux, dont chaque geste est mou de ne jamais épouser que des femmes - quand on danse on lui colle au coeur - et celui-ci pesant, qui vient en maquignon choisir ... et ce champagne ! Le champagne est symbole de joie, oui, comme les guirlandes d'anniversaire, comme les deux petits drapeaux en corne des autobus ... quelle invention !

Un garçon passe en veste blanche, sa serviette en écharpe, on frôle la table sous son nez, juste le temps de lui glisser : "Le gros là-bas ... m'a demandé ton nom ... banquier". Va-t-elle se lever ? Toutes les dix minutes elle répare son maquillage au lavabo. On cause avec la préposée.

SOMMAIRE

66

66 bis

L'AVIATEUR

Les roues puissantes écrasent les cales (1).

Battue par le vent de l'hélice, l'herbe jusqu'à vingt mètres en arrière semble couler. Le pilote, d'un mouvement de son poignet, déchaîne ou retient l'orage.

Le bruit s'enfle maintenant dans les reprises répétées jusqu'à devenir un milieu dense, presque solide, où le corps se trouve enfermé. Quand le pilote le sent combler en lui tout ce qu'il y a d'inassouvi, il pense : « C'est bien » puis, du revers des doigts, frôle la carlingue : rien ne vibre. Il jouit de cette énergie si condensée.

Il se penche : « Adieu mes amis... » Pour cet adieu dans l'aube ils traînent des ombres immenses. Mais au seuil de ce bond de plus de trois mille kilomètres, le pilote est déjà loin d'eux... Il regarde le capot noir appuyé sur le ciel, à contre-jour, en obusier. Derrière l'hélice un paysage de gaze tremble.

Le moteur tourne maintenant au ralenti. On dénoue les poignées de main comme des amarres, les dernières. Le silence est étrange quand on agrafe sa ceinture et les deux courroies du parachute, puis quand d'un mouvement des épaules, du buste on ajuste à son corps la carlingue. C'est le départ même : dès lors on est d'un autre monde.

Un dernier coup d'œil au tablier, horizon de cadrans, étroit mais expressif — on ramène, soigneux, l'altimètre au

(1) Ces pages sont tirées d'une nouvelle : *L'évasion de Jacques Bernis*, que seul le manque de place nous contraint d'abréger. Copyright by Saint-Exupéry.

sa nouvelle « L'Évasion de Jacques Bernis ».

Cette première publication coïncide avec la période de réserviste qu'il effectue à Villacoublay et avec sa démission de représentant des camions Saurer : en quinze mois il ne vendit qu'un seul camion, allant d'hôtel en restaurant, parfois dans des dancings avec son ami Sallès, « *pas un seul barman, pas de cocktail, pas de jazz dans ces bals de sous-préfectures où les dames, les mères, surveillaient, assises autour de la salle, les jeunes filles* ».

Il reprend donc lors de ses passages à Paris ses activités de pilote intérimaire à la Compagnie aérienne française et obtient le 5 juillet son brevet de pilote de transport public. Puis, l'abbé Sudour, directeur adjoint de l'école Bossuet, le recommande à Beppo de Massimi, directeur général de la Compagnie générale d'Entreprises aéronautiques (CGEA), qui le reçoit le 12 octobre 1926. Deux jours après, Antoine, ayant vidé sa chambre, est engagé à Toulouse chez Latécoère [voir hors texte, p. 69].

Il loge en ville au *Grand Balcon* avec les autres pilotes, sous l'œil attentif des deux sœurs qui dirigent l'hôtel ; tous les matins, à quatre heures, passe un vieil autobus Ford qui emmène à Montaudran pilotes et mécaniciens. Pendant trois mois, il effectue un stage de mécanicien à Toulouse-Montaudran, apprenant à monter et démonter les moteurs, à

66-66 bis. Sommaire du *Navire d'Argent* et première page de « L'Aviateur », nouvelle de Saint-Exupéry (avril 1926).

67. Jean Prévost, vers 1925.

67

68

69

70

71

68. L'*Hôtel du Grand Balcon* à Toulouse, vers 1925.

69. Le petit car de la Compagnie générale aéropostale.

70. Pierre-Georges Latécoère.

71. Antoine de Saint-Exupéry, Beppo de Massimi et Jean Mermoz, vers 1930.

72. « Lignes aériennes Latécoère ». Couverture d'une brochure publicitaire.

73 (double page suivante). Photographie aérienne du terrain de Toulouse-Montaudran.

LIGNES AÉRIENNES
LATÉCOÈRE
TOULOUSE
Perpignan
Barcelone
France
Espagne
Maroc
Valence
Malaga
Tanger
Larache
Rabat
Casablanca

72

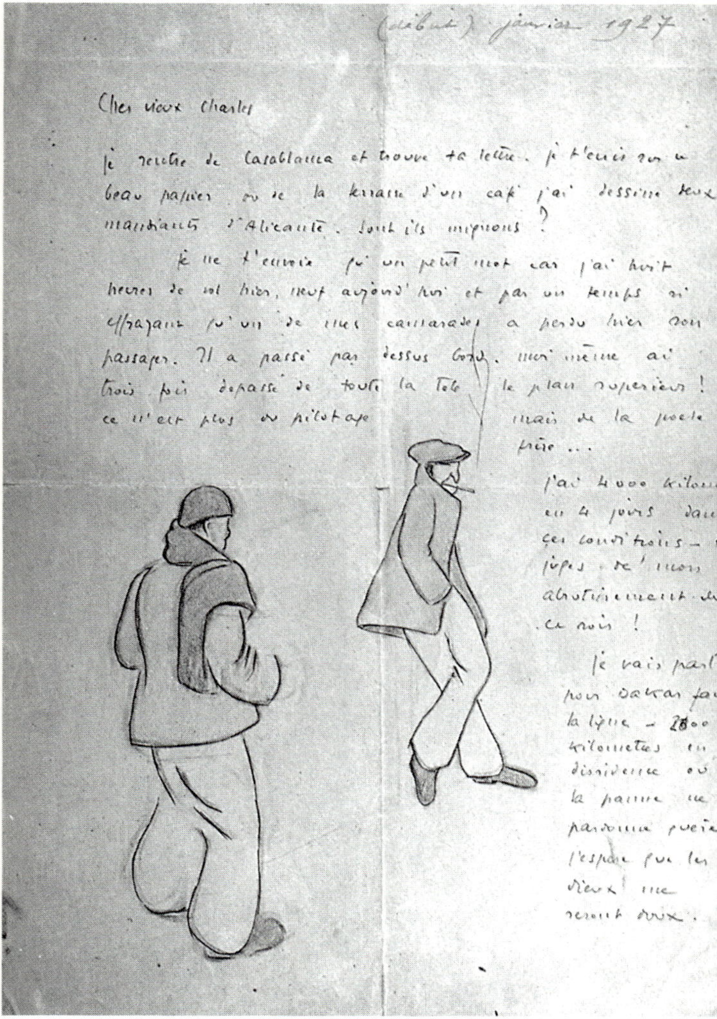

(début) janvier 1927

Cher vieux Charles

je rentre de Casablanca et trouve ta lettre. je t'écris sur un beau papier où de la terrasse d'un café j'ai dessiné deux mendiants d'Alicante. sont-ils mignons ?

Je ne t'envoie qu'un petit mot car j'ai huit heures de vol hier, neuf aujourd'hui et par un temps si effrayant qu'un de mes camarades a perdu hier son passager. Il a passé par dessus bord. moi même ai trois fois dépassé de toute la tête le plan supérieur ! ce n'est plus du pilotage mais de la poésie pure...

j'ai 4000 kilom[ètres] en 4 jours dans ces conditions — juge de mon abrutissement de ce soir !

Je vais partir pour Dakar faire la ligne — 2800 kilomètres en dissidence où la panne ne pardonne guère. J'espère que les vieux me seront doux.

74

74-74 bis (voir en page 81). Lettre, avec dessins, d'Antoine à Charles Sallès : Alicante, janvier 1927.

1

1. (page précédente). Marie-Madeleine, par Marie de Saint-Exupéry. Fusain.

2 à 5. Quatre dessins de Saint-Exupéry pour Renée de Saussine, « *l'amie inventée* » (années vingt).

2

3

4

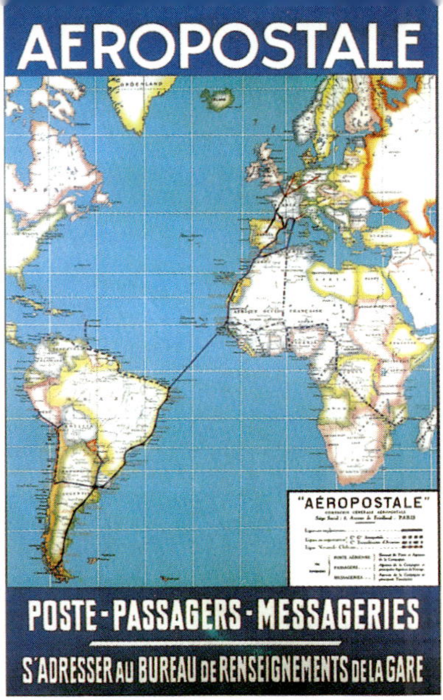

6

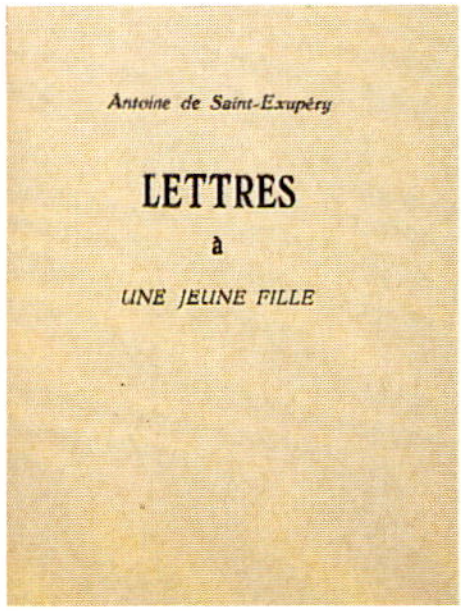

7

6. Publicité pour l'Aéropostale en 1927. Affiche.

7. Édition originale de lettres de Saint-Exupéry à Lucie-Marie Decour (Ælberts, 1950).

8. Réédition de *Courrier Sud* sous cartonnage de Paul Bonet (Gallimard, 1950).

9. Publicité pour la Ligne France-Maroc ; vers 1930. Affiche.

8

LIGNES AÉRIENNES
G. LATÉCOÈRE
TOULOUSE
Perpignan
Barcelone
France
Espagne
Maroc
Valence
Alicante
Malaga
Gibraltar
Tanger
Ceuta
Larache
Oran
Alger
Rabat
Casablanca
SERVICE POSTAL AÉRIEN ENTRE LA FRANCE ET LE MAROC
TARIF
TRANSPORT DE PASSAGERS ET MESSAGERIES

9

A
MAIS
RAPIDA
AEROPOSTALE
EUROPA · AFRICA · SUL AMERICA
Cie Gle Aeropostale 50 av. Rio Branco Rio de Janeiro

10. Publicité pour la Ligne Europe-Afrique-Amérique du Sud ; vers 1930. Affiche.

11. Réédition de *Vol de nuit* sous couverture toilée (Gallimard, 1941).

12. Édition originale (Gallimard, 30 mai 1931).

13. Réédition de *Vol de nuit* sous cartonnage décoré de Paul Bonet (Gallimard, 1947).

11

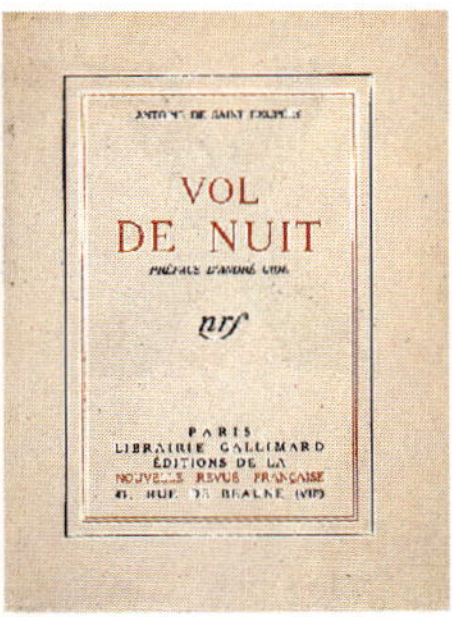

12

10

13

S
EXU
Courrier Sud

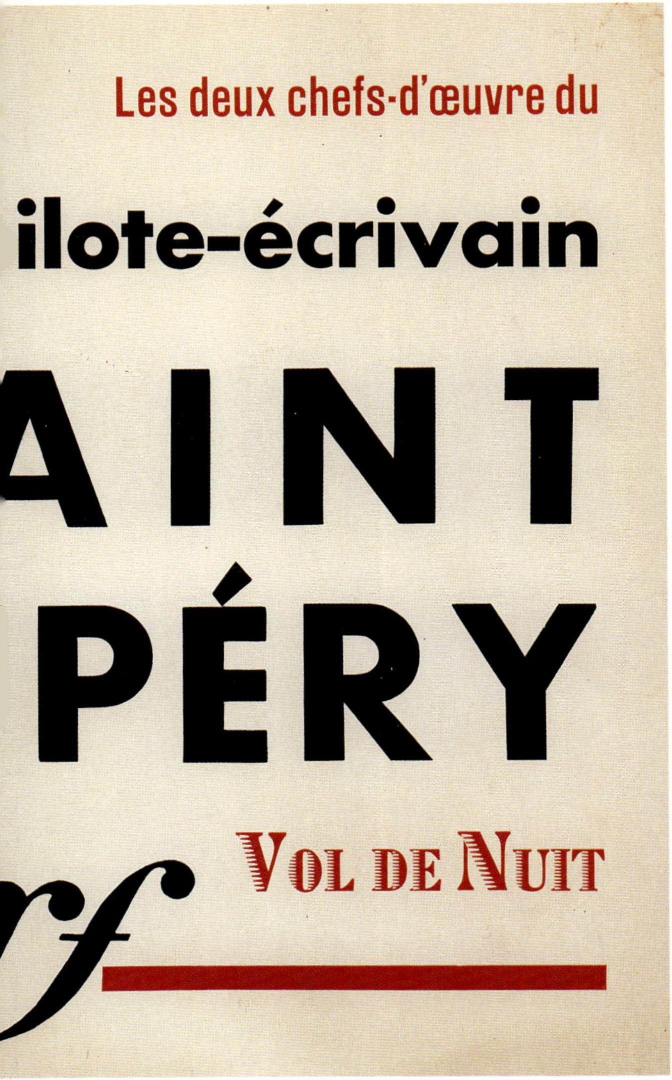

14. Publicité des Éditions Gallimard en 1931. Affiche.

Il avait touché [illegible]

animaux [illegible]

[illegible] ce mystère [illegible]

chaque [illegible]

[illegible], mieux [illegible]

[illegible], il lui faudrait [illegible]

Le [illegible]

[illegible]

[illegible]. Il lui faudrait [illegible]

[illegible]

[illegible], sinon comment [illegible]

[illegible] et nous [illegible] ? [illegible]

[illegible]

un enfant, [illegible]

[illegible]

[illegible]

[illegible]

[illegible]

[illegible]

[illegible]

[illegible]

[illegible]

[illegible]

[illegible]

[illegible]

[illegible]

[illegible]

15. Page de travail de « Une Planète », nouvelle de Saint-Exupéry. Autographe.

16. Édition originale, sous cartonnage décoré de Paul Bonet, des *Carnets* de Saint-Exupéry (Gallimard, 1953).

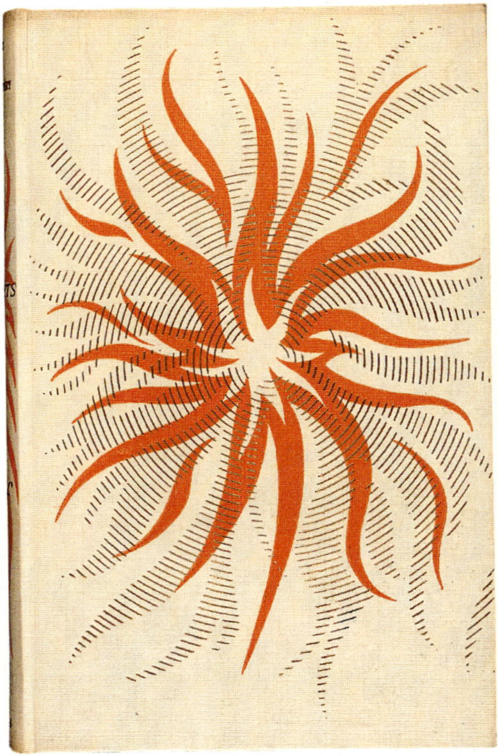

16

15

PIERRE
anne ma

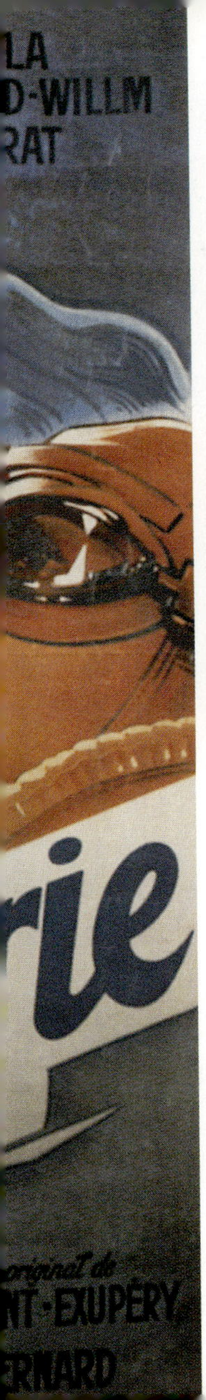

17

18

17-18. Film de Raymond Bernard, sur un scénario de Saint-Exupéry ; 1935. Affiches.

19

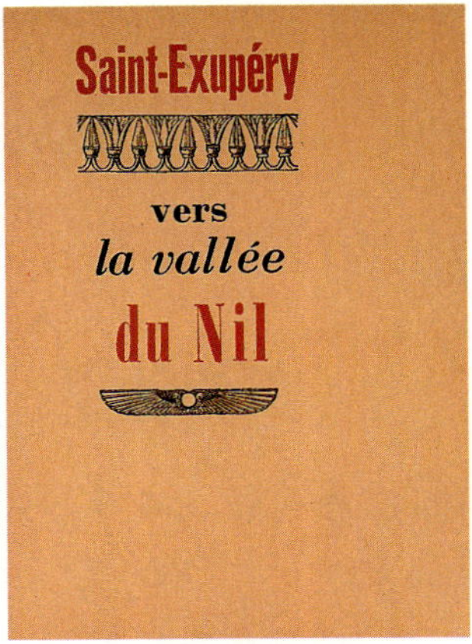

20

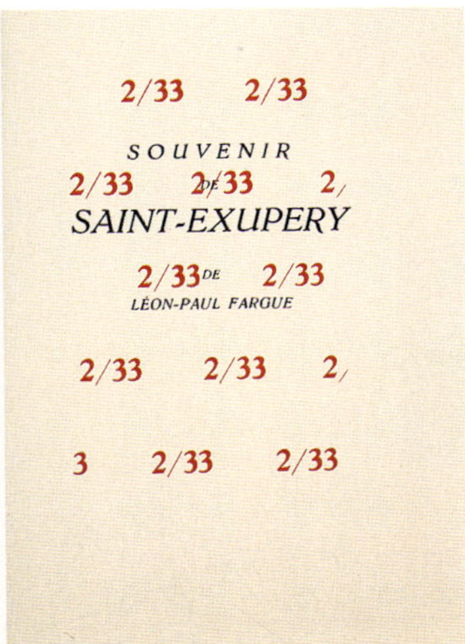

21

19. L'un des jeux intellectuels de Saint-Exupéry. Édition originale (Ælberts, 1957).

20. Relation de l'accident de Libye lors du raid Paris-Saigon de 1935. Édition originale (Ælberts, 1945).

21. Édition originale des « souvenirs » de Léon-Paul Fargue (Ælberts, 1945).

22 (page suivante). Passeport de Saint-Exupéry pour la Roumanie, visé le 29 mai 1936.

Vama Băneasa
Intrat în țară la 27/5/936 cu 1000 (una mie)
ROMANIA
VAMA-BUCUREȘTI
Aeroportul Băneasa
MINISTERUL DE FINANȚE
ROMANIA
LEI 2 LEI
TIMBRU FISCAL
ROMANIA
TIMBRUL AVIATIEI
LEI 2 LEI
PREFECTURA POLIȚIEI
București
29 MAI. 1936
VĂZUT la PLECARE
aeroportul
Băneasa până
la 3 VI 1936

je t'écrirai dès que je serai reposé. Pardonne à ma grande fatigue.

Ce petit mot juste pour te dire ma vieille amitié et que tu m'écrives avant mon départ. (Je pars incessamment)

Et que penses-tu de mes beaux dessins ?

Ton vieil

13 rue d'Alsace Lorraine Toulouse

Je relis cette lettre de somnambule. Pardonne-la moi je n'en puis plus ce soir.

74 bis

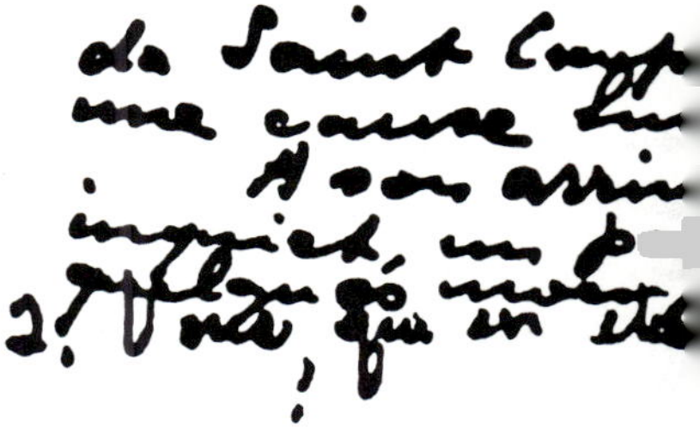

75

76

réparer les avions, des Breguet 14 datant de la Première Guerre que la Compagnie générale d'aviation utilisait sur sa ligne Toulouse-Maroc.

Il devient, à la mi-décembre, copilote sur la ligne Toulouse-Casablanca sous l'autorité de Didier Daurat. Cette « Ligne » suivait le canal du Midi puis la voie ferrée vers Narbonne ; bifurquait vers Perpignan et survolait la côte méditerranéenne jusqu'à Barcelone, Valence, Alicante, Málaga, franchissant les montagnes puis la mer jusqu'à Casablanca. Un trajet de deux jours, souvent accompli en une seule journée, sur de vieux Breguet 14, sans appareils de bord. Pour une raison ou une autre, il fallait prévoir des atterrissages de fortune, sauver le courrier, maintenir coûte que coûte « la Ligne ».

Dès février 1927, il est pilote sur le tronçon Casablanca-Dakar [voir hors texte, p. 68] : les avions volent toujours par deux, dans l'un, l'équipage est accompagné d'un interprète maure pour faciliter le rachat des pilotes capturés lors d'atterrissages

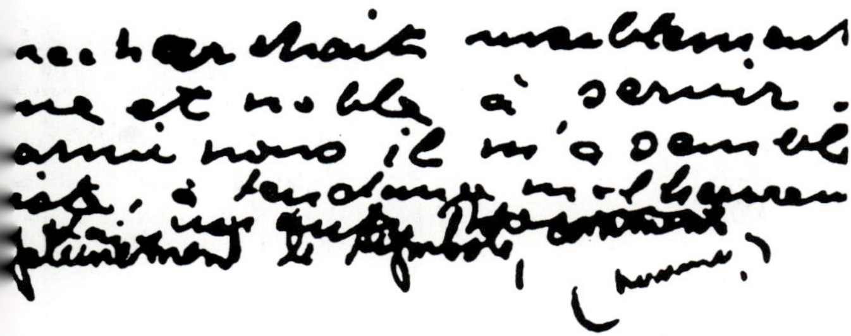

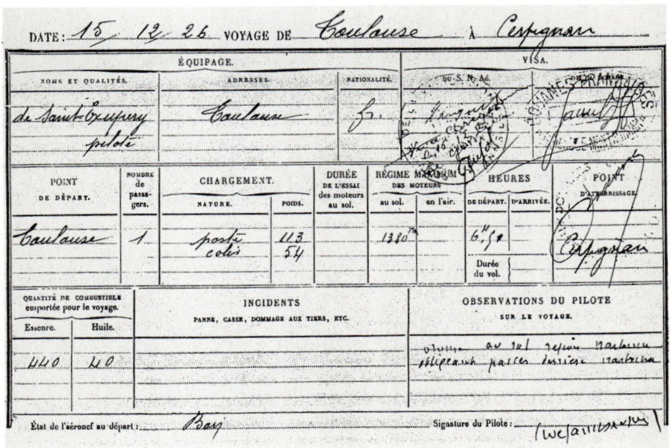

DATE : 15 12 26 VOYAGE DE Toulouse À Perpignan

ÉQUIPAGE. Noms et qualités.	Adresses.	Nationalité.	VISA. Du S. N. Aé.	
de Saint-Exupéry pilote	Toulouse	fr.		

POINT DE DÉPART.	NOMBRE de passagers.	CHARGEMENT. Nature.	Poids.	DURÉE DE L'ESSAI des moteurs au sol.	RÉGIME [illegible] DES MOTEURS au sol.	en l'air.	HEURES de départ.	d'arrivée.	POINT D'ATTERRISSAGE.
Toulouse	1	poste colis	113 54		1380		6h50	Durée du vol.	Perpignan

QUANTITÉ DE COMBUSTIBLE emportée pour le voyage. Essence.	Huile.	INCIDENTS panne, casse, dommage aux tiers, etc.	OBSERVATIONS DU PILOTE sur le voyage.
440	40		[illegible]

État de l'aéronef au départ : Bon Signature du Pilote : [illegible]

77

78

75. Réponse de Didier Daurat à une interview sur Saint-Exupéry. Autographe.

76. Didier Daurat (années vingt).

77. Carnet de vol de Saint-Exupéry ; Toulouse-Perpignan, 15 décembre 1926.

78. Avion Breguet XIV Latécoère A2F-AEIZ, aux doubles couleurs françaises et espagnoles.

79

80

forcés, ce qui n'empêcha pas des fins tragiques comme celles de Gourp et Érable.

Lors de son premier vol Port-Étienne-Dakar, près de Nouakchott, le vilebrequin de l'avion piloté par Riguelle se casse ; peu après, Guillaumet se pose, une partie du courrier est chargée dans son appareil avec Riguelle ; le reste étant confié à la garde de Saint-Exupéry... mais aucun Maure ne paraît jusqu'au retour de Guillaumet. Ils tombent à leur tour en panne et, après une nuit froide à la belle étoile, ne repartent que difficilement le lendemain matin – révélant la distraction d'Antoine, qui coupa le moteur si péniblement mis en marche.

Dakar sert de base aux équipages Latécoère avant le retour vers Casablanca. Saint-Exupéry n'aime pas cette ville « *poubelle* » de l'Afrique,

79. Le pilote Antoine Riguelle.

80. Le pilote Henri Guillaumet.

81. La « Ligne » Agadir-Dakar dont les lieux-dits portent les noms des pilotes.

8

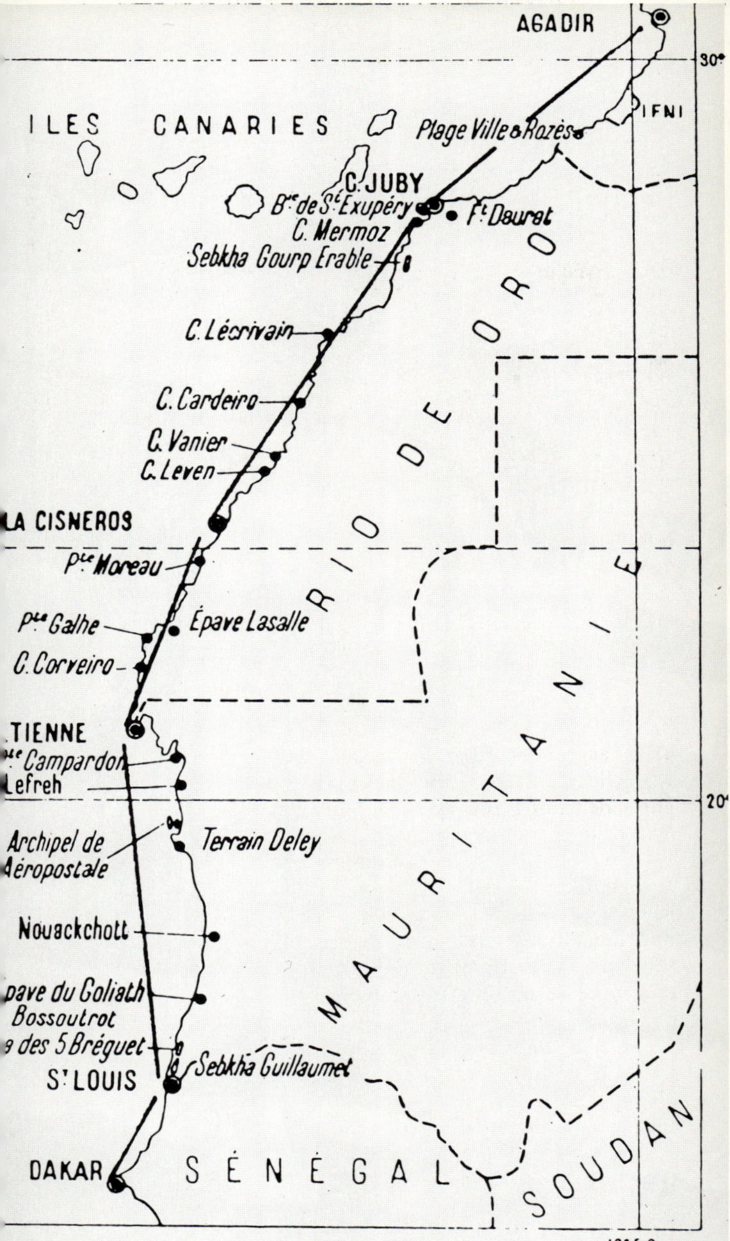
AGADIR
30°
IFNI
ILES CANARIES
Plage Ville & Rozès
C. JUBY
Bie de St Exupéry
Ft Dourat
C. Mermoz
Sebkha Gourp Erable
C. Lécrivain
C. Cardeiro
C. Vanier
C. Leven
LA CISNEROS
RIO DE ORO
Pte Moreau
Pte Galhe
Épave Lasalle
C. Corveiro
TIENNE
Campardon
Lefreh
20°
Archipel de
Aéropostale
Terrain Deley
MAURITANIE
Nouackchott
pave du Goliath
Bossoutrot
des 5 Bréguet
Sebkha Guillaumet
St LOUIS
DAKAR
SÉNÉGAL
SOUDAN
10° E Gr

STES M

83

82. Un interprète maure.

83. Les autruches de Cap Juby en 1927.

mais son nom lui permet de fréquenter cependant la bonne société de la colonie. Il met à profit ses escales pour visiter le pays, découvre les autruches, chasse le lion..., prend des photos pour sa mère qui peint des « vierges noires ».

Pilote auxiliaire ou copilote, il effectue peu de vols réguliers sur la Ligne ; il est surtout chargé d'entretenir des contacts avec les autorités des escales sur le trajet Casa-Dakar : Villa Cisneros, le cheik Boutilimit ; Cap Juby, où il rencontre la mission photographique de l'armée française dirigée par le lieutenant Campardon.

84. La « Casa del Mar » à Cap Juby, vers 1926-1927.

85. Le hangar « Bessonneau » à Cap Juby, vers 1926-1927.

86. Des Breguet XIV sur la piste, un jour de grande marée, vers 1926-1927.

Au milieu du printemps 1927, par suite d'une panne, il se pose près d'un village de la brousse sénégalaise. Piqué par les moustiques, atteint de fièvre, il est hospitalisé de longues semaines à Dakar. Il passe ses trois mois d'été en convalescence à Saint-Maurice, puis à Agay, dans le Var, où sa sœur Gabrielle, « Didi », s'est installée depuis son mariage.

84

D'octobre 1927 à décembre 1928, Antoine de Saint-Exupéry est désigné comme chef de poste dans le désert, à Cap Juby, qui est une escale technique essentielle pour la Ligne et la première en venant d'Agadir (480 km). Villa Cisneros, où Latécoère ne dispose que d'un mécanicien, sans bâtiment logistique, est à 610 km au sud ; plus loin La Guerra à 310 km, près de Port-Étienne, premier poste français à 620 km de Dakar.

Cap Juby est situé en territoire espagnol, le Rio del Oro ; à quelques centaines de mètres du rivage, la Casa

85

86

del Mar, île rocheuse, ancienne redoute anglaise transformée en pénitencier, abrite la garnison espagnole, ravitaillée par bateau des Canaries tous les 20 de chaque mois. Près d'un petit poste sur la terre ferme, se trouvent deux baraques et un hangar en toile Bessoneau.

Saint-Exupéry a été choisi pour diriger ce poste et maintenir de bonnes relations avec le colonel espagnol de La Peña, alors que la guerre du Rif venait de s'achever. Employé de l'Aero española, il devait les persuader que la « Ligne » ne poursuivait aucun autre but que postal... En mai 1927, pourtant, Ould Haj Rab avait tenté une attaque contre Port-Étienne, avec des armes fournies par les autorités espagnoles de Cap Juby.

À Cap Juby, Antoine travaille avec deux mécaniciens, Toto et Maréchal. Un ouistiti, Kiki, une chienne, Mirra, un chat, Paf, les distraient, ainsi qu'une hyène et un caméléon.

« *Les avions passent tous les huit jours. Entre eux, c'est trois jours de silence. Et quand mes avions partent, c'est comme mes poussins. Et je suis inquiet jusqu'à ce que la TSF m'ait annoncé leur passage à l'escale suivante à mille kilomètres de là.* »

Chaque jour, Saint-Exupéry effectue un vol d'entraînement sur le Breguet de réserve pour le maintenir en bon état.

Il lit beaucoup : *Poussière*, de Rosamond Lehmann, *La Nymphe au cœur fidèle*, de Margaret Kennedy,

87

87. Le pilote Léon Antoine nourrissant une gazelle à Cap Juby, 1926 ou 1927.

88. « Bark, esclave maure », nouvelle écrite par Saint-Exupéry à Cap Juby. Autographe.

aboutir

Bark, esclave maure

Marrakech.

– [illegible] ~~Agadir~~

Chaque nuit à Juby cet esclave des Maures me demandait sa liberté. Aujourd'hui, ayant fait son premier pourboire, il [illegible] et [illegible] [illegible] [illegible] ayant [illegible] [illegible] [illegible] Maintenant [illegible] ayant [illegible] le seul [illegible] sauver. [illegible]

[illegible] les images [illegible] les maisons blanches, [illegible] [illegible] [illegible] Marrakech [illegible] [illegible]

[illegible]

Pourtant [illegible] Cap Juby, [illegible] [illegible] [illegible] [illegible] [illegible], je me faisais [illegible] [illegible] :

– Vieux Bark ou [illegible]…

Tous les esclaves s'appellent Bark, il s'appelait [illegible] [illegible] [illegible] [illegible]

Bark. [illegible]

[illegible]

Daudet. Il s'initie à la langue arabe, invite chez lui et est reçu par les chefs maures. Il écrit aussi, commence un roman que ses camarades lisent parfois en se moquant. Une nouvelle, « Bark esclave maure », dédiée à Louise de Vilmorin (*Marianne*, 17 mai 1933), relate la vie de ce Noir de Marrakech que les pilotes rachetèrent.

Le 8 décembre 1927, Guillaumet le ramène de Dakar dans le Breguet 219 qui tombe en panne ; dans le 302, piloté par Dumesnil, on transborde le courrier. Laissant Saint-Exupéry, Dumesnil et le 219, Guillaumet tente de repartir avec le 302 sans succès et les trois pilotes doivent le réparer ; le lendemain, Guillaumet vient les chercher avec un troisième appareil.

89. Une caravane dans le désert (détail du nº 1).

90. « Rapport », de Saint-Exupéry, concernant un dépannage (août 1928).

91. Lettre de l'ingénieur Serre à l'inspecteur Tête sur ses conditions de détention chez les Maures (22 septembre 1928).

89

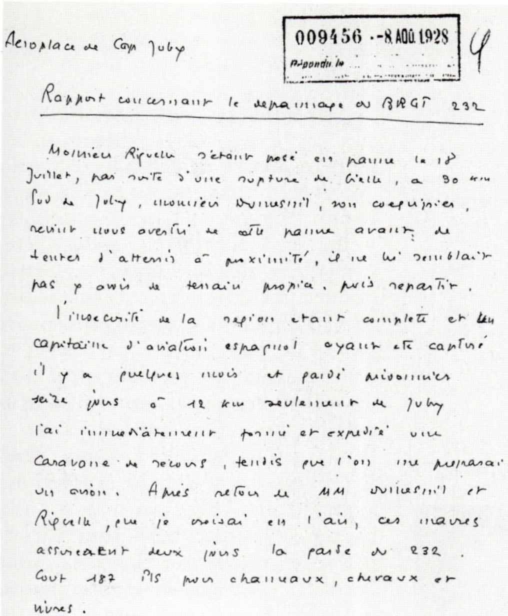
Aéroplace de Cap Juby

009456 -8 AOÛ 1928
Répondu le ...

9

Rapport concernant le dépannage du BRGT 232

Monsieur Riguelle s'étant posé en panne le 18 Juillet, par suite d'une rupture de bielle, à 30 km Sud de Juby, monsieur Dumesnil, son coéquipier, revint nous avertir de cette panne avant de tenter d'atterrir à proximité, il ne lui semblait pas y avoir de terrain propice, puis repartir.

L'insécurité de la région étant complète et un capitaine d'aviation espagnol ayant été capturé il y a quelques mois et gardé prisonnier seize jours à 12 km seulement de Juby j'ai immédiatement formé et expédié une caravane de secours, tandis que l'on me préparait un avion. Après retour de MM Dumesnil et Riguelle, que je croisai en l'air, ces maures assurèrent deux jours la garde du 232.
Coût 187 Pts pour chameaux, chevaux et vivres.

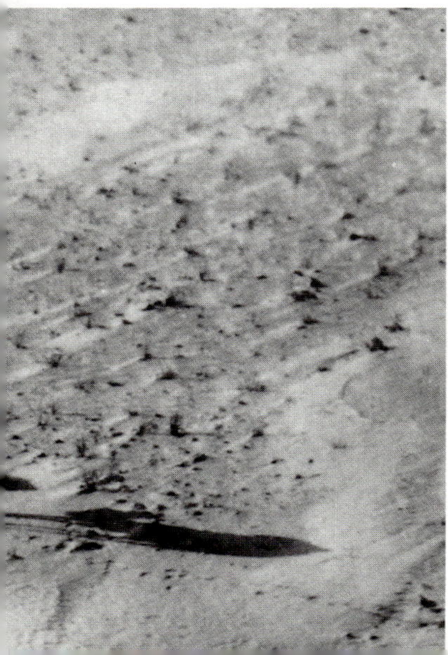

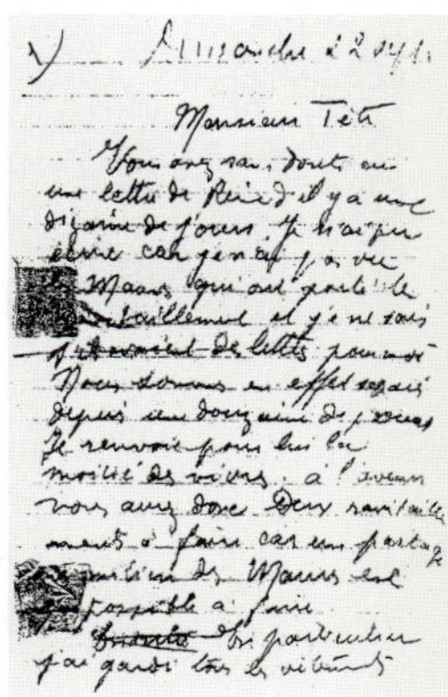
Dimanche 2 [illegible]

Monsieur Tête

Vous avez sans doute eu une lettre de Reine il y a une dizaine de jours. Je n'ai pu écrire car je n'ai pas vu Maures qui ont parlé de [illegible] tuillement et je ne sais [illegible] de lettres pour [illegible] Nous sommes en effet séparés depuis une douzaine de jours. Je renvoie pour lui la moitié des vivres. À l'avenir vous avez donc deux ravitaillements à faire car un partage [illegible] des Maures est impossible à faire. ~~[illegible]~~ En particulier j'ai gardé tous les vêtements

92. André Bouilloux-Lafont, président de la Compagnie générale aéropostale.

93. Les pilotes Reine et Serre lors de leur libération en octobre 1928 (marqués d'une flèche).

94 (double page suivante). Dépannage, à dos de chameau, d'un avion Breguet dans le désert.

92

Au printemps 1928, Saint-Exupéry aide les Espagnols à libérer un de leurs aviateurs en déposant en plein désert les émissaires. Le 29 juin, dans la nuit, se pose un Laté 26 piloté par Reine avec, comme passagers, Tête, inspecteur de la Ligne, et Serre, polytechnicien, chef du service radio. Saint-Exupéry n'a pas été prévenu de ce vol de nuit, un des premiers ; le lendemain l'avion repart et disparaît ; les recherches s'organisent avec trois avions, deux tombent en panne – Bourgat et Riguelle – que Jean Lefebvre réussit à faire revoler. Le 5 juillet, une lettre parvient à Villa Cisneros ; Reine et Serre sont prisonniers, le courrier et l'appareil sont détruits, une rançon est demandée (un millier de fusils et autant de chameaux).

Les recherches se poursuivront tout l'été ; le 18 juillet, Riguelle se trouve en détresse à 30 km de Cap Juby. Malgré les consignes, Saint-Exupéry décide de le réparer et de changer le moteur ; après trois jours, entourés de cavaliers hostiles, ils parviennent à faire décoller le Breguet. Reine et Serre sont enfin libérés contre rançon, à Villa Cisneros, et, le 25 octobre, Saint-Exupéry est félicité par Bouilloux-Lafont, Président-Directeur général de la Compagnie Générale Aéropostale qui vient de racheter les lignes Latécoère. Fin octobre, Saint-Exupéry participe à la recherche d'un avion espagnol atteint par les armes maures à 180 km

93

DIDIER
DAURAT

SAINT-EXUPÉRY
TEL
QUE JE L'AI CONNU

ÉDITION DYNAMO
P. Aelberts, Éditeur
LIÈGE
1954

95

95. Premier témoignage imprimé de Didier Daurat sur Saint-Exupéry (1954).

96

96. Didier Daurat.

97

97. Esquisse, de la main de Daurat, du tracé de la Ligne entre l'Afrique et l'Amérique. Autographe.

de Cap Juby ; l'ayant localisé, ils peuvent remettre en marche l'appareil et sauver les deux pilotes.

Didier Daurat, début novembre, informe Antoine de son affectation en Amérique du Sud ; mais son remplaçant Vidal s'étant échoué sur une colline, il doit attendre décembre pour quitter Cap Juby.

En métropole et en congé pendant le premier trimestre 1929, Antoine de Saint-Exupéry met la dernière main à son roman *Courrier Sud*, le corrige, en le lisant à haute voix à ses amis, à Yvonne de Lestrange, à ses camarades. En avril, le manuscrit est accepté à la NRF, sans doute grâce aux amicales pressions de Jean Prévost et d'André Gide ; André Beucler le préface (le manuscrit, conservé en Suisse, est dédicacé à Louise de Vilmorin).

Antoine est envoyé à Brest d'avril à juin pour suivre, en tant que civil, le nouveau cours supérieur de navigation aérienne qui donnait aux pilotes les bases théoriques néces-

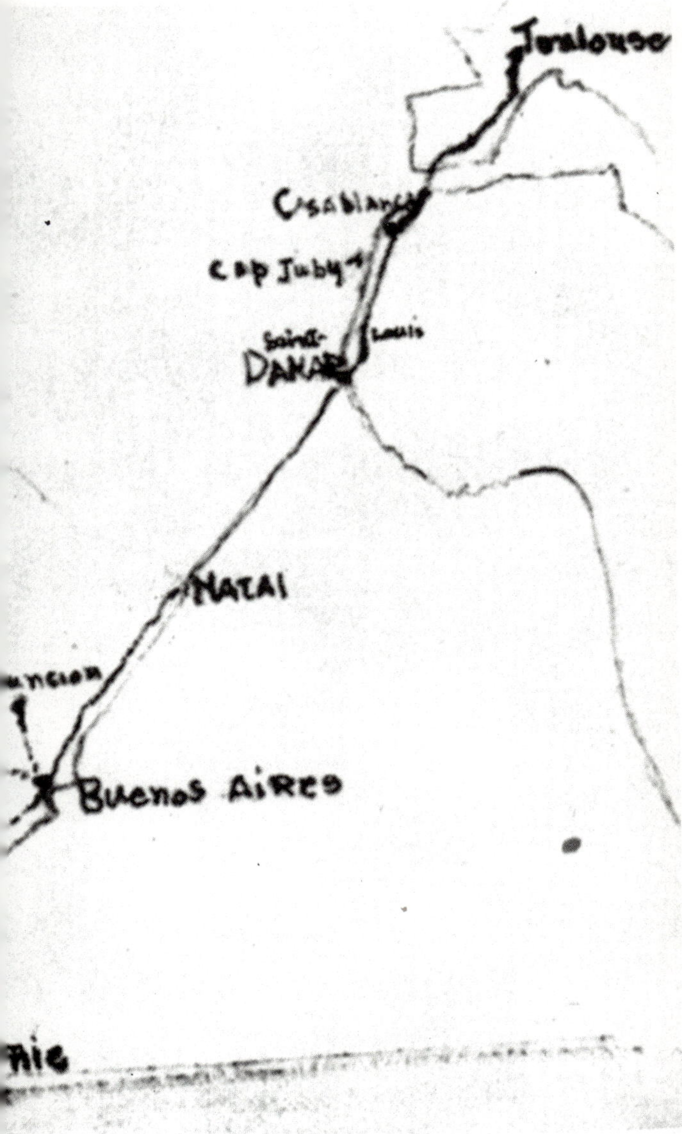

Toulouse
Casablanca
Cap Juby
Saint-Louis
DAKAR
Natal
Buenos Aires

ANTOINE de SAINT EXUPÉRY

COURRIER
SUD

nrf

GALLIMARD

98

99

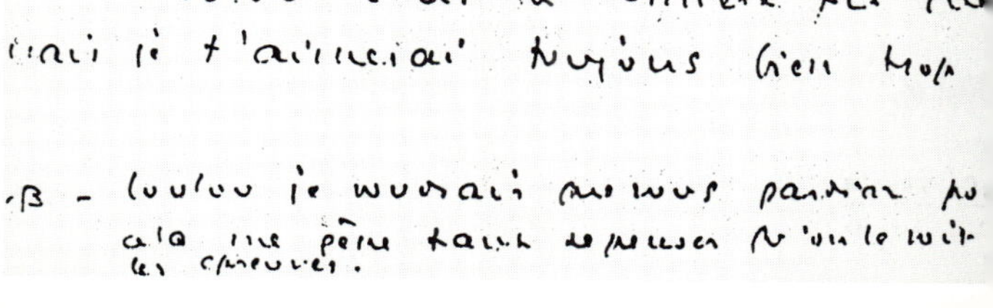
Loulou c'est la dernière fois que
mais je t'aimerai toujours bien trop

B – Loulou je voudrais que vous gardiez po
cela me peine tant de penser qu'on le voit
les épreuves.

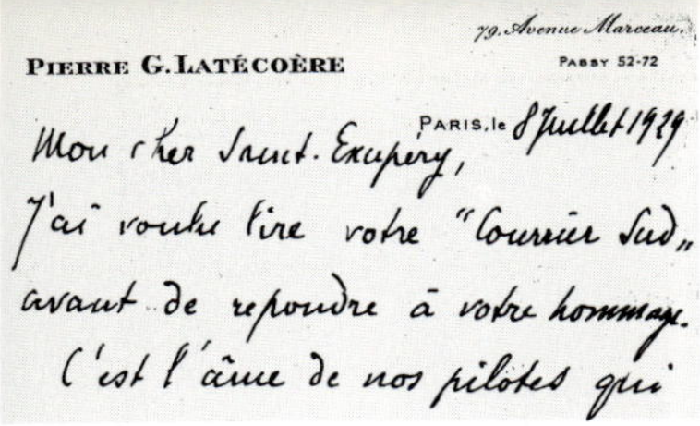
PIERRE G. LATÉCOÈRE
79. Avenue Marceau.
PASSY 52-72

PARIS, le 8 Juillet 1929

Mon cher Saint-Exupéry,

J'ai voulu lire votre "Courrier Sud" avant de répondre à votre hommage. C'est l'âme de nos pilotes qui

100

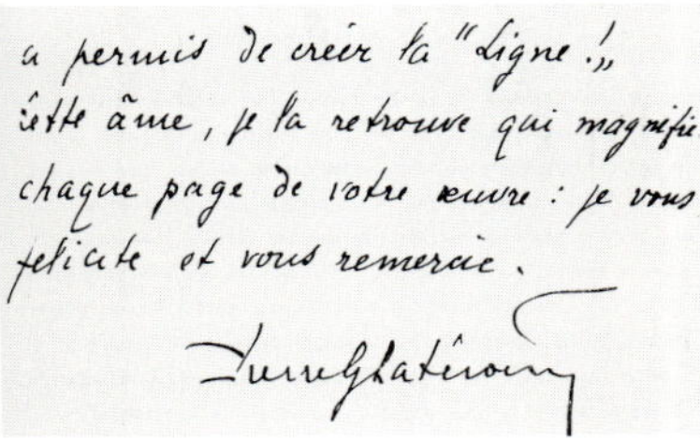
a permis de créer la "Ligne !" cette âme, je la retrouve qui magnifie chaque page de votre œuvre : je vous félicite et vous remercie.

PierreGLatécoère

101

saires au vol de nuit. Lionel Chassin, lieutenant de vaisseau, dirige le cours qui compte neuf militaires et deux civils, mais *Courrier Sud* occupe trop Saint-Exupéry qui n'obtient pas le diplôme et, dès juin, il eſt affeċté à la ligne Toulouse-Casa sur les nouveaux Laté 25 et 26, plus puissants et plus sûrs que les Breguet 14.

Le 6 juillet, Edmond Jaloux fait paraître dans *Les Nouvelles littéraires* un compte rendu élogieux de *Courrier Sud*. Mais, début septembre, Antoine reçoit la confirmation de son départ pour l'Argentine, le séparant du monde parisien et littéraire et du succès de *Courrier Sud* [voir hors texte, p. 72-73] qui n'avait pas

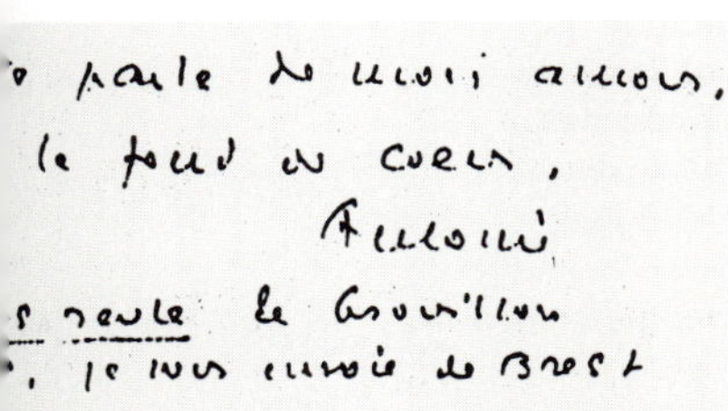
o parle de mon amour,
le fond du cœur,
Antoine
s seule le brouillon
, je vous envoie de Brest

98. Couverture du premier livre de Saint-Exupéry (Gallimard, 1929).

99. Lettre d'Antoine à Louise de Vilmorin ; Breſt, mai 1929. Autographe.

100-101. Reċto-verso d'une carte de Latécoère à Saint-Exupéry, 8 juillet 1929. Autographe.

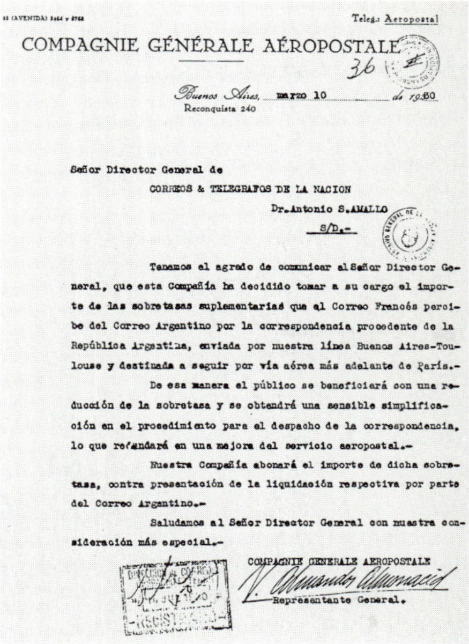

11 (AVENIDA) 3464 y 3764 — Teleg.: Aeropostal

COMPAGNIE GÉNÉRALE AÉROPOSTALE

36

Buenos Aires, marzo 10 de 1930
Reconquista 240

Señor Director General de
CORREOS & TELEGRAFOS DE LA NACION
Dr. Antonio S. AMALLO
S/D.-

Tenemos el agrado de comunicar al Señor Director General, que esta Compañía ha decidido tomar a su cargo el importe de las sobretasas suplementarias que el Correo Francés percibe del Correo Argentino por la correspondencia procedente de la República Argentina, enviada por nuestra línea Buenos Aires-Toulouse y destinada a seguir por vía aérea más adelante de París.-

De esa manera el público se beneficiará con una reducción de la sobretasa y se obtendrá una sensible simplificación en el procedimiento para el despacho de la correspondencia, lo que redundará en una mejora del servicio aeropostal.-

Nuestra Compañía abonará el importe de dicha sobretasa, contra presentación de la liquidación respectiva por parte del Correo Argentino.-

Saludamos al Señor Director General con nuestra consideración más especial.-

COMPAGNIE GENERALE AEROPOSTALE
V. Almandos Almonacid
Representante General.

102

été très bien perçu par ses collègues. Il quitte Yvonne de Lestrange, son éditeur Gaston Gallimard, ses amis, Rinette de Saussine et s'embarque à Bordeaux le 9 septembre ; il fait escale à Lisbonne le 12 ; après dix-huit jours de traversée il arrive à Buenos Aires le 12 octobre. L'aventure américaine durera jusqu'en janvier 1931.

Directeur technique d'Aeroposta Argentina [voir hors texte, p. 70], une compagnie d'aviation naissante, il participe à la vie mondaine de Buenos Aires (réceptions, galas, dîners dans une ville qu'il n'aime pas) tout en implantant, en moins de deux ans, les lignes vers le Sud, la Patago-

102. Lettre du « Representante General » de la Compagnie générale aéropostale, Vicente Almandos Almonacid, au directeur général des Postes d'Argentine relative à la surtaxe des lettres vers l'Europe. Buenos Aires, 10 mars 1930. Dactylogramme.

103. Permis de conduire argentin de Saint-Exupéry (1930).

DUPLICADO

Nombre ANTONIO
DE SAINT EXUPERY
Nº. 1730

FILIACION DEL CONDUCTOR
No. 1730
Nombre A. DE SAINT EXUPERY
Nacionalidad FRANCES
Edad 29 AÑOS
Estado SOLTERO
Domicilio GRAL. PACHECO
Las Conchas
Tigre
SECRETARIO

nie. Cette société succède à la Compagnie Générale Aéropostale (créée par Pierre Latécoère en 1925 et dirigée par le capitaine Vicente Almandos Almonacid) acquise, en avril 1927, par André Bouilloux-Lafont. Propriétaire d'un empire de plantations et de voies ferrées, face à la concurrence allemande, Bouilloux-Lafont envisage un vaste réseau en Amérique du Sud et vers l'Europe.

Le directeur de l'Aeroposta Argentina, Pranville, est un polytechnicien. Antoine de Saint-Exupéry remplace, comme chef de trafic, Paul Vachet, chargé d'ouvrir de nouvelles lignes au Venezuela ; il y retrouve Mermoz, Guillaumet, Reine, Daurat.

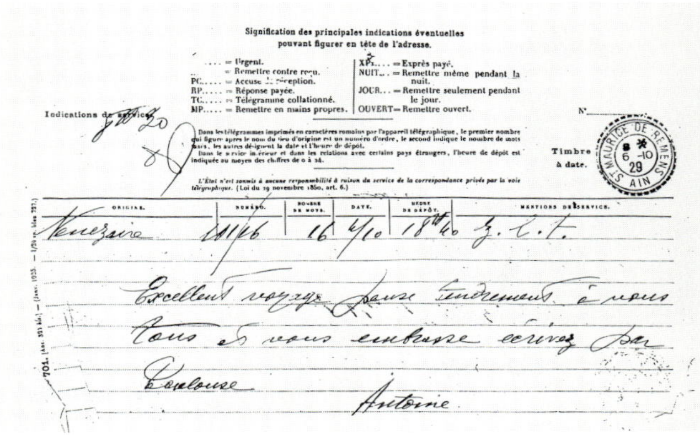

Signification des principales indications éventuelles
pouvant figurer en tête de l'adresse.

.... = Urgent.	XP.... = Exprès payé.
.. = Remettre contre reçu.	NUIT... = Remettre même pendant la nuit.
PC..... = Accusé de réception.	JOUR... = Remettre seulement pendant le jour.
RP..... = Réponse payée.	OUVERT = Remettre ouvert.
TC..... = Télégramme collationné.	
MP..... = Remettre en mains propres.	

Indications de service. 20 80

Dans les télégrammes imprimés en caractères romains par l'appareil télégraphique, le premier nombre qui figure après le nom du lieu d'origine est un numéro d'ordre, le second indique le nombre de mots taxés, les autres désignent la date et l'heure de dépôt.
Dans le service intérieur et dans les relations avec certains pays étrangers, l'heure de dépôt est indiquée au moyen des chiffres de 0 à 24.

L'État n'est soumis à aucune responsabilité à raison du service de la correspondance privée par la voie télégraphique. (Loi du 29 novembre 1850, art. 6.)

N°

Timbre à date. ST MAURICE DE REMENS AIN 6-10 29

701. (Anc. 321 bis.) — (Janv. 1925. — 1/20 sp. bleu 721.)

ORIGINE.	NUMÉRO.	NOMBRE DE MOTS.	DATE.	HEURE DE DÉPÔT.	MENTIONS DE SERVICE.
Venezaire	101/66	16	4/10	18h40	Z. C. T.

Excellent voyage pense tendrement à vous
tous et vous embrasse écrivez par
Toulouse
Antoine

104

105

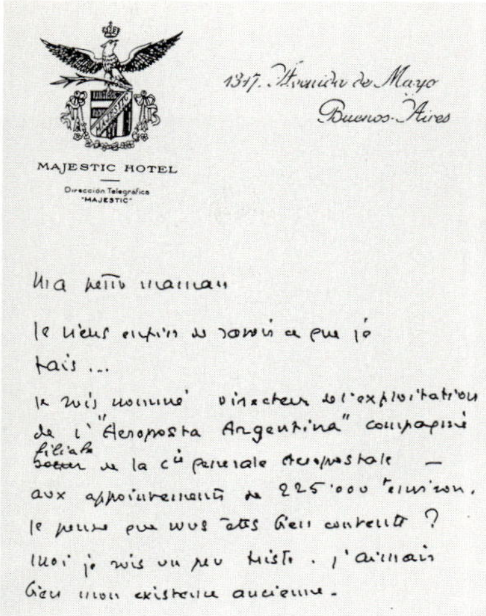

MAJESTIC HOTEL

Dirección Telegráfica "MAJESTIC"

1317. Avenida de Mayo
Buenos-Aires

Ma petite maman

Je viens enfin de savoir ce que je fais...

Je suis nommé directeur de l'exploitation de l'"Aeroposta Argentina" compagnie filiale ~~soeur~~ de la Cie générale Aéropostale — aux appointements de 225.000 environ.

Je pense que vous êtes bien contente ? Moi je suis un peu triste. J'aimais bien mon existence ancienne.

106

107

104. Télégramme d'Antoine à sa famille, 6 octobre 1929.

105. Saint-Exupéry (au centre, gabardine au bras) et Paul Vachet (à sa droite).

106. Lettre d'Antoine à sa mère lui annonçant sa nomination de « *directeur de l'exploitation* » ; Buenos Aires, 1929.

107. Dîner d'adieu de Paul Vachet le 29 octobre 1929 (Saint-Exupéry est le troisième à gauche).

108

109

108 (double page précédente). Saint-Exupéry et Henri Guillaumet devant un avion Laté 28 (1929).

109. L'aérodrome de Pacheco, près de Buenos Aires, en 1929.

110. L'aéroplace de Commodoro Rivadavia, vers 1930.

111. La Ligne Toulouse-Santiago du Chili. Carte.

Il loge d'abord à l'hôtel *Majestic* ; les bureaux sont dans un immeuble moderne au 240, Reconquista, puis au huitième étage Galería Goemes, calle Florida, n° 605 ; les deux hangars de l'aéroport de Pacheco, dans le faubourg de San Fernando à sept kilomètres, abritent les Laté 25 et 26. Quinze jours après son arrivée, le 1er novembre, la Patagonie était reliée depuis Buenos Aires, et Comodoro Rivadavia sur le golfe de San Juan en plein développement grâce à son pétrole ; en février 1930, la ligne se poursuivait jusqu'en Terre de Feu [voir hors texte, p. 68].

L'éloignement n'est même pas rompu par la venue de Renée de Saussine et de ses amis au Brésil, la comtesse de Robien, le comte de Bailen que, faute de pouvoir « *faire un courrier* », il ne peut rejoindre. En mars, Saint-Exupéry remplit le formulaire d'agrément pour l'ordre de la Légion d'honneur au titre du ministère de l'Air.

Vers le Nord, Mermoz inaugurera une ligne Rio-Buenos Aires, gagnant ainsi deux jours ; restait la traversée de l'Atlantique Sud : le 12 mai,

110

Toulouse
AFRIQUE
Dakar
BRÉSIL
Récife
PARAGUAY
Asuncion
Rio-de-Janeiro
Santiago
CHILI
ARGENTINE
Buenos-Aires
Santa-Cruz

II

R

Y/D

LÉGION D'HONNEUR. RÉPUBLIQUE FRANÇAISE.

MINISTÈRE DE L'AIR.

RENSEIGNEMENTS

produits à l'appui d'un projet de décret tendant à nommer un candidat au grade de Chevalier de *la Légion d'honneur.*

Noms et prénoms	de SAINT EXUPERY Antoine
Date et lieu de naissance (Pour Paris, indiquer l'arrondissement.)	29 Juin 1900 à LYON
Domicile	Compagnie Générale Aéropostale, 92, Avenue des Champs-Elysées à PARIS.
Nationalité	Française
Situation	Pilote aviateur
Grades universitaires (supérieurs à celui de bachelier)	Admissible à l'Ecole Navale.
Services militaires (durée)	2 ans. A effectué au cours de son service militaire 350 heures de vol.
Services civils (durée)	7 ans de pratique professionnelle.
Durée totale des services civils et militaires	9 ans de services militaires et de pratique professionnelle.
Situations diverses (fonctions électives, professions)	"
Missions à l'étranger, dans les colonies, etc. / Actes de sauvetage et de dévouement	Chef d'aéroplace du Cap Juby. A contribué au salut et à la libération de pilotes français ou espagnols tombés aux mains des Maures.
Services rendus dans les Établissements de bienfaisance, les Commissions, etc.	
Publications, titres littéraires, scientifiques, artistiques	

4276-185-J. 44342-28. [33797]

112

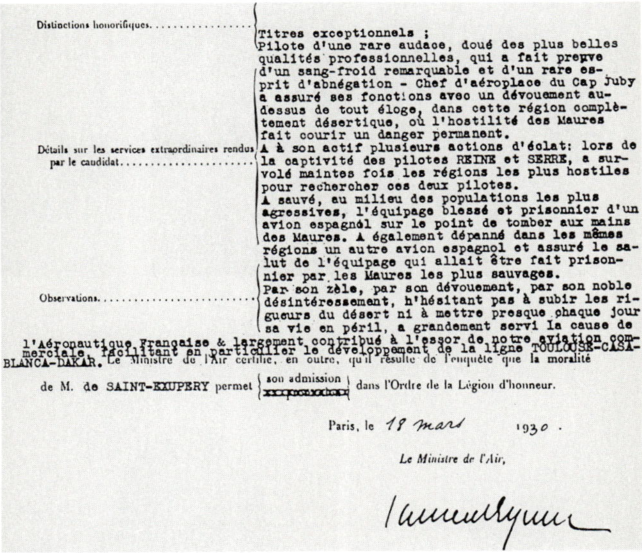

Distinctions honorifiques. . . . .

Titres exceptionnels ;
Pilote d'une rare audace, doué des plus belles qualités professionnelles, qui a fait preuve d'un sang-froid remarquable et d'un rare esprit d'abnégation - Chef d'aéroplace du Cap Juby a assuré ses fonctions avec un dévouement au-dessus de tout éloge, dans cette région complètement désertique, où l'hostilité des Maures fait courir un danger permanent.

Détails sur les services extraordinaires rendus par le candidat. . . . .

A à son actif plusieurs actions d'éclat: lors de la captivité des pilotes REINE et SERRE, a survolé maintes fois les régions les plus hostiles pour rechercher ces deux pilotes.
A sauvé, au milieu des populations les plus agressives, l'équipage blessé et prisonnier d'un avion espagnol sur le point de tomber aux mains des Maures. A également dépanné dans les mêmes régions un autre avion espagnol et assuré le salut de l'équipage qui allait être fait prisonnier par les Maures les plus sauvages.

Observations. . . . .

Par son zèle, par son dévouement, par son noble désintéressement, h'hésitant pas à subir les rigueurs du désert ni à mettre presque chaque jour sa vie en péril, a grandement servi la cause de l'Aéronautique Française & largement contribué à l'essor de notre aviation commerciale, facilitant en particulier le développement de la ligne TOULOUSE-CASABLANCA-DAKAR. Le Ministre de l'Air certifie, en outre, qu'il résulte de l'enquête que la moralité de M. de SAINT-EXUPERY permet son admission ~~[illegible]~~ dans l'Ordre de la Légion d'honneur.

Paris, le 18 mars 1930.

Le Ministre de l'Air,

112 bis

Mermoz, avec Dabry et Léo Gimié à bord du *Comte de Vaulx*, un Laté 28.3 de 650 cv transformé en hydravion sur ordre de Didier Daurat, quitte Saint-Louis-du-Sénégal avec 3 150 kg de courrier. Partis vingt-cinq heures plus tôt de Toulouse, ils franchissent « *les piliers noirs d'un Temple...* », réalisant ainsi la première liaison transatlantique commerciale [voir hors texte, p. 68].

À Natal, Vanier le remplace pour Rio ; puis Reine fait le trajet Rio-Buenos Aires où Saint-Exupéry l'accueille ; Guillaumet continue vers Santiago du Chili où il se pose le

113

114

115

112-112 bis (double page précédente). Feuille de renseignements pour l'admission dans l'ordre de la Légion d'honneur (18 mars 1930). Autographe.
113. Le pilote Jean Mermoz.

114. L'avion Potez 25, après l'accident de Guillaumet, à Laguna Diamante le 21 juin 1930.
115. Saint-Exupéry (de dos) accueillant Guillaumet (casqué) à Tumuyan, le 21 juin 1930.
116. Réception de Guillaumet (de face), accompagné de Saint-Exupéry (à gauche), au *Plaza Hotel* de Mendoza, le 21 juin 1930.

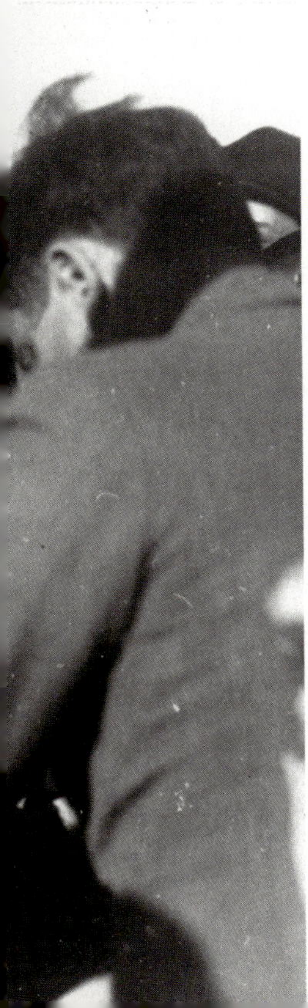

15 mai à 13 h 30 : en cinq jours le courrier d'Europe était arrivé. Mais cet exploit est endeuillé par la mort de Pranville, d'Élysée Négrin, inspecteur général de l'Aeroposta, et de Pruneta, mécanicien, au large de Montevideo sur le rio de la Plata, avec deux passagers, alors qu'ils allaient à la rencontre de Mermoz le 13 mai 1930.

Le 13 juin, Guillaumet disparaît dans les Andes ; le 15, Saint-Exupéry atterrit à Pacheco et part à sa recherche ; le 19, Guillaumet est retrouvé à San Carlos dans la cabane d'un chasseur de pumas. Cet exploit, « *relier les hommes entre eux* », reflète le quotidien de l'Aéropostale, quel que soit le temps ou les ennuis mécaniques.

Antoine, comme chef de trafic, devait coordonner, faire préparer les avions, les entretenir. À défaut d'aimer l'Argentine, il y dépense tout son argent – sauf les trois mille francs qu'il envoie à sa mère tous les

116

113

117

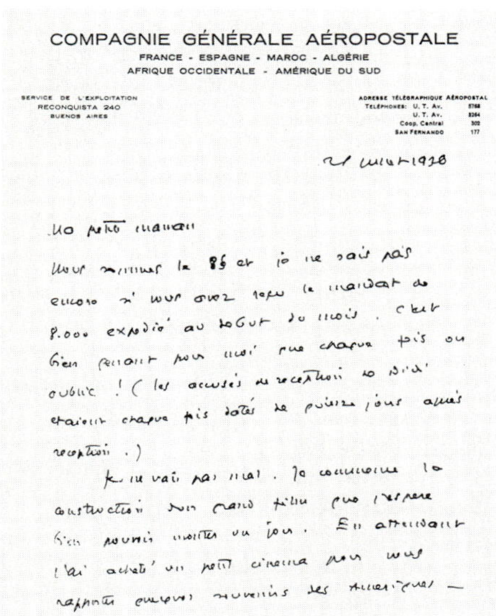

COMPAGNIE GÉNÉRALE AÉROPOSTALE
FRANCE - ESPAGNE - MAROC - ALGÉRIE
AFRIQUE OCCIDENTALE - AMÉRIQUE DU SUD

SERVICE DE L'EXPLOITATION
RECONQUISTA 240
BUENOS AIRES

ADRESSE TÉLÉGRAPHIQUE AÉROPOSTAL
TELÉPHONES: U. T. Av. 5768
U. T. Av. 3264
Coop. Central 302
SAN FERNANDO 177

21 juillet 1930

Ma petite maman

Vous recevrez les 8$ et je ne sais pas encore si vous avez reçu le mandat de 8.000 expédié au début du mois. C'est bien pesant pour moi que chaque fois on oublie ! (les accusés de réception se sont étaient chaque fois datés de quinze jours après réception.)

Je ne vais pas mal. Je commence la construction d'un grand film que j'espère bien pouvoir monter un jour. En attendant j'ai acheté un petit cinéma pour vous rapporter quelques souvenirs des Amériques —

118

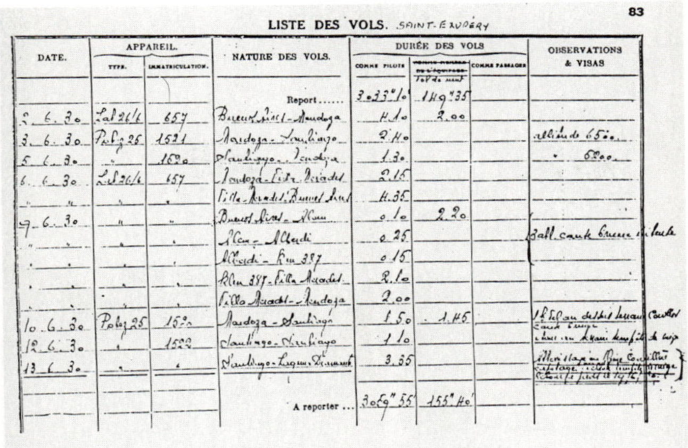

LISTE DES VOLS. SAINT-EXUPÉRY — 83

DATE.	APPAREIL. Type.	APPAREIL. Immatriculation.	NATURE DES VOLS.	DURÉE DES VOLS Comme pilote	DURÉE DES VOLS ~~Comme membre de l'équipage~~ Vol de nuit	DURÉE DES VOLS Comme passager	OBSERVATIONS & VISAS
			Report......	3033h10'	149h35		
2. 6. 30	Lat 26/1	657	Buenos Aires-Mendoza	4.10	2.00		
3. 6. 30	Potez 25	1521	Mendoza-Santiago	2.40			altitude 6500.
5. 6. 30	»	1520	Santiago-Mendoza	1.30			» 6200.
6. 6. 30	Lat 26/1	657	Mendoza-Villa Mercedes	2.15			
»	»	»	Villa Mercedes-Buenos Aires	4.35			
7. 6. 30	»	»	Buenos Aires-Alem	0.10	2.20		
»	»	»	Alem-Allende	0.25			[illegible]
»	»	»	Allende-Km 387	0.15			
»	»	»	Km 387-Villa Mercedes	2.10			
»	»	»	Villa Mercedes-Mendoza	2.00			
10. 6. 30	Potez 25	1520	Mendoza-Santiago	1.50	1.45		[illegible]
12. 6. 30	»	1522	Santiago-Santiago	1.10			[illegible]
13. 6. 30	»	»	Santiago-Laguna Diamante	3.35			[illegible]
			A reporter ...	3059h55	155h40'		

119

mois ; il va dans les bars à la mode, au restaurant *Conte* tenu par un Béarnais, Pellencq.

En septembre 1930, Benjamin Crémieux, traducteur de Pirandello, que Saint-Exupéry a rencontré chez Adrienne Monnier, débarque pour une tournée de conférences à l'Alliance française ; il lui présente Madame Gómez Carillo, née Consuelo Suncín (1898-1979), originaire du San Salvador.

Cette veuve d'un auteur et journaliste célèbre, consul d'Argentine à Paris, Crémieux en fit la connaissance sur le paquebot qui la ramenait en Amérique du Sud pour recueillir la succession de son mari (qui lui laissait également un appartement rue de Castellane et une maison à Cimiez).

120

117. Noëlle et Henri Guillaumet avec Saint-Exupéry au *Luna Park* de Buenos Aires (1930).
118. Lettre d'Antoine à sa mère, s'inquiétant de la réception de son mandat ; Buenos Aires, 25 juillet 1930.
119. « Liste des vols » de Saint-Exupéry pour le mois de juin 1930.
120. Benjamin Crémieux.

121

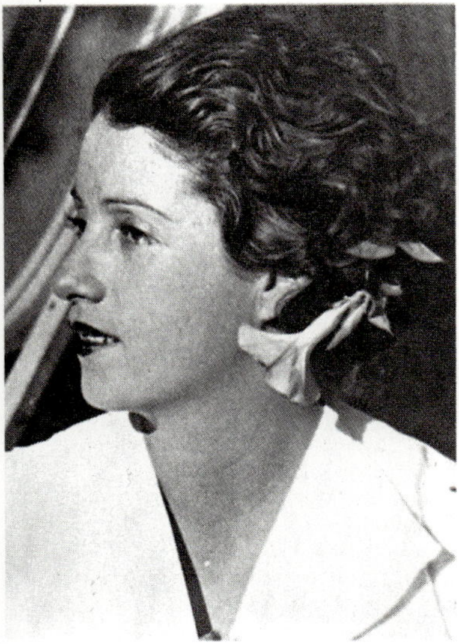

122

Saint-Exupéry succombe à son charme d'« *oiseau des îles* » ; il la promène en avion, la voit souvent, lui offre *Courrier Sud* et dans une longue lettre lui demande sa main... Mais Consuelo préfère rentrer à Paris, et réfléchir.

En janvier 1931, Madame de Saint-Exupéry vient voir son fils à Buenos Aires ; il l'entraînera jusqu'à Asunción, à mille kilomètres au Nord. Le 15 février, ils s'embarquent pour le retour et, début mars, Antoine s'arrête à Cadix, laissant sa mère et un jeune puma, destiné à sa sœur Gabrielle, qui dut être vendu avant l'arrivée en France.

121. Antoine et Consuelo à Nice, dans leur maison de Cimiez.

122. Consuelo de Saint-Exupéry.

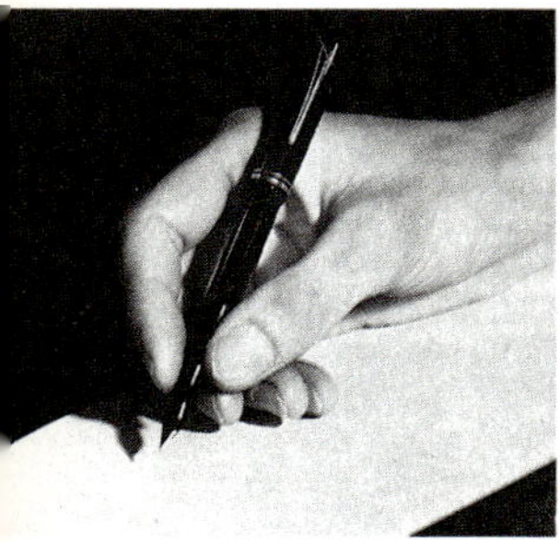

123

124

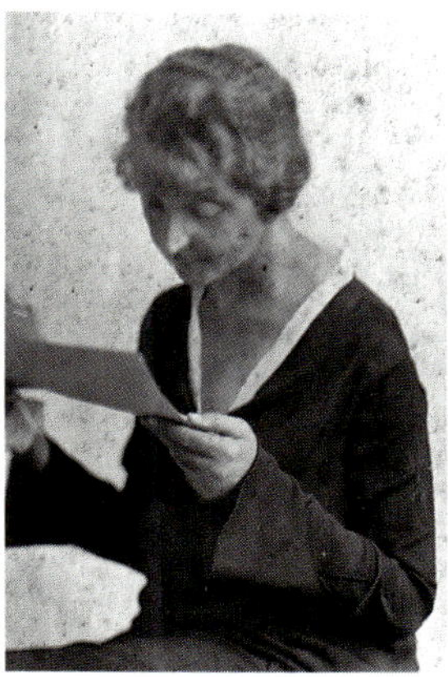

125

123. Main de Saint-Exupéry (1938).

124. Carte d'identité argentine de Saint-Exupéry (1931).

125. Marie de Saint-Exupéry lisant.

126. Première page de *Vol de nuit.* Autographe.

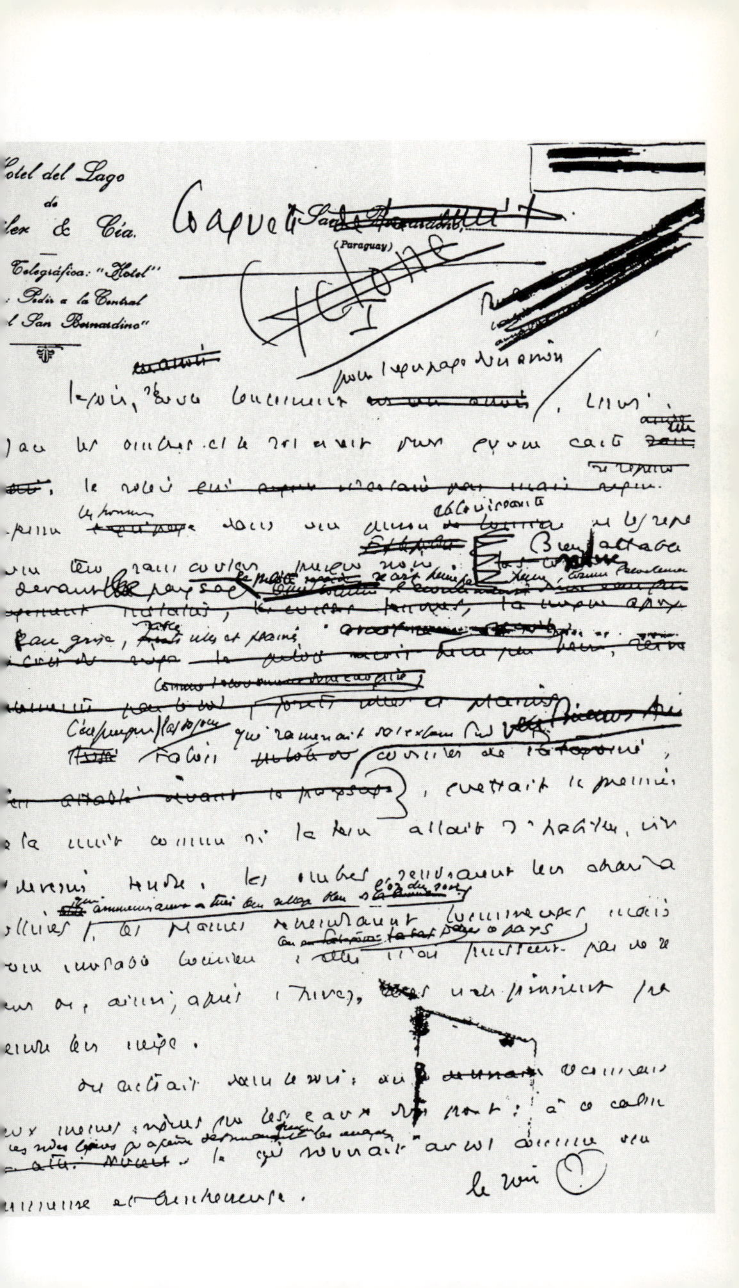

...otel del Lago
de
...ler & Cía.

...Telegráfica: "Hotel"
: Pedir a la Central
...l San Bernardino"

[redacted]

Caapucu ~~San Bernardino~~ +
(Paraguay)

~~Cyclone~~

pour le passage des avions

Le soir, ... lentement [illegible] ... Lors

[illegible]

[illegible] le soleil [illegible]

[illegible] Bien attaché [illegible]

devant le paysage [illegible]

[illegible]

[illegible]

qui ramenait [illegible]

[illegible] , cueillait le premier

[illegible] allait d'habiter [illegible]

[illegible] les ombres [illegible] les charmes

[illegible]

[illegible]

[illegible] après l'hiver, [illegible]

[illegible]

[illegible] sur les eaux [illegible]

[illegible]

[illegible] le soir

[illegible]

127

128

À Cadix, prévenue par Ségogne, Consuelo l'attendait. En deux jours ils sont à Paris et rencontrent les amis d'Antoine. Il montre son projet de roman – *Vol de nuit* – à Gaston Gallimard et descend dans le Midi pour présenter Consuelo à sa famille, à Yvonne de Lestrange, aux Fonscolombe et à André Gide [voir aussi hors texte, p. 145].

Le 4 avril, l'abbé Sudour remet à Saint-Exupéry les insignes de chevalier de la Légion d'honneur et, le 12, marie religieusement Antoine et

129

127. Le château d'Agay (commune de Saint-Raphaël, Var).

128. Antoine et Consuelo, le jour de leur mariage, à Agay (12 avril 1931).

129. Consuelo, le même jour.

130 (double page suivante). André Gide.
131. Saint-Exupéry (vers 1933).
132. Billets de Saint-Exupéry échangés en vol avec son radio, Jacques Néri. Autographes.
133. Édition originale (Gallimard, 30 mai 1931).

130

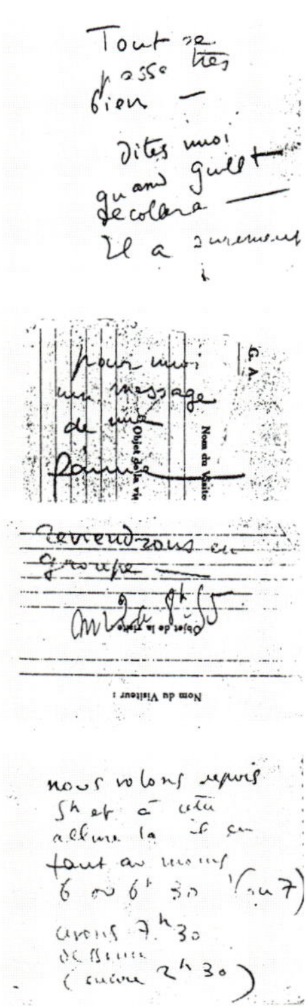

132

Consuelo dans la chapelle d'Agay ; un déjeuner familial suit au château de son beau-frère Pierre d'Agay. Le mariage civil aura lieu le 22 à Nice.

Après deux mois de congé, en mai 1931, Saint-Exupéry reprend son service, non en Argentine comme prévu, mais sur la ligne africaine : l'Aéropostale, placée sous administration provisoire depuis le 31 mars, doit faire des économies et renoncer peu à peu à son développement outre-Atlantique. Il est affecté à la liaison Casablanca-Port-Étienne sur Laté 26. Son radio, Jacques Néri, a conservé pieusement quelques-uns des petits messages écrits sur des bouts de papier ; lors d'un de ses vols, il fait la connaissance de Jean-Gérard Fleury et de Joseph Kessel partis en reportage sur l'Aéropostale.

Le couple s'installe à Casablanca, y rencontre le docteur Comte qui habite Anfa. Antoine met la dernière main au manuscrit de *Vol de nuit* qui paraît à l'automne [voir hors texte,

ANTOINE DE SAINT EXUPÉRY

VOL DE NUIT

PRÉFACE D'ANDRÉ GIDE

nrf

Édition originale

PARIS
Librairie Gallimard
ÉDITIONS DE LA NOUVELLE REVUE FRANÇAISE
43, rue de Beaune (VIIme)

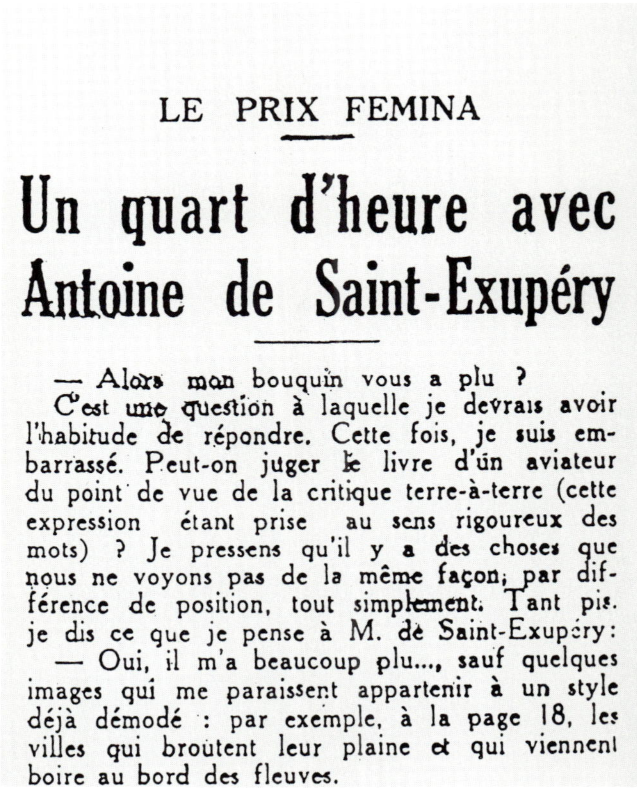

LE PRIX FEMINA

Un quart d'heure avec Antoine de Saint-Exupéry

— Alors mon bouquin vous a plu ?

C'est une question à laquelle je devrais avoir l'habitude de répondre. Cette fois, je suis embarrassé. Peut-on juger le livre d'un aviateur du point de vue de la critique terre-à-terre (cette expression étant prise au sens rigoureux des mots) ? Je pressens qu'il y a des choses que nous ne voyons pas de la même façon, par différence de position, tout simplement. Tant pis. je dis ce que je pense à M. de Saint-Exupéry :

— Oui, il m'a beaucoup plu..., sauf quelques images qui me paraissent appartenir à un style déjà démodé : par exemple, à la page 18, les villes qui broutent leur plaine et qui viennent boire au bord des fleuves.

135

134 (double page précédente) Saint-Exupéry lisant.
135. Interview de Saint-Exupéry dans *Candide* (10 décembre 1931) à l'occasion du prix Femina.
136. Adaptation musicale de *Vol de nuit* par Luigi Dallapiccola (1940). Partition (s.d.) dédicacée à Marie de Saint-Exupéry en 1960.

p. 71] ; il est dédié à Didier Daurat et préfacé par André Gide. Il n'obtient pas le prix Goncourt, mais, le 4 décembre, avec deux tiers des voix, le Femina lui est décerné.

Quarante-huit heures plus tard, ayant terminé sa liaison aérienne, il regagne Paris et descend à l'hôtel

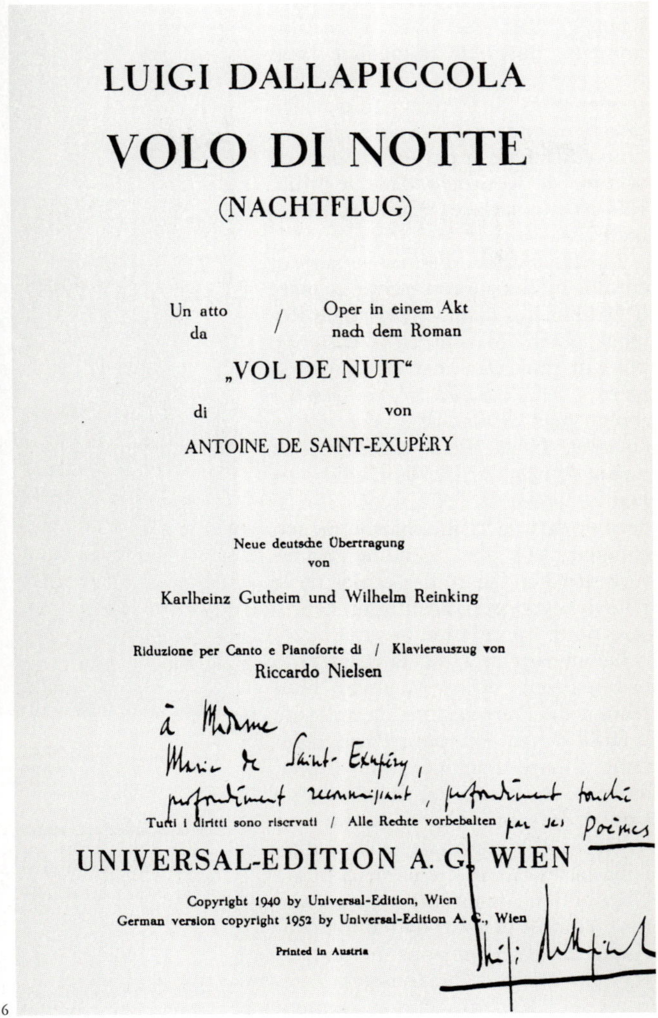

LUIGI DALLAPICCOLA

VOLO DI NOTTE

(NACHTFLUG)

Un atto / Oper in einem Akt
da / nach dem Roman

„VOL DE NUIT"

di / von

ANTOINE DE SAINT-EXUPÉRY

Neue deutsche Übertragung
von

Karlheinz Gutheim und Wilhelm Reinking

Riduzione per Canto e Pianoforte di / Klavierauszug von
Riccardo Nielsen

à Madame
Marie de Saint-Exupéry,
profondément reconnaissant, profondément touché
par ses Poèmes

UNIVERSAL-EDITION A. G. WIEN

Luigi Dallapiccola

Printed in Austria

136

Lutétia, où il vit avec Consuelo jusqu'à Noël. Le livre a eu une immense notoriété immédiate [voir hors texte, p. 72-73] : ce sont des rendez-vous littéraires, journalistiques et mondains... troublés par une nouvelle amitié et par un accident de voiture de Consuelo dans le Midi. Elle est condamnée et doit vendre ses biens.

Les fêtes de fin d'année se passent comme à l'accoutumée chez la mère d'Antoine à Saint-Maurice-de-Rémens. Cette maison trop vaste ne pouvait plus être entretenue par sa mère : « *L'essentiel est que demeure quelque part ce dont on a vécu. Et les coutumes. Et la fête de famille. Et la maison des souvenirs, l'essentiel est de vivre pour le retour...* » Ce Noël fut le dernier dans la vieille maison de son enfance ; elle sera vendue l'année suivante à la Caisse des écoles de la ville de Lyon et deviendra un centre aéré pour les enfants.

Début janvier 1932, la mère et la bru partent pour Megève, chez Jeanne du Pierreux, vieille amie de la famille ; Antoine pour Paris, espérant y faire fructifier son capital littéraire et écouter les conseils d'un ami. À la mi-février, il rejoint son service à l'Aéropostale, sur « Marseille-Istres-Alger », comme copilote d'hydravion ; sa promotion, en mai 1932, comme pilote d'hydravion provoque de vives tensions au sein du personnel, jaloux de ses succès littéraires et des protections dont il

137

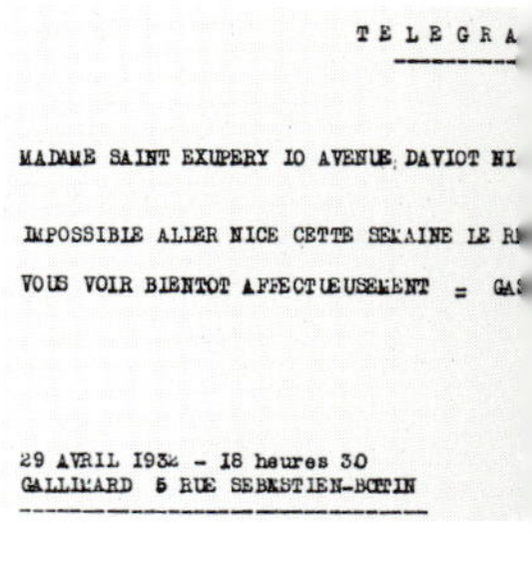
T E L E G R A

MADAME SAINT EXUPERY 10 AVENUE DAVIOT NI

IMPOSSIBLE ALLER NICE CETTE SEMAINE LE R

VOUS VOIR BIENTOT AFFECTUEUSEMENT = GA

29 AVRIL 1932 - 18 heures 30
GALLIMARD 5 RUE SEBASTIEN-BOTTIN

138

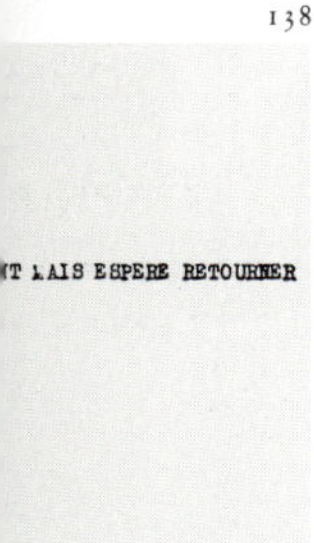

T LAIS ESPERE RETOURNER

137. Consuelo, Marie, Antoine (tenant le chien Youki) et Gabrielle d'Agay avant le départ de Saint-Maurice-de-Rémens (juin 1932).

138. Télégramme de Gaston Gallimard à Consuelo (29 avril 1934).

139. Hydravion CAMS 56 (1930).

139

140. De gauche à droite, Roger Martin du Gard, Ramon Fernandez, Saint-Exupéry, Liliane Fernandez, Clara et André Malraux, Mme Gaston Gallimard aux rencontres de Pontigny (septembre 1932).

141. La une du premier numéro de *Marianne* consacrée au scandale de l'Aéropostale (26 octobre 1932).

est l'objet. Une grève se déclenche.

Il prend deux semaines de congé, en juin 1932, pour aider sa mère à déménager Saint-Maurice ; puis de Paris, fin juillet, regagne la ligne Casablanca-Dakar qu'il connaît si bien : départ de Casablanca vers seize heures pour Agadir, où il fait escale, prenant à son bord un interprète chleuh, Port-Étienne, que Jean Lucas dirige, enfin Dakar. Consuelo est demeurée à Casablanca ; la maison est accueillante et on y mène grande vie.

Fin août, l'Aéropostale est intégrée à Air France, société créée pour fusionner les petites compagnies en faillite, et Antoine rentre à Paris. Il participe à la décade de Pontigny ; y retrouve Malraux, Roger Martin

140

16 pages — 75 centimes

MARIANNE

GRAND HEBDOMADAIRE LITTÉRAIRE ILLUSTRÉ

3, RUE SÉBASTIEN-BOTTIN — PARIS (VIIe)

LE LIÈVRE ET LA TORTUE, OU BOUILLOUX-LAFONT ET LA JUSTICE, (Fable).

Photo montage Paris

UNE TÉNÉBREUSE AFFAIRE

CETTE affaire gigogne réserve sans doute bien des surprises. Les X mystérieux, les fils emmêlés ne doivent pas nous empêcher de dénombrer d'abord les faits qui nous sont connus.

La déconfiture de l'Aéropostale

Dès janvier 1931, l'Aéropostale se trouve en cessation de paiements, ses écritures comportent des irrégularités graves. Vue sous cet angle, l'affaire de l'Aéropostale est des plus simples; elle doit aboutir à une faillite. Mais, depuis la guerre, les notions de faillite et de banqueroute sont embrouillées; la faillite a pris le nom discret de « renflouement ».

D'autre part, l'Aéropostale n'est pas une Société comme les autres : elle assure la liaison aérienne de la France avec l'Afrique du Nord et l'Amérique du Sud.

Le Gouvernement saisit le Parlement en mars 1931. Le premier réflexe de la Chambre est de dire : « Il faut que la ligne continue, il faut aussi que l'Etat qui la paie, la contrôle ».

Mais entre la Chambre et le Sénat, les projets de loi font la navette à travers un milieu politique que les scandales Oustric et autres surchauffent à l'extrême. Le Gouvernement parvient à ce paradoxe : l'Aéropostale sera contrôlée par une Commission sans pouvoirs, que M. Gaultier préside; elle sera gérée par le Comité de Direction qui, « par esprit de conciliation » accepte parmi ses membres M. André Bouilloux-Lafont lui-même.

Le principal responsable de la déconfiture sera donc chargé du sauvetage.

Le Tribunal de Commerce nomme un liquidateur : puisqu'il est en liquidation M. Bouilloux-Lafont ne paiera pas ses créanciers, mais il ne bougera pas de son fauteuil direc-

La course aux 1200 millions

Voilà le personnage. Que veut-il? Redevenir le maître incontesté de l'affaire qu'il continue de conduire ; s'arranger avec ses créanciers avant que M. Hederer et M. Ceccaldi ne reviennent. S'il obtient son concordat, il pense bien qu'on ne parlera plus de l'Aéropostale, mais ce concordat comment l'obtenir ? L'actif de l'affaire est presque nul, sa seule ressource permanente se sont les 86 millions que l'Etat lui alloue.

Il faudrait que l'Etat renouvelât cette convention pour 15 ans, afin que les capitalistes puissent prêter sur elle.

Habituelle politique des affaires Chauve-souris, qui s'appuient d'un d'un côté sur l'épargne et de l'autre sur l'Etat, M. Bouilloux-Lafont va dire à ses créanciers: « Je vous rembourse si l'Etat signe l'accord que je lui demande », aux Pouvoirs Publics: « Je rembourserai mes obligataires si vous me donnez ma con- et ne paierait pas ses obligataires. Sa situation morale a été plutôt améliorée qu'empirée par l'enquête judiciaire dont il est l'objet : il n'a plus à craindre le contrôle du Parlement « La Justice est saisie ». avec ses quatre mots un bon Ministre fait bien des choses.

Mais aura-t-on toujours de bons ministres ? Les élections de 1932 approchent, M. Bouilloux-Lafont ne peut durer éternellement dans la situation par trop instable où il se trouve, il faut que les complaisances des pouvoirs publics rendent possibles les combinaisons financières qu'il prépare. Il faut que les résistances de M. Chaumié ne durent pas plus longtemps que les lenteurs de M. Brack, il faut que M. Emmanuel Chaumié disparaisse.

Il faut agir.

Emmanuel Berl.

(Voir la suite page 8).

PILOTES DE LIGNE

par Antoine de SAINT-EXUPÉRY

Le départ dans la nuit

Jean Mermoz

Antoine de Saint-Exupéry

Dans le Sud-Marocain

du Gard, Liliane et Ramón Fernandez, Jean Schlumberger autour du thème : « De la transmission des valeurs, d'une génération à une autre ; d'une classe sociale à une autre ; d'une nation à une autre » (28 août au 7 septembre).

Installé rue de Castellane, il préface le livre de José Le Boucher, *Le Destin de Joseph-Marie. Le Brix (1899-1931)*, qu'il avait rencontré sur la Ligne. Gaston Gallimard lui demande d'écrire dans son journal, *Marianne*, dont le premier numéro paraît avec « Pilotes de ligne » (26 octobre et 2 novembre 1932) ; puis le 30 novembre, « Escales de Patagonie » ; le 14 décembre, « Princesse d'Argentine » ; le 25 janvier 1933, un article sur Mermoz ; et le 1er avril 1933, dans *La NRF*, « Une Planète » [voir hors texte, p. 74],

JOSÉ LE BOUCHER

LE DESTIN DE JOSEPH-MARIE LE BRIX

PRÉFACE D'ANTOINE DE SAINT-EXUPÉRY

PARIS
NOUVELLE LIBRAIRIE FRANÇAISE
(Anct ÉDITIONS PROMÉTHÉE)
8, RUE DUPUYTREN, 8
1932

143

142. « Pilotes de ligne », article de Saint-Exupéry (*Marianne*, 26 octobre 1932).
143. Préface de Saint-Exupéry au *Destin de Joseph-Marie Le Brix*, de José Le Boucher (1931).
144. « Une Planète », nouvelle de Saint-Exupéry, parue dans *La NRF* du 1er avril 1933. Jeu d'épreuves avec corrections autographes.

144

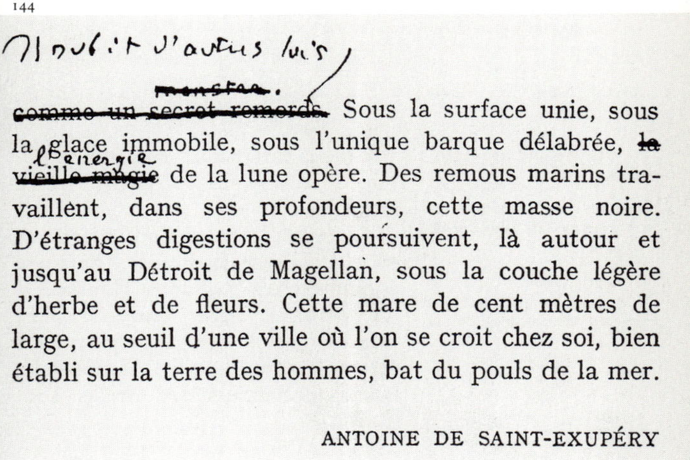
~~comme un secret remords.~~ Sous la surface unie, sous la glace immobile, sous l'unique barque délabrée, ~~la vieille magie~~ l'énergie de la lune opère. Des remous marins travaillent, dans ses profondeurs, cette masse noire. D'étranges digestions se poursuivent, là autour et jusqu'au Détroit de Magellan, sous la couche légère d'herbe et de fleurs. Cette mare de cent mètres de large, au seuil d'une ville où l'on se croit chez soi, bien établi sur la terre des hommes, bat du pouls de la mer.

ANTOINE DE SAINT-EXUPÉRY

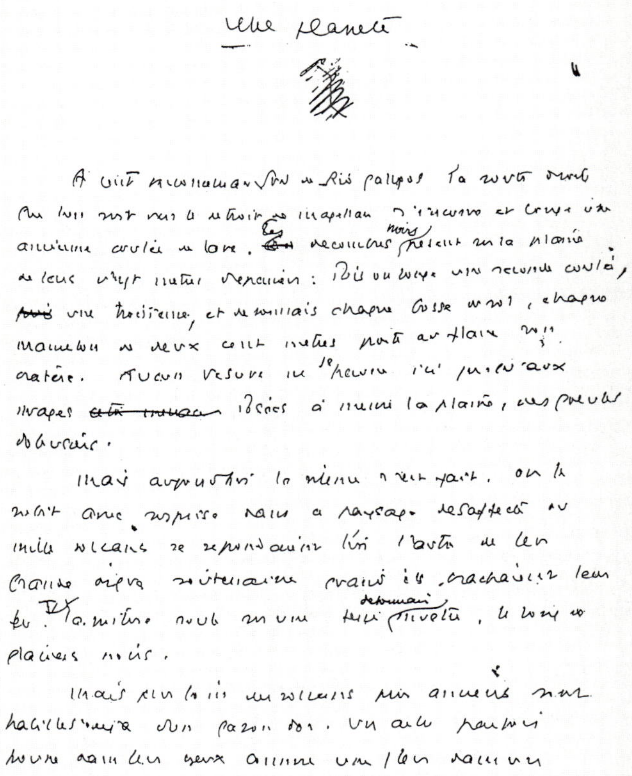

Une planète

145

145. « Une Planète ». Autographe.

146. Interview de Saint-Exupéry à propos du film tiré de *Vol de nuit*.

147. Clark Gable, interprète de *Vol de nuit*. Dessin de Consuelo de Saint-Exupéry.

première partie d'un roman à paraître... ; le 17 mai, « Bark esclave maure ».

Cette activité littéraire n'est pas sans déplaire à Air France. Dans une longue lettre à Raoul Dautry, le 31 octobre 1932, Saint-Exupéry affirme qu'il ne prend pas parti dans les conflits internes de l'Aéropostale-Air-France et que ses articles sont

A propos de "Vol de nuit" par

Antoine de Saint-Exupéry

MM. Robert Montgomery et Lionel Barrymore dans une scène de « Vol de nuit », qui passe à l'Ermitage.

Je ne crois pas qu'il y ait intérêt à ce qu'un livre soit transposé en film avec paysages aériens, j'ai participé à l'angoisse qu'éprouve le personnel de l'aéroport de

6

une défense de la Ligne. Dautry lui en donne acte : « *Votre œuvre littéraire qui témoigne si hautement de votre respect de la discipline ne nous laisse aucun doute quant à votre entière approbation de la conduite de notre direction en cette circonstance.* »

Les revenus tirés de ces articles sont insuffisants, de même que ceux obtenus de l'adaptation au cinéma

147

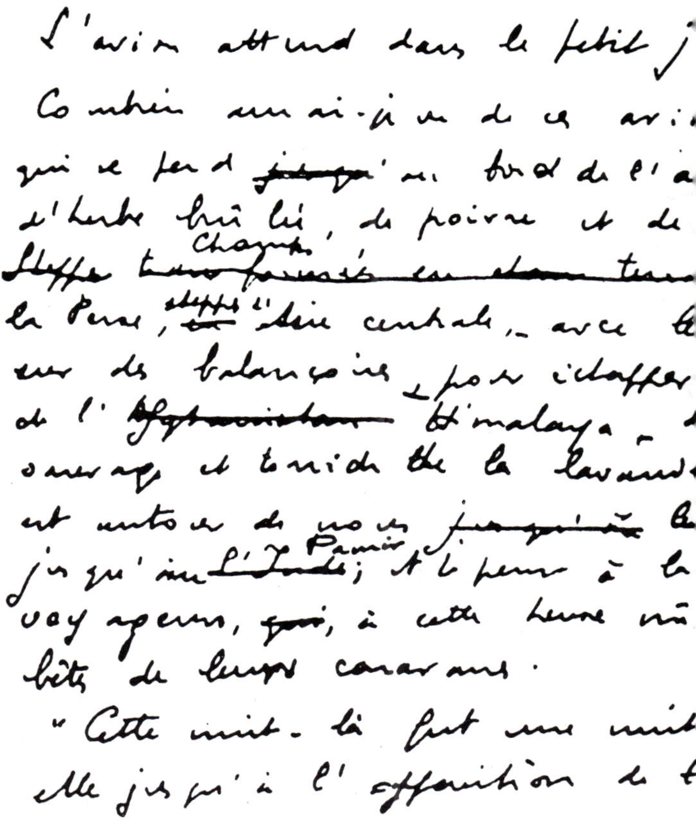

148

148. La Reine de Saba, reportage aérien d'André Malraux (*L'Intransigeant*, 1934). Autographe.

149. Avion trimoteur de transport Laté 350.

par Clarence Brown de *Vol de nuit* avec Clark Gable et Helen Hayes. Antoine, à l'automne 1933, est content de pouvoir entrer, grâce à Didier Daurat, chez Latécoère comme pilote d'essai – renonçant à accompagner André Malraux dans sa recherche au Yémen de la capitale

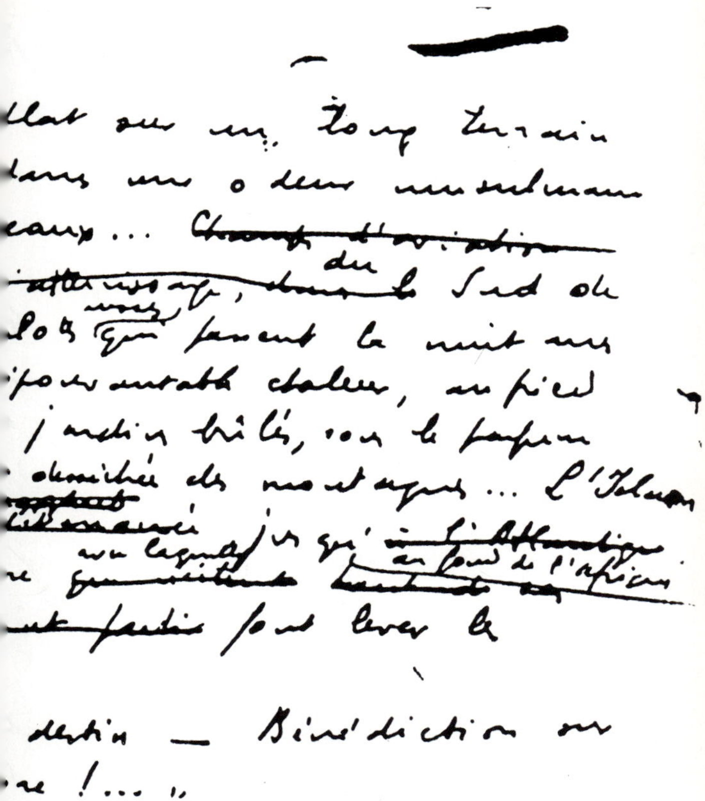

de la reine de Saba en mai 1934.

Il pilote un trimoteur Laté 350 de Toulouse à Paris ; conduit les avions sortis de chaîne vers Saint-Raphaël ou Saint-Laurent-de-la-Salanque, près de Perpignan, où ils sont transformés en hydravions sans incidents : quarante Laté 38 sont

149

I G O R

SCENARIO par Antoine de SAINT EXUPERY

RIO DE JANEIRO:

L'embarquement. Un gros homme épais, chapeau en arrière inspecte les passagers qui montent à bord, avec une indifférence professionnelle. Tout à coup sursaut de surprise. Il suit de l'oeil un passager invisible. Deux jeunes gens (sympathiques, visages éclairés) ont remarqué le policier. Comme celui-ci fait brusquement demi tour et fend la foule ils le suivent.

Sous le porche de la Western Telegraph ils l'abordent.

- Pardon...

- Mais...

- Vous êtes bien l'inspecteur Schmidt de la Sureté allemande

- Mais...

- Vous êtes trop curieux Monsieur Schmidt, vous avez surpris un secret très indigne de votre petite personne, veuillez nous suivre.

- Non

- Dans ce cas...

Et ils l'abattent à coups de revolver.

LA PREFECTURE DE POLICE :

On apprend que Schmidt dans le coma, agonise. Interrogatoire des jeunes gens qui restent muets ou répondent

150

151

ainsi réceptionnés par la Marine, d'autres destinés au Venezuela. Les survols à basse altitude de Toulouse provoquent une plainte que le procureur n'instruit pas contre Saint-Exupéry. Le 21 décembre 1933, à Saint-Raphaël, il connaît un grave accident sur un prototype, le Laté 293, un hydravion torpilleur, manquant de se noyer. Sa carrière de pilote d'essai s'arrête.

Le 24 janvier 1934, dans *Marianne*, paraît « La Fin de "L'Émeraude" », hommage à Noguès et à Chaumié ; il préface ensuite le livre de Maurice Bourdet, *Grandeur et servitude de l'aviation*, et en donne un compte rendu (*Marianne* du 26 février 1934).

Fin avril, Air France l'engage dans le service de presse et de propagande dirigé par Jean Chitry, avec un salaire de trois mille cinq cents francs, et l'envoie à Alger pour le tournage d'un film publicitaire, *Week-End à Alger*. Le 12 juillet, il part de Marseille pour l'Extrême-Orient ; il est à Saigon le 19 où il voit sa sœur Simone, responsable des archives du gouvernement de l'Indochine. Avec le lieutenant Gaudillère, commandant la base de Cat Lai, un ancien camarade de l'École de navigation de Brest, il visite Angkor Vat. Durant le vol, leur avion tombe en panne. De retour à Marseille fin août, il sert de conseiller à Félix Forestier qui tourne pour Air France *Atlantique-Sud*.

De septembre 1934 à février 1935, Saint-Exupéry donne des conféren-

152

150. « Igor », scénario inédit de Saint-Exupéry (1934 *ou* 1935). Dactylogramme.

151. Saint-Exupéry (au premier plan) lors du tournage de *Week-End à Alger* en juin 1934.

152. Affiche publicitaire pour la sortie de *Week-End à Alger*.

153. Hydravion torpilleur Laté 293 (1933).

153

MARIANNE

ISIRS ET LE

Le 14me Salon de l'Aviation

par Antoine de Saint-Exupery

J'AI vu les avions Heinkel 70 et les Caudron record du monde. On découvre une fois de plus, si l'on visite ce Salon de 1934, que tout l'effort industriel de l'homme, tous ses calculs, toutes ses nuits de veille sur les épures, aboutissent, comme signe visible, à la seule simplicité, comme si le plus difficile était de découvrir la sphère ou l'ellipse, comme s'il fallait l'expérience de plusieurs générations pour polir peu à peu la courbe d'un meuble ou d'une carène, ou d'un fuselage d'avion, jusqu'à leur rendre la simplicité élémentaire de la courbe d'un sein ou d'une épaule. La perfection est chaque fois atteinte non quand il n'y a plus rien à ajouter, mais quand il n'y a plus rien à retrancher, quand on a mis à jour un corps nu.

La perfection de l'invention confine ainsi à l'absence d'invention, comme si cette ligne, que l'œil peut suivre sans

Voici donc des machines parfaites. Je songe en face d'elles à leur usage et je puis admirer d'abord leur portée industrielle ou commerciale. Il est possible sur leur épaule de gagner Marseille en deux heures. Mais, en même temps que dans l'instrument toute invention apparente s'est peu à peu effacée, et qu'il nous est livré un objet aussi naturel qu'un galet poli par la mer, il est également admirable que, dans l'usage qui est fait de cet instrument, nous puissions oublier la machine.

Grâce aux progrès de la technique, à l'équipement des instruments de bord et des horizons gyroscopiques, grâce à la sécurité des moteurs qui, en vol, posent de moins en moins de problèmes, la machine, à mesure qu'elle se perfectionne, disparaît devant les réalités qu'elle sert. Autrefois, en voyage, nous étions avant tout préoccupés par les hésitations de la pression d'huile et des manomètres, par des problèmes mécaniques, mais aujourd'hui

154

154. « Le 14e Salon de l'Aviation », article de Saint-Exupéry (*Marianne*, 21 novembre 1934).

155. Joseph Kessel, débarquant d'un avion d'Air France.

156. De droite à gauche, Léon-Paul Fargue, Consuelo et Antoine, les journalistes Marius Larique et Paul Bringuier à la brasserie *Lipp* (vers 1935).

ces à Londres et fréquente, dans les salons parisiens, Kisling, Jean de Neufbourg, Sixte et Gaétan de Bourbon-Parme, W. G. Picot, Florent Fels, Léon-Paul Fargue, Ramón Fernandez, Georges Auric, Marcel Achard, Joseph Kessel, le Père Sertillange, Louise de Vilmorin ; il commence à tenir des petits carnets [voir hors texte, p. 75] où il résume ses conversations, ses idées sur tout sujet (religieux, économique, politique), se montrant un humaniste sans faille. Ses talents de conteur font de lui un homme recherché dans les milieux mondains où il déploie l'art de tirer les cartes, les jeux de mots, les pliages d'avion [voir aussi hors texte, p. 78] et surtout sa passion d'écrivain pilote.

En décembre 1934, un ami lui fait déposer son premier brevet : un

155

156

dispositif d'atterrissage qui doit permettre à un avion de connaître son altitude lors de la descente, grâce à l'émission-réception de faisceaux infrarouges. À la mi-février 1935, à l'Aéroclub de France, lors d'une conférence sur les progrès de l'aviation, le général Vassilchenko, attaché militaire de l'U.R.S.S., l'invite à visiter la jeune république.

157. Hydravion Lioré et Olivier 190 sur lequel Saint-Exupéry rallia Saigon en juillet 1934.

RÉPUBLIQUE FRANÇAISE.

MINISTÈRE DU COMMERCE ET DE L'INDUSTRIE.

DIRECTION DE LA PROPRIÉTÉ INDUSTRIELLE.

BREVET D'INVENTION.

Gr. 6. — Cl. 4. **N° 795.308**

Dispositif pour atterrissage d'avions.

M. Antoine DE SAINT-EXUPÉRY résidant en France (Seine).

Demandé le 15 décembre 1934, à 10h 30m, à Paris.
Délivré le 6 janvier 1936. — Publié le 11 mars 1936.

[Brevet d'invention dont la délivrance a été ajournée en exécution de l'art. 11, § 7, de la loi du 5 juillet 1844 modifiée par la loi du 7 avril 1902.]

La présente invention vise un nouveau système de viseur permettant l'appréciation projeté et la droite joignant le projecteur à la cellule) ; d'autre part, devant le pilote

158

159

158. « Dispositif pour atterrissage d'avions », brevet d'invention *demandé* par Saint-Exupéry le 15 décembre 1934. Imprimé.

159. Jeu de lettres et dessin de Saint-Exupéry. Autographe.

160. « Souvenirs de Mauritanie », article de Saint-Exupéry (revue *Air France*, printemps 1935).

161. Saint-Exupéry, juré du Grand prix littéraire de l'Aéro-Club de France, félicitant le lauréat, René Chambe (au centre) en 1936.

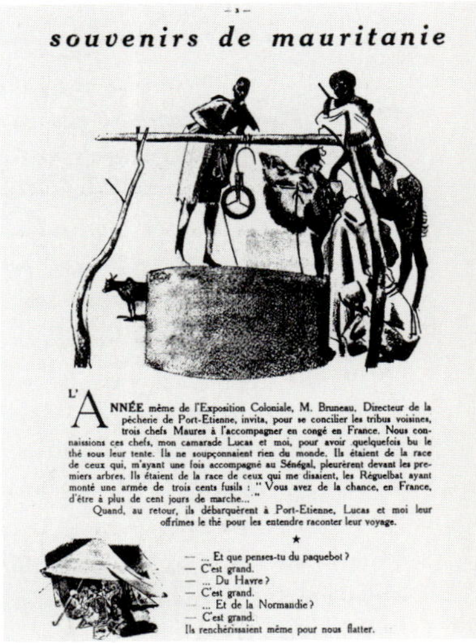

— 1 —

souvenirs de mauritanie

L'ANNÉE même de l'Exposition Coloniale, M. Bruneau, Directeur de la pêcherie de Port-Etienne, invita, pour se concilier les tribus voisines, trois chefs Maures à l'accompagner en congé en France. Nous connaissions ces chefs, mon camarade Lucas et moi, pour avoir quelquefois bu le thé sous leur tente. Ils ne soupçonnaient rien du monde. Ils étaient de la race de ceux qui, m'ayant une fois accompagné au Sénégal, pleurèrent devant les premiers arbres. Ils étaient de la race de ceux qui me disaient, les Réguelbat ayant monté une armée de trois cents fusils : " Vous avez de la chance, en France, d'être à plus de cent jours de marche... "

Quand, au retour, ils débarquèrent à Port-Etienne, Lucas et moi leur offrîmes le thé pour les entendre raconter leur voyage.

★

— ... Et que penses-tu du paquebot ?
— C'est grand.
— ... Du Havre ?
— C'est grand.
— ... Et de la Normandie ?
— C'est grand.
Ils renchérissaient même pour nous flatter.

160

161

La revue *Air France* publie au printemps 1935 ses « Souvenirs de Mauritanie ». Le 29 avril, envoyé spécial de *Paris-soir*, dirigé par Jean Prouvost, Hervé Mille et Pierre Lazareff, il arrive en train à Moscou après avoir traversé la Pologne et, le 3 mai, *Paris-soir* publie son premier article, dicté par téléphone, à l'occasion du 1er mai. À Moscou jusqu'au 10 mai, il rencontre l'attaché d'ambassade Pierre Charpentier et vole sur le *Maxime Gorki*, magnifique avion de quarante-deux tonnes à six moteurs, qui s'écrase le lendemain. Revenu en France, il prend livraison, le 12 mai 1935, de son premier Simoun commandé début mars, le

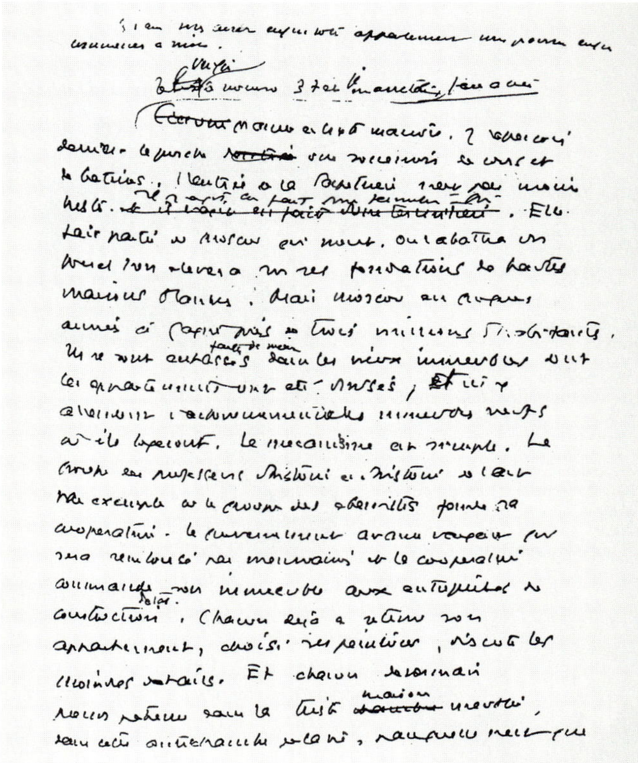

162

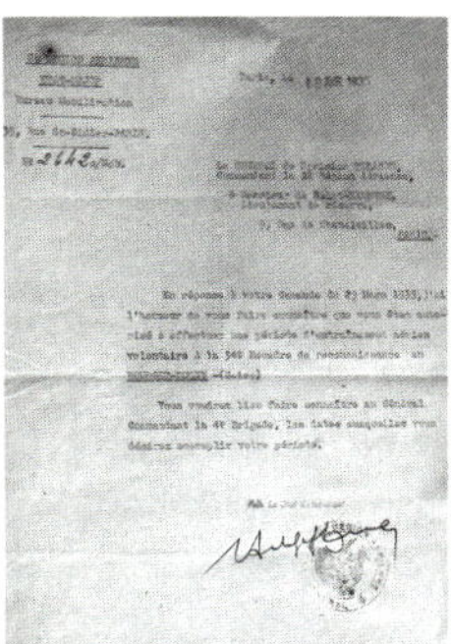

163

162. « Une Étrange soirée », article de Saint-Exupéry (*Paris-soir*, 22 mai 1935). Autographe.

163. Autorisation pour une période d'entraînement à la 54e escadre du Bourget-Dugny (19 avril 1935).

164. Le *Maxime Gorki* à la une du *Journal de Moscou* (20 juin 1934).

23

24

23. Autoportrait, dessin inédit de Saint-Exupéry ; vers 1940.

24. Hommage posthume d'André Gide. Édition originale (Ælberts, 1951).

Mon vieux Guillaumet

Tu vois par la photographie ci-dessus que j'attends impatiemment ton arrivée. On ne peut plus m'arracher de la dune d'où je considère l'horizon.

Et par le dessin ci-dessous avec quelle ardeur je t'écris — je ne pense même plus à mettre de l'ordre !

Ton rapport était épatant. Il reste un fauteuil à l'académie je te conseille vivement de l'enlever. C'est une affaire.

Encore cette sacrée pesanteur.

25. Lettre, avec dessins, de Saint-Exupéry à Charles Sallès (Alicante, janvier 1927). Autographe.

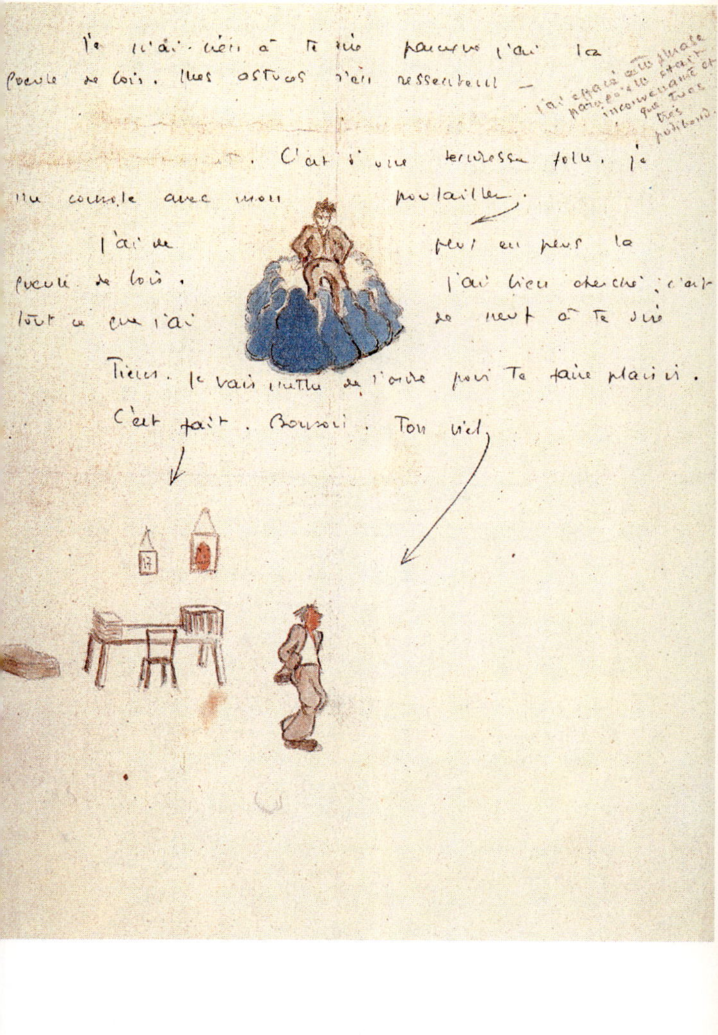

Je n'ai rien à te dire parce que j'ai la gueule de bois. Mes astuces s'en ressentent —

J'ai effacé cette phrase parce qu'elle était inconvenante et que tu es très pudibond.

. C'est d'une tendresse folle. Je me console avec mon poulailler.

J'ai eu peu à peu la gueule de bois. J'ai bien cherché : c'est tout ce que j'ai de neuf à te dire

Tiens. Je vais mettre de l'ordre pour te faire plaisir.

C'est fait. Bonsoir. Ton vieil

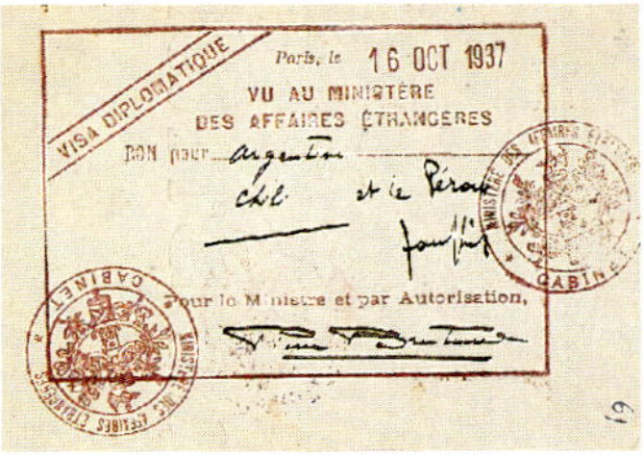

26

26. Passeport de Saint-Exupéry pour l'Argentine, avec « visa diplomatique » du 16 octobre 1937.

27. Page de travail, avec dessin, de *Terre des Hommes* ; vers 1938. Autographe.

28. Publicité des Éditions Gallimard en 1939. Affiche.

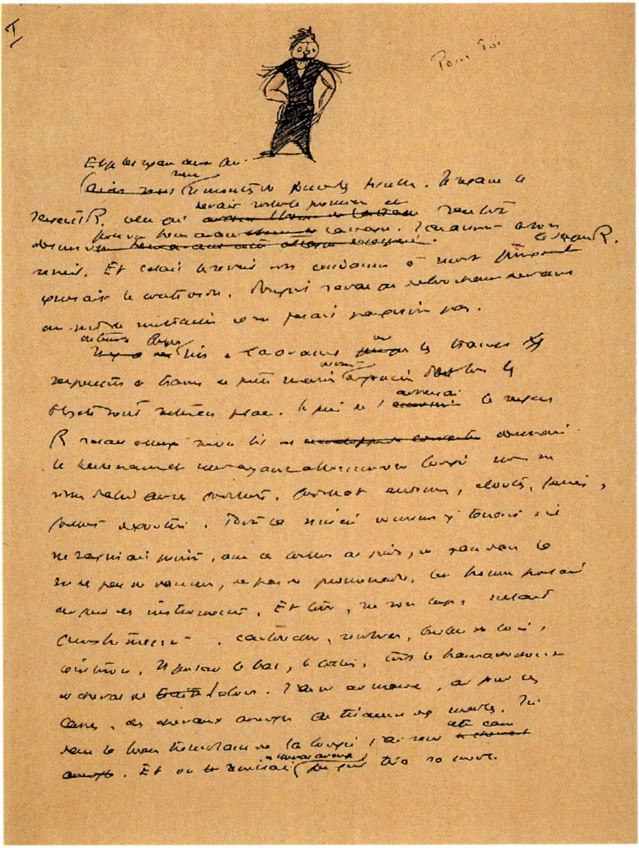

27

GRAND PRIX
DU ROMAN
De L'Académie Française
SAINT EXUPÉRY
TERRE
DES HOMMES
nrf

28

29

29. « *Le Café de la Marine* », à Saint-Amour, illustration d'André Dunoyer de Segonzac pour *Lettre à un Otage* (Gallimard, 1950).

30. Réédition de *Terre des Hommes* sous cartonnage décoré de Paul Bonet (Gallimard, 1952).

31. Jaquette de la réédition (Gallimard, 1941).

30

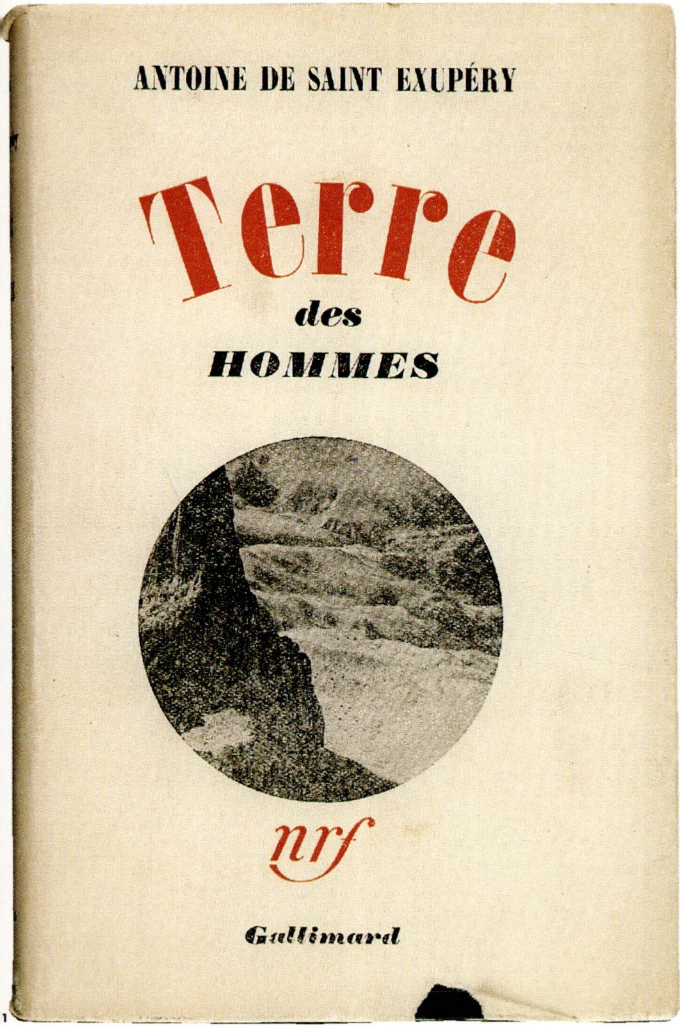
ANTOINE DE SAINT EXUPÉRY
Terre
des
HOMMES
nrf
Gallimard

32 à 34. Trois dessins inédits de Saint-Exupéry, non datés (dont deux signés).

35 (double page suivante). La table de Bernard Lamotte sur la terrasse de son appartement de New York (détail).

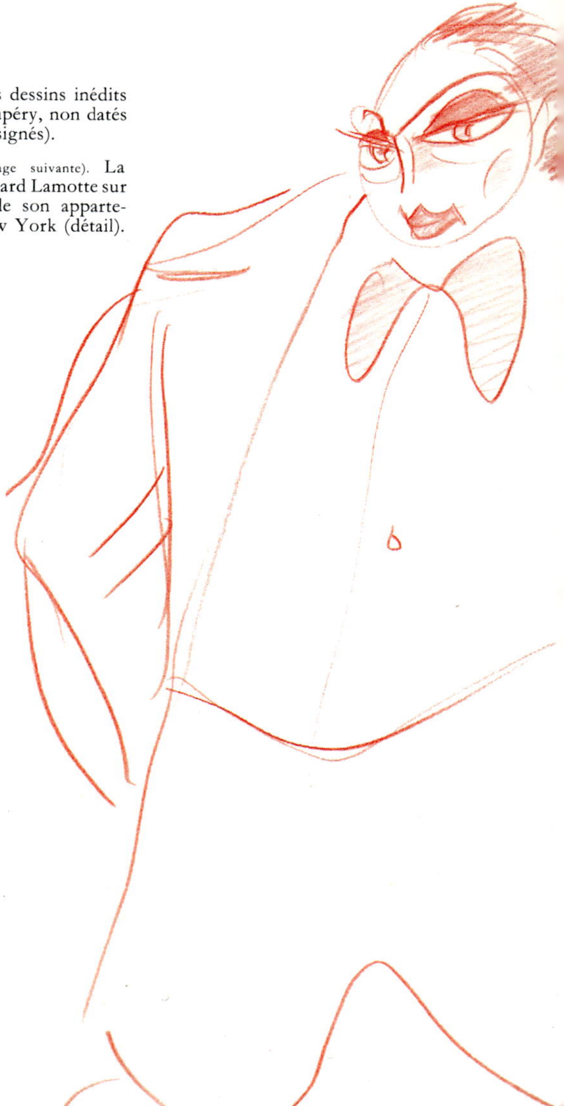

32

33

34

35

ANDRE
Ruby
LA
TOTO
ERIC

37

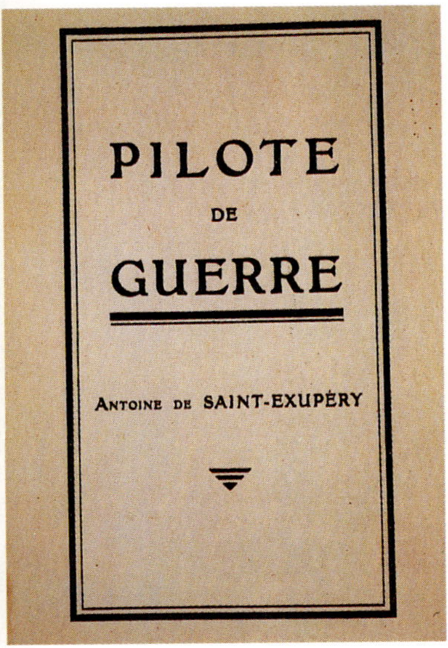

38

36. Réédition de *Pilote de guerre* sous couverture décorée de Paul Bonet (Gallimard, 1942).

37-38. Éditions clandestines sous l'Occupation (Lyon, octobre 1943 ; *et* Lille, début 1944).

39-40. Éditions originales françaises de deux textes antérieurement publiés aux États-Unis de mai 1942 et de mai 1944 (Ælberts, 1967 *et* 1959).

39

40

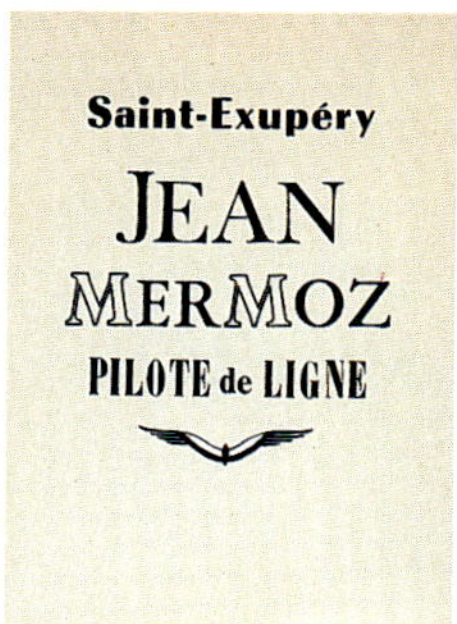

41

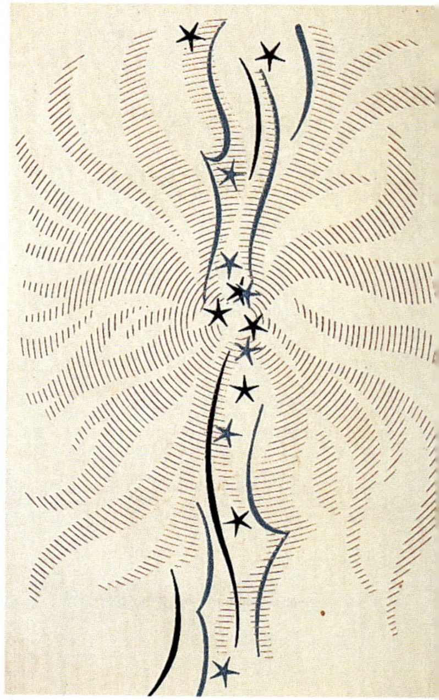

42

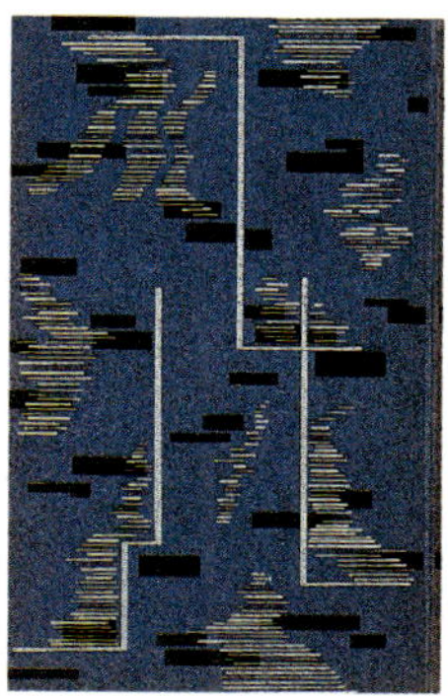

43

41. Édition originale (Ælberts, 1952).

42. Édition originale de *Citadelle* sous cartonnage décoré de Paul Bonet (Gallimard, 1950).

43. Édition originale française de *Lettre à un Otage* sous cartonnage décoré de Paul Bonet (Gallimard, 1944).

44. Illustration d'André Derain pour *Citadelle* (Gallimard, 1950).

44

45. Dessin de Saint-Exupéry, avec envoi à Marie-Sygne Claudel ; New York, 1942.

Le Journal de Moscou

HEBDOMADAIRE POLITIQUE, ECONOMIQUE, SOCIAL ET LITTERAIRE

Paraissant tous les mercredis

Le plus grand avion du monde a fait hier son premier vol

LE "MAXIME GORKI" au-dessus de Moscou flanqué de deux avions de chasse

SES CARACTERISTIQUES:

Puissance: 7.000 CV.

Envergure: 63 mètres.

Poids: 42 tonnes.

Passagers: 72.

Vol sans escale: 2000 kilomètres.

Hier, lors de la manifestation sur la Place Rouge, en l'honneur des rescapés du „Tcheliouskine" et de leurs sauveteurs, le „Maxime Gorki", le plus grand avion du monde, est apparu au-dessus de la place, survolant Moscou pour la première fois.

Ce grand avion de propagande, construit par souscription parmi les ouvriers, paysans, intellectuels, selon les plans de l'ingénieur Toupoleff, de l'Institut central Aérohydrodynamique, avec des matériaux entièrement soviétiques, est le vingtième avion du grand ingénieur ;il porte ses ini-

D'une envergure de 63 mètres, l'avion pèse 42 tonnes et compte 8 moteurs d'une puissance de 7.000 chevaux. Il peut emporter 72 personnes sans compter les hommes de l'équipage.

A la fois rédaction et salle de conférences volante, le *Maxime Gorki* comprend un puissant poste de T.S.F., un cinéma, des ateliers photographiques, une lithographie, une imprimerie. On pourra y faire entièrement tout un journal, y publier des tracts et des brochures, y donner des séances cinématographiques, y faire des cours. Le „Maxime Gorki" est l'avion de commandement de l'escadrille de propagande dont le chef est le journaliste M. Kol-

place Rouge, en acclamant

MALRAUX à Moscou

Malraux vient d'arriver en ...ité par l'Union des Ecrivains ... à prendre part à son pro...grès.

165

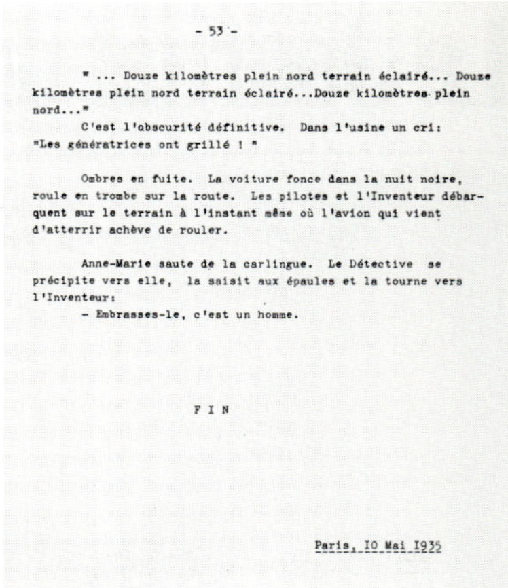

- 53 -

" ... Douze kilomètres plein nord terrain éclairé... Douze kilomètres plein nord terrain éclairé...Douze kilomètres plein nord..."

C'est l'obscurité définitive. Dans l'usine un cri: "Les génératrices ont grillé ! "

Ombres en fuite. La voiture fonce dans la nuit noire, roule en trombe sur la route. Les pilotes et l'Inventeur débarquent sur le terrain à l'instant même où l'avion qui vient d'atterrir achève de rouler.

Anne-Marie saute de la carlingue. Le Détective se précipite vers elle, la saisit aux épaules et la tourne vers l'Inventeur:

- Embrassez-le, c'est un homme.

F I N

Paris, 10 Mai 1935

F ANXY, et refuse de couvrir la campagne de Mussolini en Afrique pour *L'Intransigeant* dirigé par René Delange qui le présente à Léon Werth.

L'automne 1935 est consacré au tournage du film *Anne-Marie*, dont il avait écrit le scénario ; Raymond Bernard – fils de Tristan – en est le réalisateur et Annabella une des héroïnes [voir hors texte, p. 76-77]. Sur une recommandation amie, en novembre, il effectue avec Jean-Marie Conty une tournée de conférences en Méditerranée, de Casablanca à Tunis, Tripoli, Beyrouth (dans la grande salle de l'université Saint-Joseph), Istanbul, Athènes, Brindisi... La grippe leur enlève la voix.

À son retour à la mi-décembre, ne pouvant faire face à ses charges, Saint-Exupéry ne rentre pas rue de Chanaleilles ; Consuelo, elle, va loger

168

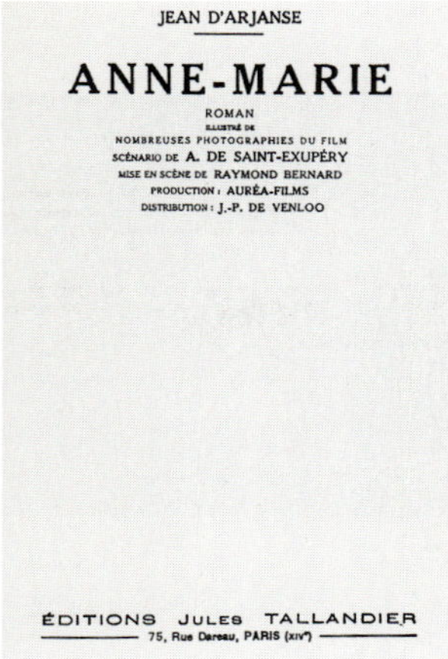
JEAN D'ARJANSE

ANNE-MARIE

ROMAN
ILLUSTRÉ DE
NOMBREUSES PHOTOGRAPHIES DU FILM
SCÉNARIO DE A. DE SAINT-EXUPÉRY
MISE EN SCÈNE DE RAYMOND BERNARD
PRODUCTION : AURÉA-FILMS
DISTRIBUTION : J.-P. DE VENLOO

ÉDITIONS JULES TALLANDIER
75, Rue Dareau, PARIS (XIVe)

167

165. Léon Werth en 1935.

166. *Anne-Marie*, scénario de Saint-Exupéry (10 mai 1935). Dactylogramme.

167. *Anne-Marie*, roman de Jean d'Arjasse, d'après le scénario de Saint-Exupéry (Tallandier, 1935).

168. Saint-Exupéry, André Prévot et Jean-Marie Conty, devant le Simoun, à Damas (novembre 1935).

169

169. Le Simoun après l'accident de Libye. Photographie avec dédicace autographe de Saint-Exupéry.

170. Saint-Exupéry devant l'épave du Simoun.

à l'*Hôtel du Pont-Royal* ; le pékinois est laissé à la concierge. Saint-Exupéry propose à René Delange de faire un raid et de lui donner des articles. Deux prix sont offerts : cinq cent mille francs pour battre le record Paris-Tananarive, et cent cin-

170

quante mille pour le Paris-Saigon ; le 21 décembre, le record vers Madagascar tombe, et Saint-Exupéry ne peut plus participer qu'à celui de l'Indochine. Les techniciens d'Air Bleu de Didier Daurat équipent le Simoun de réservoirs supplémentaires, etc. Malgré Consuelo, hostile à ce projet et de plus en plus « *vive et excitée* », Saint-Exupéry décide de partir malgré tout ; Jean Lucas lui montre les cartes ; ses amis Werth et Ségogne l'attendent au Bourget avec Daurat : au petit matin il décolle avec son mécanicien.

Après dix-neuf heures et trente-huit minutes de vol, et des escales à Marignane, Tunis, Benghazi, il s'écrase dans le désert à la frontière

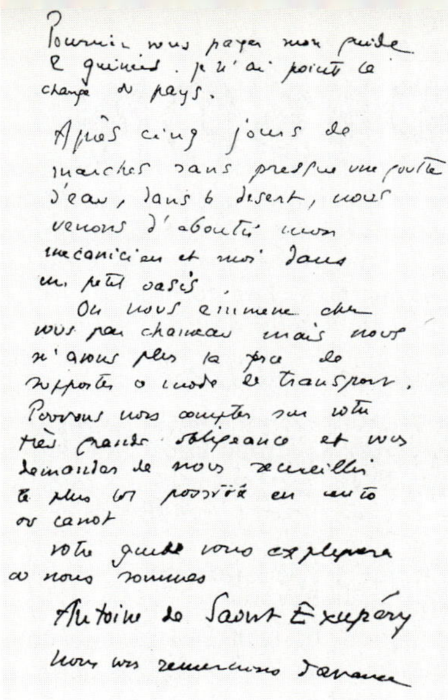
Pourriez-vous payer mon guide 2 guinées. Je n'ai point la change du pays.

Après cinq jours de marche sans presque une goutte d'eau, dans le désert, nous venons d'aboutir mon mécanicien et moi dans un petit oasis.

On nous emmène chez vous par chameau mais nous n'avons plus la force de supporter ce mode de transport.

Pouvons-nous compter sur votre très grande obligeance et vous demandons de nous recueillir le plus tôt possible en auto ou canot

votre guide vous expliquera où nous sommes

Antoine de Saint Exupéry

nous vous remercions d'avance

171

172

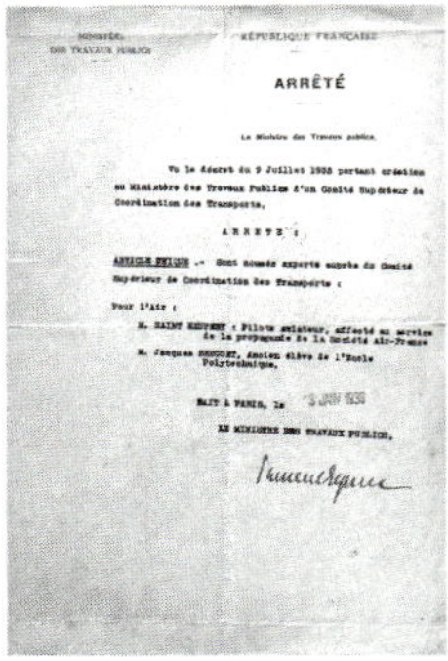
MINISTÈRE DES TRAVAUX PUBLICS

RÉPUBLIQUE FRANÇAISE

ARRÊTÉ

Le Ministre des Travaux publics,

Vu le décret du 9 Juillet 1935 portant création au Ministère des Travaux Publics d'un Comité Supérieur de Coordination des Transports,

ARRÊTE :

ARTICLE UNIQUE .- Sont nommés experts auprès du Comité Supérieur de Coordination des Transports :

Pour l'Air :

M. SAINT EXUPERY : Pilote aviateur, affecté au service de la propagande de la Société Air-France

M. Jacques [illegible], Ancien élève de l'Ecole Polytechnique.

FAIT A PARIS, le 3 JANV 1936

LE MINISTRE DES TRAVAUX PUBLICS,

173

174

de la Libye et de l'Égypte le 30 décembre ; après trois jours et deux cents kilomètres d'errance dans le désert, près de Wadi Natrou, un Bédouin les trouve et les conduit à l'usine The Egyptian Salt and Soda, dirigée par un ingénieur suisse, Émile Raccaud [voir hors texte, p. 79].

À Paris, pendant deux jours, c'est l'attente à l'*Hôtel du Pont-Royal* où Consuelo est entourée de Kessel, d'Yvonne de Lestrange, de Jean-Gérard Fleury, de Daurat, de Lucas, de Gaston Gallimard, de Werth, de L.-P. Fargue [voir aussi hors texte, p. 79], de Ségogne, de Madame de Saint-Exupéry mère, très inquiète, arrivée d'Agay le 1er janvier.

René Delange, connaissant les difficultés de Saint-Exupéry pour

171. Message de détresse de Saint-Exupéry à Émile Raccaud. Autographe.

LE VOL BRISE

PRISON DE SABLE

par Antoine de SAINT-EXUPÉRY

(En Exclusivité)

I. — Un avertissement du Destin

Le 29 décembre 1935, à 7 h. 01, Antoine de Saint-Exupéry décollait du Bourget pour tenter de battre le record de vitesse sur le parcours Paris-Saïgon.

C'est le récit de ce raid, interrompu, de façon qui eût pu devenir tragique, dans les sables du désert de Libye, que Saint-Exupery a écrit pour les lecteurs de l'Intransigeant.

Dernière visite à la météo. M. Viaud compulse les cartes et poursuit son travail d'alchimiste. Mon camarade Lucas et moi nous regardons naître les vents, pareils à des tiges semées d'épines. Une grande carte ocre, couleur de terre d'Asie, résume les dépressions du monde.

— Celle-ci ne nous atteindra que l'un ...

D'autres lignes figurent un démon replié sur la Russie et la Norvège. Un petit diable tourbillonne dans la région de Bassorah.

— Ça, c'est embêtant...

— Est-ce du sable ?

J'interroge. Il sera nuit encore lorsque j'atteindrai Bassorah et je redoute, pour la nuit, ces vents de sable qui remplissent le ciel d'un brasier jaune, effacent montagnes, villes et rives, noient ciel et terre dans le même incendie. Je redoute de rencontrer avant le jour ce temps de genèse, où l'on ne reconnaît plus l'un de l'autre les éléments.

— Du sable... Non.

Je pense : « Tant mieux », et je regarde autour de moi. J'aime cette atmosphère de laboratoire. Cet homme vient de quitter le monde. Il a accroché à la patère son chapeau, son man-

Antoine de Saint-Exupéry

75

écrire avec célérité, décide d'envoyer au Caire Jean Antoine pour lui interdire de rentrer tant que ses articles ne seront pas terminés. Mais Saint-Exupéry va récupérer avec Prévot les restes de son avion qui ne peut être réparé et, le 24 janvier 1936, arrive à Marseille sur le *Kawsar* ; Consuelo l'attend avec une vingtaine de journalistes.

« Prison de sable » paraît dans *L'Intransigeant* (29 janvier 1936) et

172. Marie et Consuelo à l'*Hôtel du Pont-Royal* le 4 janvier 1936.

173. Arrêté ministériel nommant Saint-Exupéry « *expert auprès du Comité Supérieur de Coordination des Transports* » (3 janvier 1936).

174. Antoine (lisant une déclaration à la presse) et Consuelo sur le pont du *Kawsar* (20 janvier 1936).

175. Premier article de la série « Prison de sable » (*L'Intransigeant*, 30 janvier 1936).

connaît un grand succès avant de constituer cinq chapitres de *Terre des Hommes*. Début février, Saint-Exupéry, expulsé de son appartement de la rue de Chanaleilles, déménage, aidé par Henri Jeanson, et s'établit au *Lutétia* dans deux chambres avec Consuelo. Pour éponger ses dettes, payer ses arriérés d'impôts, il se tourne à nouveau vers le cinéma avec *Courrier Sud*. Pierre Billon est choisi comme metteur en scène, avec Pierre Richard Wilm dans le rôle de Bernis, Jany Holt dans celui de Geneviève ; Robert Bresson, pressenti comme scénariste, refuse.

Le 1er avril 1936, le couple emménage dans un appartement moderne 15, place Vauban, que Pierre Cot lui a signalé. Consuelo occupe l'étage inférieur et Antoine celui du haut avec une magnifique terrasse. Malgré

176

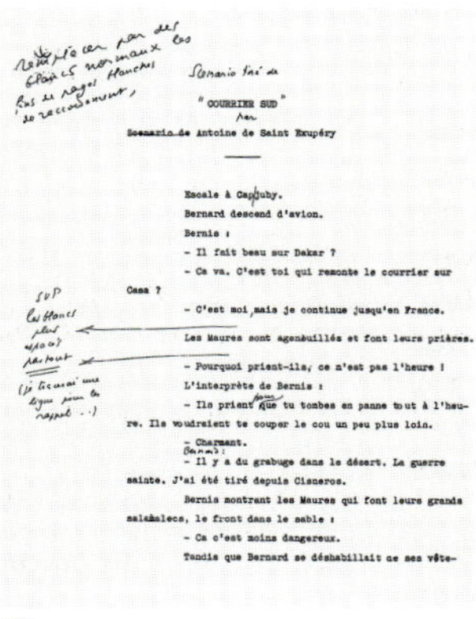
"COURRIER SUD"

Scenario de Antoine de Saint Exupéry

Escale à Cap Juby.

Bernard descend d'avion.

Bernis :

- Il fait beau sur Dakar ?

- Ca va. C'est toi qui remonte le courrier sur Casa ?

- C'est moi, mais je continue jusqu'en France.

Les Maures sont agenouillés et font leurs prières.

- Pourquoi prient-ils, ce n'est pas l'heure !

L'interprète de Bernis :

- Ils prient que tu tombes en panne tout à l'heure. Ils voudraient te couper le cou un peu plus loin.

- Charmant.

- Il y a du grabuge dans le désert. La guerre sainte. J'ai été tiré depuis Cisneros.

Bernis montrant les Maures qui font leurs grands salamalecs, le front dans le sable :

- Ca c'est moins dangereux.

Tandis que Bernard se déshabillait de ses vête-

177

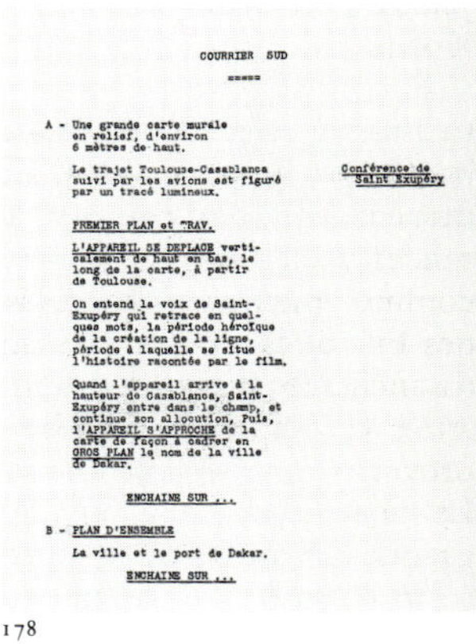
COURRIER SUD

=====

A - Une grande carte murale en relief, d'environ 6 mètres de haut.

Le trajet Toulouse-Casablanca suivi par les avions est figuré par un tracé lumineux.

Conférence de Saint Exupéry

PREMIER PLAN et TRAV.

L'APPAREIL SE DEPLACE verticalement de haut en bas, le long de la carte, à partir de Toulouse.

On entend la voix de Saint-Exupéry qui retrace en quelques mots, la période héroïque de la création de la ligne, période à laquelle se situe l'histoire racontée par le film.

Quand l'appareil arrive à la hauteur de Casablanca, Saint-Exupéry entre dans le champ, et continue son allocution, Puis, l'APPAREIL S'APPROCHE de la carte de façon à cadrer en GROS PLAN le nom de la ville de Dakar.

ENCHAINE SUR ...

B - PLAN D'ENSEMBLE

La ville et le port de Dakar.

ENCHAINE SUR ...

178

le loyer élevé – vingt mille francs par an, ils embauchent un maître d'hôtel, réfugié russe du nom de Boris. Le 11 avril, *Marianne* publie « Souvenirs de Mauritanie ».

Henri Jeanson fait part à Saint-Exupéry du projet d'Alexandre Korda de tourner un film sur l'histoire de l'aviation. Saint-Exupéry et Jeanson rencontrent Louis Blériot, lui font visionner ses premiers vols chez Pathé et se rendent à Londres pour convaincre Korda de faire parler les acteurs devant les films retraçant leur exploit. Dans les studios de Denham, ils assistent à la projection des scènes déjà réalisées : Blériot apparaît sous les traits d'un jeune acteur anglais, l'inverse de ce qu'ils souhaitent. Ils rencontrent Charles Laughton, en train de tourner *Cyrano de Bergerac* ; Alexandre Korda achève *La Vie future*, dont Fernand Léger signe les costumes. Jeanson et Saint-Exupéry quittent Korda quinze jours plus tard.

Fin mai 1936, Saint-Exupéry effectue un voyage en Roumanie [voir hors texte, p. 80]. En juin, il envisage aussi une grande tournée de conférences aux États-Unis, s'inscrivant comme membre de l'Association des Fils de la Révolution américaine (branche française des Sons of the American Revolution Society) ; il prévoit ensuite un raid Paris-Tokyo. La victoire du Front populaire et les grandes grèves de 1936 changeront ses projets mais sans guère l'affecter.

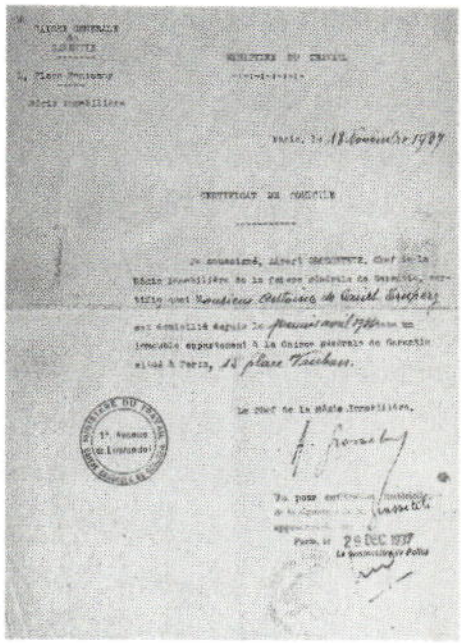
CERTIFICAT DE DOMICILE

Le Chef de la Régie Immobilière,

29 DEC 1937

179

176. Brochure de la branche française de la Société des Fils de la révolution américaine.

177. *Courrier Sud*, scénario de Saint-Exupéry. Dactylogramme avec corrections autographes.

178. Script de *Courrier Sud*. Dactylogramme.

179. Certificat de domicile de Saint-Exupéry, 15, place Vauban à Paris (18 novembre 1937).

180

181

180. Saint-Exupéry, vers 1936.

181. Prise de vue de *La Dame de chez Maxim's* ; Henri Jeanson (à gauche) et Alexandre Korda (assis, à droite).

182. Consuelo sur le balcon de l'appartement de la place Vauban.

182

Les pronostics de l'abbé Gabriel

Temps probable pour le 19 août : Vent variable dominant du secteur Ouest faible. Temps nuageux, brumeux avec éclaircies, quelques brumes ou faibles pluies suivies d'une amélioration. Température en baisse passagère, puis en hausse. — Abbé Gabriel.

Le Journal de Paris

L'INTR

CHEQUE POST. : 1.427 TÉLÉGRAMMES : INTRAN-PARIS LIGNES TÉLÉPHONIQUES

ESPAGNE ENSANGL

ON FUSILLE ICI COMME ON DÉBOISE...

Et les hommes ne se respectent plus les uns les autres

par notre envoyé spécial

ANTOINE DE SAINT-EXUPERY

So
des
j'a
d
desfem
de S
De
EMMA

184

185

SIEME EDITION
Le Journal ‹ Paris
NSIGEANT
10-60 ET TURBIGO 54-40 INTER GUTENBERG 85 ET LA SUITE
100, RUE REAUMUR, PARIS 2e

TÉE
e feu
urgés
'exode
reux
desenfants
ébastien
oyé spécial
BOURCIER

183 Même la rencontre, à la demande de Mermoz, du colonel de La Rocque – le chef des Croix-de-Feu, ne lui laissa pas un grand souvenir : « *Une soupe sur laquelle nagent des petits croûtons, et les petits croûtons ce sont ses idées.* »

L'insurrection au Maroc du général Franco donne une occasion nouvelle à Saint-Exupéry de montrer ses talents de journaliste. Pour rivaliser avec *Paris-soir*, *L'Intransigeant*, qui a déjà quatre envoyés spéciaux, décide de dépêcher le 10 août Saint-Exupéry en Espagne. « Espagne ensanglantée » fut le titre de la série de ses cinq articles. Étonné par

186

183 (double page précédente). Premier article du reportage « Espagne ensanglantée » (*L'Intransigeant*, 19 août 1936).

184 à 186. Trois photographies rapportées d'Espagne par Saint-Exupéry.

l'atmosphère qui régnait à Barcelone où García Olivera, chef anarchiste, dirigeait la majeure partie des troupes, Saint-Exupéry fut un témoin de ces combats où l'individu comptait si peu ; il y retrouve Jean-Gérard Fleury.

En septembre, il prend livraison de son deuxième Simoun, le F ANXK, qui est sorti d'usine le 13 août, il peut ainsi participer au tournage, sur le terrain, de *Courrier Sud* ; en octobre, il est à Mogador avec deux Laté et porte assistance à la scripte du film, la future Françoise Giroud. Les extérieurs se poursuivent vers Saint-Amour où il rend visite à son ami Werth soit en avion, soit avec sa Bugatti.

Le 7 décembre 1936, Mermoz disparaît en mer entre Dakar et l'Amérique du Sud à bord de *La Croix du Sud*, « *Coupons moteur arrière droit...* » Le 10 décembre, Saint-Exupéry donne un court article à *L'Intransigeant* : « Après quarante-huit heures de silence » ; le 13 : « Il faut encore chercher Mermoz ». Le 16 décembre, dans *Marianne*, paraît « À Jean Mermoz », hommage qu'il renouvelle dans *L'Intransigeant*, le 22 janvier suivant (« Mermoz... »), et à la radio [voir aussi hors texte, p. 158].

En janvier 1937, *Le Voltaire*, journal dirigé par Fernand Decis, accuse Saint-Exupéry de mystification : son accident de Libye est une invention, l'avion ne se serait pas écrasé dans

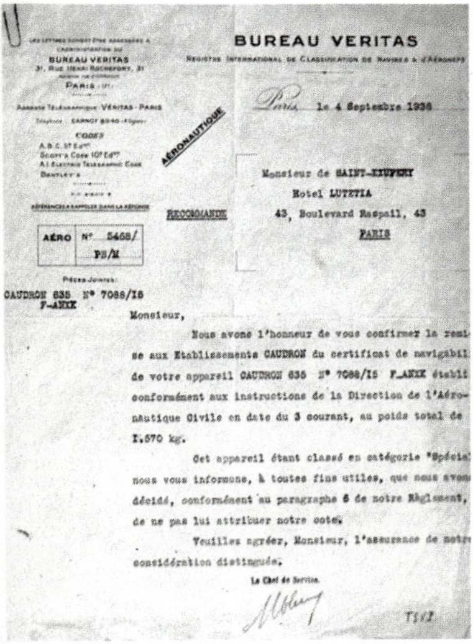

BUREAU VERITAS
PARIS
Adresse Télégraphique : VÉRITAS - PARIS
CODES
AÉRONAUTIQUE

BUREAU VERITAS

Paris le 4 Septembre 1936

Monsieur de SAINT-EXUPERY
Hotel LUTETIA
43, Boulevard Raspail, 43
PARIS

RECOMMANDE

AÉRO	N° 5468/ PS/M

Pièces Jointes :
CAUDRON 635 N° 7088/I5
F-ANXX

Monsieur,

Nous avons l'honneur de vous confirmer la remi-se aux Etablissements CAUDRON du certificat de navigabil[ité] de votre appareil CAUDRON 635 N° 7088/I5 F-ANXX établi conformément aux instructions de la Direction de l'Aéronautique Civile en date du 3 courant, au poids total de I.570 kg.

Cet appareil étant classé en catégorie "Spécia[l]" nous vous informons, à toutes fins utiles, que nous avon[s] décidé, conformément au paragraphe 6 de notre Règlement, de ne pas lui attribuer notre cote.

Veuillez agréer, Monsieur, l'assurance de notr[e] considération distinguée.

Le Chef de Service.

187

88

187. « Certificat de navigabilité » du Bureau Veritas accordé à l'avion Caudron 636, le deuxième Simoun de Saint-Exupéry (4 septembre 1936).

188. Le cinéaste Pierre Billon et sa scripte, Françoise Giroud, lors du tournage de *Courrier Sud* (automne 1936).

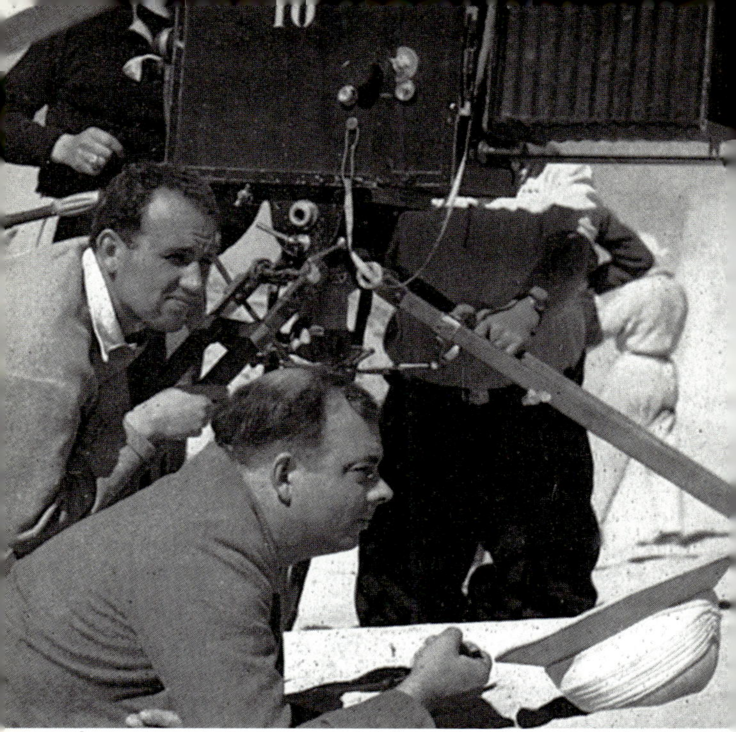

189

189. Pierre Billon et Saint-Exupéry pendant le tournage de *Courrier Sud*.

190. Photographie de *Courrier Sud* ; avec dédicace autographe de Saint-Exupéry à Henry de Ségogne.

Il faut encore chercher Mermoz

par Antoine de SAINT-EXUPERY

C'est un douloureux quiproquo qui a fait naître la nouvelle, malheureusement démentie, de la découverte de l'hydravion Croix-du-Sud au large du rocher Saint-Pierre

Voir l'article page 3.

Sur ce document on voit côte à côte Jean Mermoz et son vieux camarade Guillaumet, pilote recordman de l'Atlantique-Sud avec 45 traversées, qui pendant trois jours vient d'explorer l'Océan à la recherche de « La Croix-du-Sud »

Les hommes se découragent vite. Iermoz a disparu depuis cinq jours t déjà on ne parle plus de lui qu'au assé. Le lendemain même de sa disarition, on l'évoquait déjà comme un nort. On accepte ainsi l'irréparable, et, lans ce climat singulier, les recherches isquent de se détendre. Il faut conserer beaucoup de confiance pour qu'elles oient fertiles.

Ce n'est pas l'amitié qui me fait proester. Les amis, hélas ! sont mortels ussi. Mais, tout d'abord, quelles indiations possède-t-on, sinon cette absen e de message radio entre un incident iécanique et l'amérissage ? L'incident pu s'aggraver (incendie ou rupture l'arbre d'hélice) au point de provoquer ne chute. Mais rien ne prouve que le nessage : « Coupons le moteur arrière iroit » n'a pas coïncidé avec l'instant nême où, ce membre malade déjà reranché, il ne pouvait plus provoquer e drame. La descente, dans ce cas, fut ormale et l'accident fut un accident l'amérissage. Une coque crevée laisse uelques secondes de marge. S'il en est insi, Mermoz et ses compagnons flotent à bord du canot de secours.

Rien ne prouve que cette hypothèse sions que l'équipage s'était, dans la brume, abîmé en mer. Or, l'épave existait et l'équipage était vivant. Mon camarade Deley et moi, nous avons, pendant cinq jours, de six heures du matin à sept heures du soir, recherché Guillaumet lui-même dans la Cordillère des Andes. L'avion était intact et, cependant, ni l'un ni l'autre nous ne l'avons aperçu. Un autre camarade, Ville, disparut quatre jours en Amérique du Sud, entre Montevideo et Porto Allègre, une région habitée. Point de nouvelles. Ville était donc mort. Nous avons fouillé le parcours durant quatre jours, nous pensions que l'écrasement et l'incendie avaient rendu cet avion invisible. Or, l'appareil était intact encore, mais enlisé dans un marais. Il avait fallu quatre jours à Ville pour se dépêtrer de sa boue. Guillaumet, Dumesnil et moi, échoués en panne en Mauritanie, nous avons vu, en 1928, passer trois avions de recherche à moins de trois kilomètres de nous. Ils ne nous ont pas vus. Enfin, quand je me suis écrasé en Lybie, l'année dernière, plus de vingt avions militaires anglais et égyptiens m'ont cherché, et m'ont cherché là où je me trou-

191. Premier article de Saint-Exupéry après l'annonce de la disparition de Mermoz (*L'Intransigeant*, 13 décembre 1936).

192. Texte d'une conférence de Saint-Exupéry sur Mermoz, prononcée en 1937. Dactylogramme avec corrections autographes.

193. Hommage à Mermoz par Saint-Exupéry (*Marianne*, 16 décembre 1936).

194. Programme d'une « *soirée de gala en l'honneur de Mermoz* » (Paris, 21 janvier 1937).

ujourd'hui que notre deuil commence, puisque nous avons

isque nous découvrons lentement que rien, jamais, ne
era ce compagnon. On ne se crée point de vieux camara-
.en ne ~~remplace jamais~~ vaut le trésor de tant de souvenirs
, de tant de mauvaises heures vécues ensemble, de tant
illes, de réconciliations, de mouvements du coeur. On
.t pas de vieilles amitiés. ~~Voici anéanti un beau jardin~~,
~~monde nous semble moins riche.~~

laisse à d'autres le soin de l'éloge de Mermoz, le soin
son courage ou sa noblesse. Car il a vécu au milieu de
t, comme ces mères dont le fils a toujours quinze ans,
'aimions trop pour l'avoir vu grandir. Qu'était-il? ~~Il~~
~~notre camarade. Il était un peu notre bien. Il faisait~~
~~oitement partie de nous que beaucoup d'entre nous lui~~
~~t, depuis sa disparition~~, un sentiment mélancolique et
, un sentiment nouveau ~~et triste~~, le regret secret de
ir.

192

A Jean Mermoz...

Marianne a demandé à Antoine de Saint-Exupéry de parler de Mermoz. Voici les lignes que notre ami nous a communiquées dans l'après-midi de samedi dernier :

Pardonne-le-moi, Jean Mermoz, on me l'a tant demandé cet article. Mais comment l'écrirais-je ? Je ne sais rien de toi, sinon que tu n'as pas lancé d'appel. J'ignore si tu as sombré, ou si, collé à l'Océan comme un insecte à la glue d'une plante carnivore, tu ne peux plus t'en dépêtrer. A bord même du canot de secours peut-être restes-tu condamné par le faible poids de tes vivres et l'immensité de la mer.

Je ne sais rien. Personne ne sait rien, sinon que tu as coupé un moteur arrière, et n'as lancé aucun appel.

On te pleurait déjà, Mermoz, deux heures après ta disparition. Et aujourd'hui, au seuil du cinquième jour, pour alimenter la piété de tes amis, on me demande d'écrire des souvenirs sur toi. Mais je n'ai point de souvenirs. Je n'ai pas encore de souvenirs. Je ne te range pas si vite parmi les fantômes.

Ah ! Les ai-je entendu chanter, depuis quatre jours, tes vertus ! Mais je ne puis parler de tes vertus. Tu n'as point encore de vertus. Il sera bien temps dans quelques jours.

Tu es un camarade, avec tous ses défauts merveilleux que l'on aime. Et je t'attends pour te les jeter à la tête. Je ne veux pas te respecter encore. Je te garde ta place tout chaude dans ces petits bistros du soir, où nous nous retrouvions. Tu seras en retard comme toujours; ô ! mon insupportable ami. Tu surgiras tout à coup, sans explications, sans excuses, mais si pleinement présent que l'attente sera effacée, et nous reprendrons nos vieilles disputes... Laisse-moi encore te donner tort, tu es si prêt de le faire tout accorder ! Laisse-moi te les crier, en hâte, mes injures... Elles sont tendres. J'ai si peur de ne plus jamais t'irriter..

Ah ! Jean... Ceux qui ne t'aimaient guère, ils suffisent bien à te célébrer. Si tu les entendais, toutes ces louanges... Pardonne-moi, je ne puis encore te croire parfait, de la perfection des morts.

Antoine de Saint-Exupéry.

193

MARIGNAN-PATHÉ

Jeudi 21 Janvier 1937 à 21 h.

SOIRÉE DE GALA

organisée par L'INTRANSIGEANT sous le patronage du MINISTÈRE DE L'AIR

EN L'HONNEUR DE MERMOZ

PROGRAMME

PREMIÈRE PARTIE

La Musique de l'Air
ous la direction de *Claude Laty*
"Carnaval Romain" de *Berlioz*
chantement du Vendredi-Saint" de *Wagner*

SUR MERMOZ
e page d'*Antoine de Saint-Exupéry*
lue par *G. Signoret*

Un film de la vie de Mermoz

ICARE
Légende de *Serge Lifar*
Chorégraphie et rythme de *Serge Lifar*
Orchestrés par *J.-E. Szyfer*
Ballet :
egrand, Efimoff, Domonsky, Guylaine, Bezzoni
Mlles Kergrist, Barban, Grellier, Subra
DE L'OPÉRA
SERGE LIFAR
MAITRE DE BALLET, PREMIER DANSEUR
. *J.-E. Szyfer*, Chef d'orchestre

essin animé inédit de *Wall Disney*
obligeamment par les "Artistes Associés")

DEUXIÈME PARTIE

La Musique de l'Air
sous la direction de *Claude Laty*
" Scènes Pittoresques " de *Massenet*

PATHÉ CONSORTIUM CINÉMA
présente
ierre Richard-Wilm dans un film de *Pierre Billon*

COURRIER SUD

d'après l'œuvre d'*Antoine de Saint-Exupéry*

avec
Jany Holt
Baron Fils, Jacques Baumer
Pauline Carton, Gabrielle Dorziat
Alexandre Rignault, Raymond Aimos, Bergeron
Madeleine Milhaud, Odette Talazac
Roger Legris, Abel Jacquin, Pierre Sergeol
et *Marguerite Pierry* et *Charles Vanel*

Directeur de la Production : *Georges Lampin*
PRODUCTION PAN-CINÉ
RÉALISÉE AVEC L'AIMABLE CONCOURS DE LA Cie AIR-FRANCE

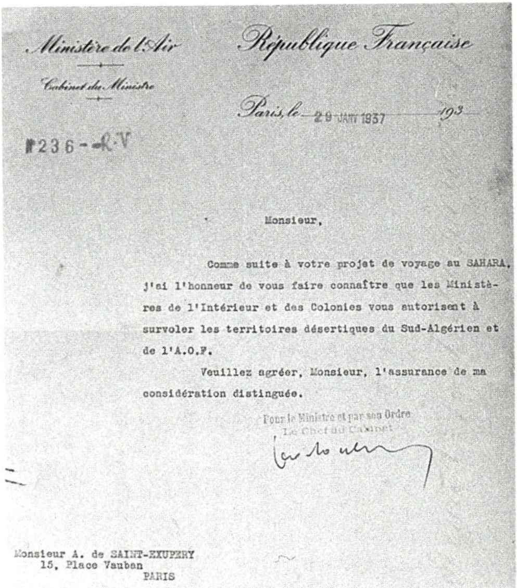

Ministère de l'Air

Cabinet du Ministre

République Française

Paris, le 29 JANV 1937

N°236 - [illegible]

Monsieur,

Comme suite à votre projet de voyage au SAHARA, j'ai l'honneur de vous faire connaître que les Ministères de l'Intérieur et des Colonies vous autorisent à survoler les territoires désertiques du Sud-Algérien et de l'A.O.F.

Veuillez agréer, Monsieur, l'assurance de ma considération distinguée.

Pour le Ministre et par son Ordre
Le Chef du Cabinet

[illegible]

Monsieur A. de SAINT-EXUPERY
15, Place Vauban
PARIS

195

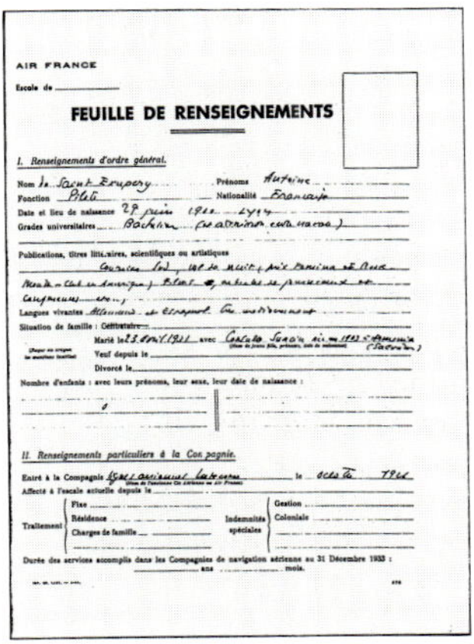

AIR FRANCE

Ecole de

FEUILLE DE RENSEIGNEMENTS

I. Renseignements d'ordre général.

Nom de Saint Exupery — Prénoms Antoine

Fonction Pilote — Nationalité Français

Date et lieu de naissance 29 juin 1900 Lyon

Grades universitaires Bachelier [illegible]

Publications, titres littéraires, scientifiques ou artistiques [illegible]

Langues vivantes [illegible]

Situation de famille : Célibataire

Marié le [illegible] avec [illegible]

Veuf depuis le

Divorcé le

Nombre d'enfants : avec leurs prénoms, leur sexe, leur date de naissance : 0

II. Renseignements particuliers à la Compagnie.

Entré à la Compagnie [illegible] le [illegible]

Affecté à l'escale actuelle depuis le

Traitement: Fixe; Résidence; Charges de famille

Indemnités spéciales: Gestion; Coloniale

Durée des services accomplis dans les Compagnies de navigation aérienne au 31 Décembre 1933 : ans mois.

196

197

le désert mais près du Caire ; plainte est déposée et en octobre les juges condamnent le diffamateur à quinze mille francs de dommages et intérêts.

À la fin janvier, Air France propose à Saint-Exupéry d'explorer une nouvelle route transafricaine, Casablanca-Tombouctou-Bamako. Avec André Prévot comme mécanicien, à bord de son nouveau Simoun, il effectue à la mi-février le parcours sans encombre, redécouvrant les joies du pilotage et du raid ; il rencontre à Casablanca le général Bouscat, commandant les forces

195. Autorisation de survol accordée à Saint-Exupéry dans le cadre de son « *projet de voyage au Sahara* » (29 janvier 1937).

196. « Feuille de renseignements » d'Air France remplie par Saint-Exupéry en 1936.

197. Antoine et Consuelo, avec Jean Lucas, devant un Simoun sur le terrain d'Ambérieu (1937).

198

199

198 à 200. Trois photographies rapportées par Saint-Exupéry de son raid africain de 1937.

200

aériennes ; de Dakar il ramène un lionceau pour sa sœur Gabrielle.

Il travaille quelque temps à ce reportage africain pour *L'Intransigeant*, auquel il substitue, le 2 avril (près de six ans après les faits), « Le Récit de l'aventure pathétique de Guillaumet recordman de la traversée de l'Atlantique Sud et de la Cordillère des Andes ».

201 (double page suivante). Article de Saint-Exupéry (*L'Intransigeant*, 2 avril 1937).
202. Premier article du reportage consacré à « Madrid » (*Paris-soir*, 27 juin 1937).

L'aventure pathétique de Guillaumet

recordman des traversées de l'Atlantique Sud et de la Cordillère des Andes

par ANTOINE DE SAINT-EXUPÉRY

« Le courage de Guillaumet, avant tout, est un effet de sa droiture »

Aujourd'hui, Guillaumet, je dirai quelques mots sur toi. Ta cinquante-cinquième traversée de l'Atlantique Sud, après tes trois cent quatre-vingt-quinze traversées des Andes, m'en offre une trop belle occasion. Mais je ne te gênerai...

201

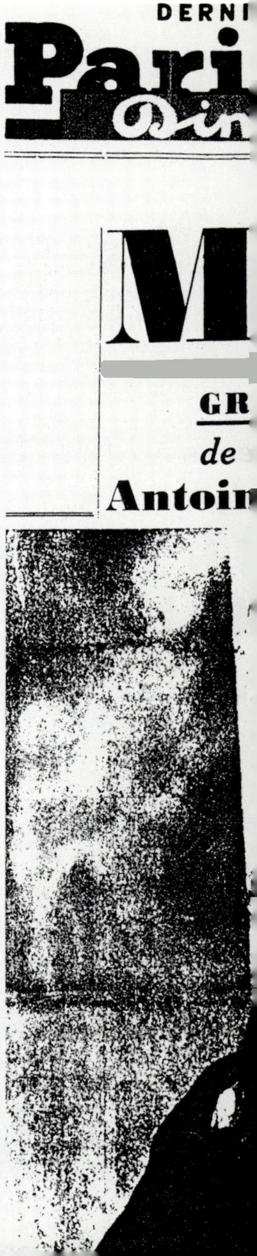

Début avril, Jean Prouvost – *Paris-soir* – lui propose une série de dix articles sur la guerre d'Espagne (pour quatre-vingt mille francs). Le 12, il est à Valence, puis rejoint Madrid, logeant sans doute à l'hôtel *Florida* avec Hemingway, Dos Passos,... son ami Henri Jeanson, envoyé du *Canard enchaîné*, avec qui il rencontre Durruti, chef de la Fédération anarchiste espagnole (FAI), qui met à leur disposition une Rolls Royce pour visiter, à vive allure, le

202

ITION

soir
…che

LE TEMPS DE DIMANCHE

RÉGION PARISIENNE. — *Beau et plus chaud, peu nuageux, légèrement brumeux. Vent Est faible. Température en hausse. Nuit du 26 au 27: minimum, 11°. Journée du 27: maximum, 26°.*

EN FRANCE. — Est, Centre, Ouest, Bretagne, Normandie: *même temps que région parisienne.* Midi, Côte d'Azur: *ciel clair, plus chaud.* Côte Basque, Pyrénées: *assez beau, nuageux, brumeux le matin; plus chaud.*

TENDANCE GÉNÉRALE. — *Même situation après-demain avec légère tendance orageuse dans le sud-ouest et l'ouest.* — Nimbus.

6e
DERNIÈRE
40 cent.

…ADRID

REPORTAGE

…envoyé spécial

… Saint-Exupéry

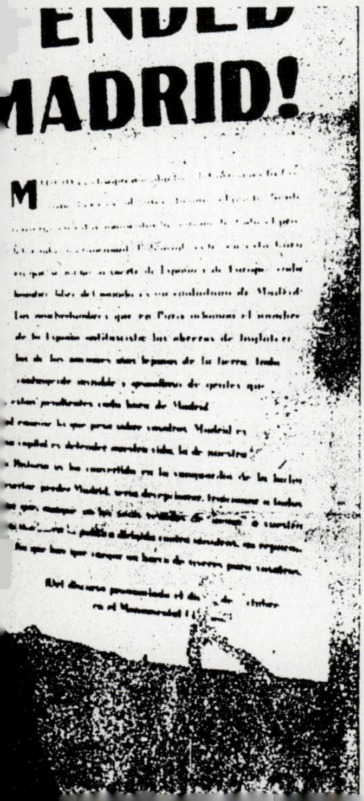

Dans le plus cruel conflit des temps modernes, dans cette lutte sans merci qui déchire l'Espagne, Paris-soir *s'est tracé une règle de conduite absolue: celle de l'objectivité la plus stricte, la plus complète. Il ne s'en départira pas plus aujourd'hui qu'hier ou que demain. Mais il pense qu'au-dessus des passions déchaînées qu'engendre la guerre civile, il y a la grande voix humaine de la pitié. C'est celle que faisaient entendre l'autre jour François Mauriac et les é c r i v a i n s catholiques. C'est celle que fait entendre aujourd'hui le célèbre écrivain, le grand pilote français Antoine de Saint-Exupéry au retour du front de Madrid.*

« Paris-soir »

DÉFENSE de MADRID

o o
o

Quand passe les canards ou les oies sauvages à l'époque des migrations, il s'élève une étrange marée sur les territoires qu'ils dominent. Les oiseaux domestiques, comme aimantés par le grand vol triangulaire, amorce un bond inutile et qui échoue à quelques pas. L'appel ~~du~~ sauvage a frappé en eux, avec la rigueur ~~de la~~ d'un harpon, je ne sais quel ~~le pa~~ vestige sauvage. Et voilà les canards de la ferme changés pour une ~~élan~~ minute en oiseaux migrateurs. Voilà que dans pette petite ~~dure~~ tête, où circulaient d'humbles images de mares, de vers, de poulaillers, développent les étendues continentales, le goût des vents du large et la géographie des mers. Et le canard titube de droit à gauche dans son enclos de fils de fer, pris de cette passion soudaine dont il ne sait pas où elle le conduit et de ~~dont~~ ce vaste amour dont il ignore encore l'objet.

Ainsi l'homme qu'une ~~vérité étrangère~~ évidence inconnue empoigne, ~~aperçoit~~ découvre dans leurs vanités ~~les chiffres secs qu'il alignait sur son bureau, comme~~ ses occupations de comptable, comme aussi les douceurs de sa vie domestique. ~~sans qu'il sache donner~~ Mais il n'a point donner un nom à ~~une souveraine évidence~~ cette vérité souveraine.

On parlera du goût du risque comme si ce n'était point ce goût du risque qu'il s'agissait d'abord d'expliquer. On parlera de la fraternité des hommes comme s'il était clair ~~qu'elle~~ quelle vocation la commande la mort. On expliquera tout par le devoir. ~~Mais il~~ Comme si le mot, qui l'exprime simplement, éclairait le mystère.

204

205

front. Quoique revenu dès le 29 avril, son premier article ne paraît que le 27 juin, suivi de deux autres ; le quatrième fut bien remis, mais il le déchire lui-même devant Jean Prouvost et Hervé Mille.

Peu après, Saint-Exupéry, accompagné d'une amie, part pour Amsterdam, et, à l'improviste, décide d'aller à Berlin.

Le Simoun est accueilli le 17 juillet par un imposant dispositif policier à l'aéroport de Tempelhof ; grâce à l'intervention de l'attaché militaire de l'Air, Stehlin, l'affaire se règle diplomatiquement. Au retour, au lieu d'atterrir à Wiesbaden, il se pose sur un terrain dépendant des Hitler-Jugend, près de Cassel, provoquant un nouvel incident.

203. Brouillon du dernier article sur « Madrid » (*Paris-soir*, 3 juillet 1937). Dactylogramme avec corrections autographes.

204. Ernest Hemingway.

205. John Dos Passos.

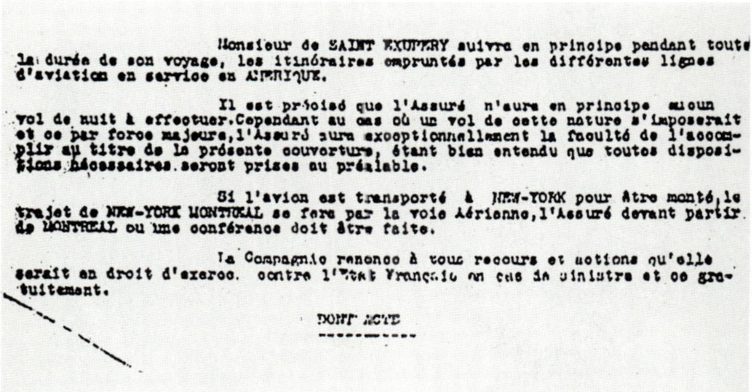

Monsieur de SAINT EXUPERY suivra en principe pendant toute la durée de son voyage, les itinéraires empruntés par les différentes lignes d'aviation en service en AMERIQUE.

Il est précisé que l'Assuré n'aura en principe aucun vol de nuit à effectuer. Cependant au cas où un vol de cette nature s'imposerait et ce par force majeure, l'Assuré aura exceptionnellement la faculté de l'accomplir au titre de la présente couverture, étant bien entendu que toutes dispositions nécessaires seront prises au préalable.

Si l'avion est transporté à NEW-YORK pour être monté, le trajet de NEW-YORK MONTREAL se fera par la voie Aérienne, l'Assuré devant partir de MONTREAL ou une conférence doit être faite.

La Compagnie renonce à tous recours et actions qu'elle serait en droit d'exercer contre l'Etat Français en cas de sinistre et ce gratuitement.

DONT ACTE

206

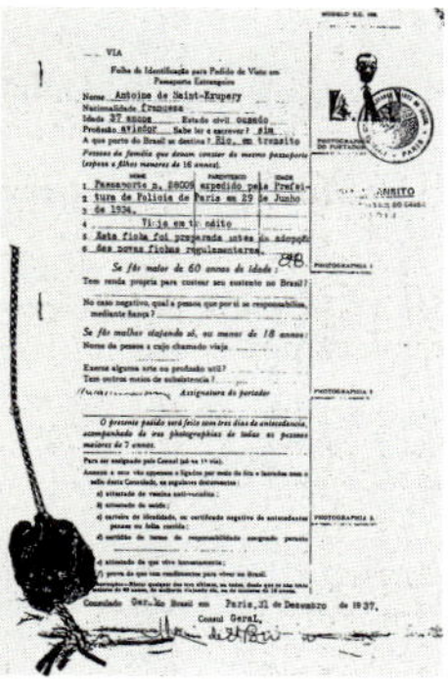

VIA

Folha de Identificação para Pedido de Visto em Passaporte Estrangeiro

Nome Antoine de Saint-Exupery

Nacionalidade franceza

Idade 37 annos Estado civil casado

Profissão aviador Sabe ler e escrever? sim

A que porto do Brasil se destina? Rio, em transito

1 Passaporte n. 28009 expedido pela Prefei-
2 tura de Policia de Paris em 29 de Junho
3 de 1934.
4 Viaja em transito
5 Esta ficha foi preparada antes da adopção
6 das novas fichas regulamentares.

Consulado Geral do Brasil em Paris, 31 de Dezembro de 1937.

Consul Geral.

207

206. Extrait du contrat d'assurance couvrant le raid américain de Saint-Exupéry (24 novembre 1937).

207. Demande de visa auprès du consulat du Brésil (31 décembre 1937).

208. Saint-Exupéry en janvier 1938.

209. Carte du raid New York-cap Horn.

Début septembre 1937, Saint-Exupéry eſt invité pour une conférence sur *Vol de Nuit* à l'Inſtitut français de Bucareſt ; lui-même propose, à la fin de l'année, au miniſtère de l'Air, un raid transaméricain (de New York au cap Horn) pour montrer la vitalité des ailes françaises. Le projet eſt accepté en décembre [voir hors texte, p. 148] et, en janvier 1938, avec son mécanicien Prévot et le Simoun démonté, il s'embarque sur l'*Île de France.* À bord, le président de l'Aéroclub de France, Henri de La Grange et Pierre Massin de Miraval.

Logé au *Barbizon Plaza* à New York, Saint-Exupéry attend que le Simoun soit prêt et fait un court voyage à Montréal et à Québec. Le départ du raid prévu le 1er février 1938 eſt retardé au 14 à cause des intempéries. Washington, Atlanta, Houſton, Brownsville le 15 au soir ;

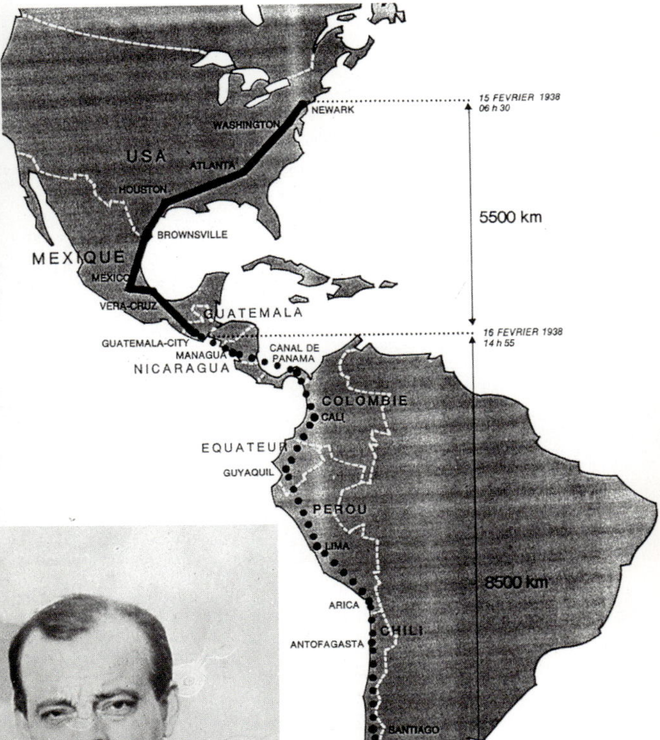
15 FEVRIER 1938
06 h 30
NEWARK
WASHINGTON
USA
ATLANTA
HOUSTON
BROWNSVILLE
MEXIQUE
MEXICO
VERA-CRUZ
GUATEMALA
5500 km
16 FEVRIER 1938
14 h 55
GUATEMALA-CITY
MANAGUA
NICARAGUA
CANAL DE
PANAMA
COLOMBIE
CALI
EQUATEUR
GUYAQUIL
PEROU
LIMA
8500 km
ARICA
CHILI
ANTOFAGASTA
SANTIAGO
PUNTA ARENAS
TOTAL
14000 km

209

208

210

puis Veracruz et Guatemala City (1 600 mètres d'altitude) pour faire le plein, trop sans doute. L'avion ne parvient pas à décoller et s'écrase. Prévot a une jambe cassée, Saint-Exupéry est plus sérieusement atteint de huit fractures ; une infection du bras droit se déclare. Raoul de Roussy de Sales, correspondant de *Paris-soir* aux États-Unis, télégraphie chaque jour des nouvelles de l'écrivain pilote. Le 5 mars, Consuelo arrive et Saint-Exupéry est transporté à New York. L'ami le plus proche l'installe d'abord au *Ritz-Carlton* d'où, chaque jour, il se rend

210. Les débris de l'avion Simoun (aéroport de Guatemala City, février 1938).

211. L'avant du Simoun après l'accident.

211

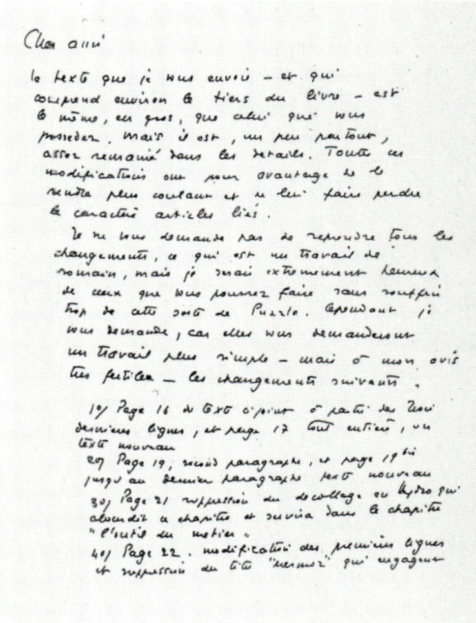

Cher ami

Le texte que je vous envoie – et qui comprend environ le tiers du livre – est le même, en gros, que celui que vous possédez. Mais il est, un peu partout, assez remanié dans les détails. Toutes ces modifications ont pour avantage de le rendre plus coulant et de lui faire perdre le caractère articles liés.

Je ne vous demande pas de reprendre tous les changements, ce qui est un travail de romain, mais je serai extrêmement heureux de ceux que vous pourrez faire sans souffrir trop de cette sorte de Puzzle. Cependant je vous demande, car elles vous demanderont un travail plus simple – mais à mon avis très fertiles – les changements suivants.

1) Page 16 du texte à partir de trois dernières lignes, et page 17 tout entière, un texte nouveau
2) Page 19, second paragraphe, et page 19 bis jusqu'au dernier paragraphe texte nouveau
3) Page 21 suppression du décollage en hydro qui alourdit ce chapitre et servira dans le chapitre "L'outil du métier".
4) Page 22. modification des premières lignes et suppression du titre "Hermosa" qui engageait

212

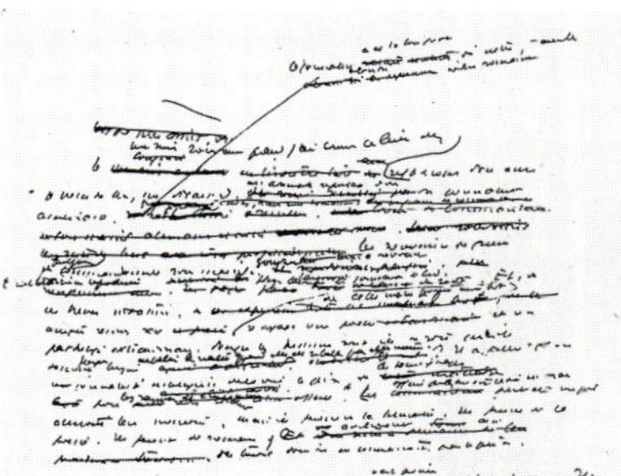

213

214

212. Lettre de Saint-Exupéry à son traducteur, Lewis Galantière, à propos de l'édition américaine de *Terre des Hommes*. Autographe.
213. Brouillon de la préface de Saint-Exupéry à *Quand le vent se lève*, d'Anne Morrow-Lindbergh. Autographe.
214. La maison de Marie de Saint-Exupéry à Cabris (Alpes-Maritimes).
215. Sur le pont du *Normandie* (1938).

à la clinique où les chirurgiens auraient décidé de l'amputer du bras droit ; il s'en échappe.

Ses amis repartis pour la France, Saint-Exupéry reste à New York jusqu'en avril. On lui fait rencontrer un vétéran de l'Argonne, le colonel William Donovan, qui l'invite chez lui au-dessus de l'*East River* à Beckan Place ; Jean Prévost lui présente les éditeurs Eugen Reynal et Curtice Hitchcock qui lui proposent un contrat pour un livre inédit. Saint-Exupéry leur montre des articles parus, ou non [voir hors texte, p. 148], dont la traduction est confiée à Lewis Galantière, banquier et traducteur de Valéry, Cocteau, Mauriac.

En juin 1938, Saint-Exupéry de

RÉPUBLIQUE FRANÇAISE.

MINISTÈRE DU COMMERCE ET DE L'INDUSTRIE.

DIRECTION DE LA PROPRIÉTÉ INDUSTRIELLE.

BREVET D'INVENTION.

Gr. 6. — Cl. 4. **N° 850.093**

Système de sustentation et de propulsion, notamment pour avions.

M. Antoine de SAINT-EXUPÉRY résidant en France (Seine).

Demandé le 17 août 1938, à 10h 21m, à Paris.

Délivré le 4 septembre 1939. — Publié le 7 décembre 1939.

[Brevet d'invention dont la délivrance a été ajournée en exécution de l'art. 11 § 7 de la loi du 5 juillet 1844 modifiée par la loi du 7 avril 1902.]

L'invention a pour objet un système de sustentation et de propulsion, applicable notamment à des avions, qui consiste essentiellement dans l'utilisation combinée de fusées, ou d'autres sources d'énergie provoquant un effet d'expansion dans un fluide compressif, avec des surfaces d'ailes de formes convenables et convenablement disposées par rapport à ces sources d'expansion.

Sous une autre forme, l'invention peut être considérée comme un mode d'application nouveau de fusées, ou de sources d'énergie analogues, à la sustentation et à la traction d'un avion par exemple.

Ainsi qu'il sera expliqué ci-dessous l'invention est caractérisée plus spécialement par une disposition particulière de la fusée ou de la source d'expansion par rapport aux surfaces portantes, disposition qui permet de créer autour de ces dernières un mouvement tourbillonnaire (circulation de Joukowski). Il apparaîtra dans ces conditions que, s'il s'agit de fusées, celles-ci pourront être disposées de façon à agir soit en direction arrière (mode d'utilisation actuellement considéré comme normal), soit également en direction avant, soit même en toute autre direction, ce qui paraît d'abord paradoxal, bien qu'en fait le rendement de la fusée puisse s'en trouver amélioré.

L'invention sera mieux comprise d'ailleurs à l'aide des considérations suivantes et des figures ci-jointes qui en donnent, à titre non limitatif, certains modes de réalisation particuliers en même temps que, sous toutes réserves et seulement pour mieux préciser les idées, certaines explications techniques.

Une aile d'avion (fig. 1) peut, comme on le sait être considérée comme un noyau tourbillonnaire. Le calcul montre que si un tel noyau baigne dans un fluide en mouvement, il se développe une force perpendiculaire à la direction de ce mouvement. En fait on peut considérer l'aile comme un solide de forme telle que, s'il baigne dans un fluide en mouvement, il s'établit autour de ce solide une circulation de l'air (fig. 1).

D'autre part, on peut également considérer l'aile comme un solide de forme telle que, s'il progresse horizontalement dans un fluide immobile, il détermine par son passage une accélération verticale descendante des masses soumises directement, ou de proche en proche, à son action. A cette action verticale du solide correspond nécessairement une réaction égale et de sens

Prix du fascicule : 10 francs.

216

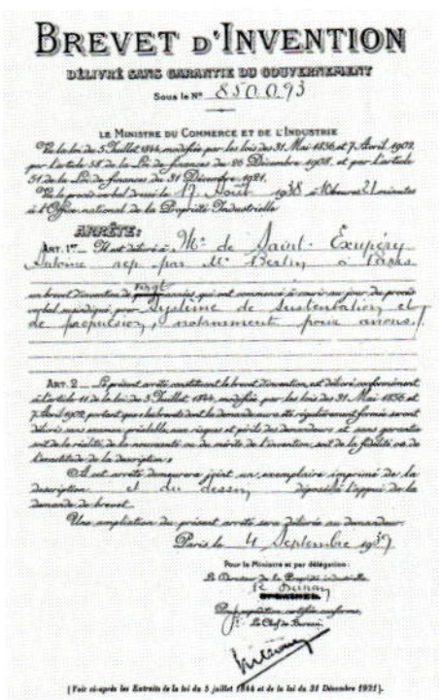

217

retour achève sa convalescence chez sa sœur Gabrielle, à Agay, ou chez sa mère qui vient d'acheter une maison à Cabris. Durant l'été, il fait en compagnie une manière de pèlerinage vers ses souvenirs d'enfance : Fribourg et la villa Saint-Jean, le lac de Bienne, qui l'avait ému avec Louise de Vilmorin, Saint-Maurice-de-Rémens, Étoile dans la Drôme où s'était retirée la vieille gouvernante de Saint-Maurice, Moisy.

Ce voyage achève de ruiner Saint-Exupéry qui ne pouvait plus faire face à ses dépenses ni à celles de Consuelo dont il s'était séparé ; Boris, le maître d'hôtel, est licencié, l'appartement de la place Vauban abandonné. Consuelo s'établit rue Barbet-de-Jouy et Antoine, de l'autre

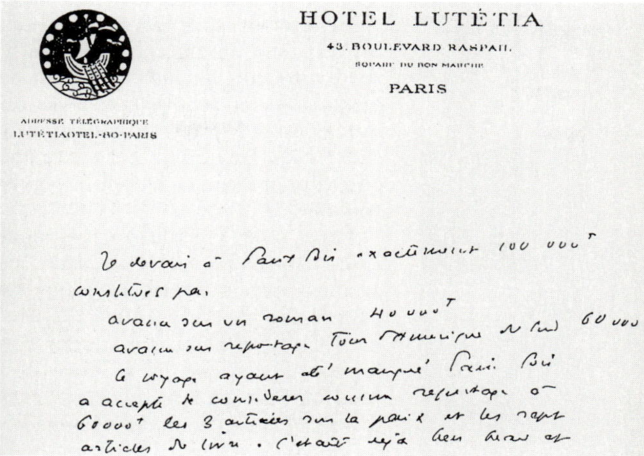
HOTEL LUTÉTIA
43, BOULEVARD RASPAIL
SQUARE DU BON MARCHÉ
PARIS

ADRESSE TÉLÉGRAPHIQUE
LUTÉTIAOTEL-80-PARIS

Je devais à Paris Soir exactement 100 000 F
constitués par:
avance sur un roman 40 000 F
avance sur reportage Tour d'Amérique du Sud 60 000
Ce voyage ayant été manqué Paris Soir
a accepté de considérer comme reportage et
60 000 F les 3 articles sur la paix et les sept
articles de Libye. C'était déjà bien beau de

218

AVENTURES ET ESCALES

Depuis l'origine du monde
PERSONNE JAMAIS
N'AVAIT MARCHÉ LÀ...

Et sur ce plateau vierge
j'ai trouvé de mystérieux
messages d'un autre monde

par
Antoine
de
Saint-Exupéry

219

DANS LA NUIT GLACÉE
je fais ma veillée
d'armes

DEMAIN A L'AUBE PREMIER DÉPART
SEUL DANS LA TEMPÊTE

PAR
Antoine de Saint-Exupéry

220

216. « Système de sustentation et de propulsion, notamment pour avions », Brevet demandé par Saint-Exupéry le 17 août 1938. Imprimé.

217. Original de ce brevet, délivré le 11 septembre 1938.

218. Note de Saint-Exupéry sur les avances consenties par *Paris-soir* (novembre 1938). Autographe.

219-220. Deux articles de la série « Aventures et escales » (*Paris-soir*, 8 *et* 11 novembre 1938).

221

221. Consuelo et Antoine. Photographie avec dédicace autographe de Saint-Exupéry à André de Fonscolombe.

222. Jeu d'épreuves corrigées de *Terre des Hommes*, avec envoi autographe de Saint-Exupéry à Henry de Ségogne (13 décembre 1938).

côté de la Seine, rue Michel-Ange. Il dépose en août deux nouveaux brevets (sur un traceur de route et sur un système de sustentation et de propulsion) et achève la préface du livre d'Anne Morrow Lindbergh, *Le Vent se lève*. En septembre, il suit une cure d'un mois à Vichy pour soigner son foie.

Les 2, 3 et 4 octobre 1938 paraît enfin dans *Paris-soir* (à la place des articles promis depuis le début de l'année pour le raid manqué à Guatemala City) « La Paix ou la guerre », le reportage réalisé un an plus tôt à Madrid. Puis, en novembre, « Aventures et Escales », six articles inédits ou remaniés relatant l'aventure de la Ligne (*Paris-soir*). Le 13 décembre à Lagny, sur les épreuves de la version française de son nouveau livre, Saint-Exupéry change le titre « Étoile par grand vent » pour *Terre des Hommes* (que son cousin André de Fonscolombe lui avait proposé), dont l'édition française est prête et la version américaine presque achevée. Après avoir passé les fêtes de fin d'année en famille à Agay et Cabris, Saint-Exupéry part en février pour Alger montrer le livre à son ami le docteur Pélissier, puis pour les États-Unis, à bord du *Normandie*, où il doit arrêter le choix définitif des textes anglais avec Lewis Galantière. Il lui apporte, en complément pour cette édition, des articles inédits dont « Les Puissances naturelles » qui furent finalement retenues. Mais c'est sans ce

IMPRIMERIE DE LAGNY
ÉPREUVE — 13 DÉC. 1938

À mon vieil et cher ami
Henri de Ségogne
avec ma profonde et
inaltérable amitié
Antoine

TERRE DES HOMMES

~~ÉTOILES PAR GRAND VENT~~

N.B.
Défense aux graphologues de se
casser la tête sur l'écriture des
corrections — ils y découvriraient une âme
de nièce blonde, timide et douce, qui
n'a rien de commun avec la mienne

TERRE EN AIMÉE

VERTICALE

ÉTOILES PAR GRAND VENT

CAPTIFS DÉLIVRÉS

ÉTOILES SUR FOND DE SABLE

DÉLIVRANCE DES CAPTIFS

LA ROUTE

DESTINÉE

AU LARGE DES VENTS

RÉVEIL

CAMARADES,
CAMARADES...

NOUS VOUS RELEVONS
AU CENT QUARANTE...

IL FAIT GRAND JOUR

RÉVEILLEZ VOUS !

PUITS ARTÉSIEN DU JOUR

LÈVE TOI ET MARCHE !...

SE JOINDRE

POUR VIVRE.

C'EST L'HEURE

MAITRE ET NOURRIR

UN SIMPLE SILLAGE

SIMPLES BATELIERS

PLANETE

NAISSANCE

LES VRAIES RICHESSES

PLANÈTE À CONQUÉRIR

TERRE DES HOMMES

TERRE EN VUE...

CAP À SUIVRE

PÔLE MAGNÉTIQUE

AVENIR

L'ESCALE

LA PAIX DU COEUR

POUR SURMONTER LE

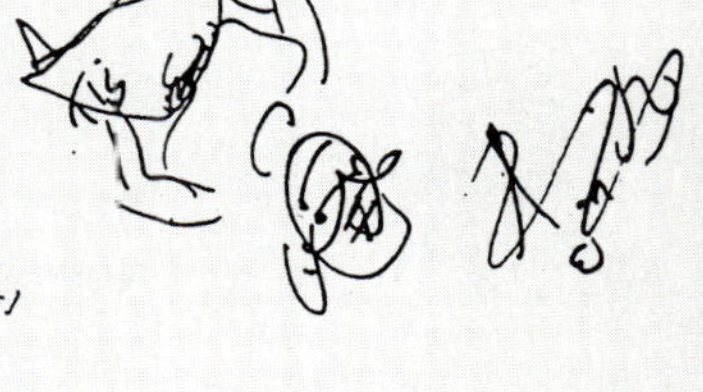

223

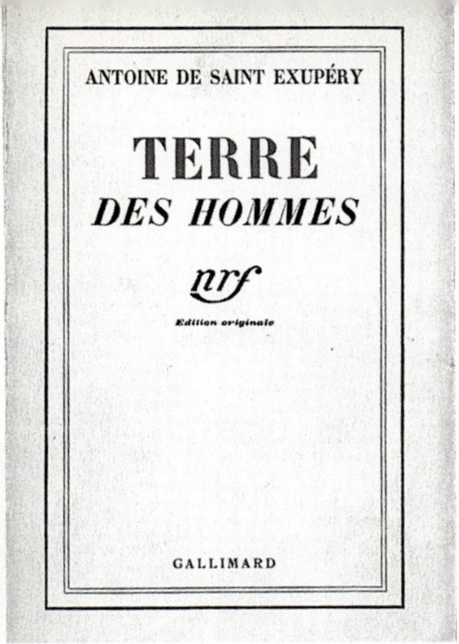

224

223. Recherches de titres pour *Terre des Hommes.* Autographe.
224. Édition originale (Gallimard, 16 février 1939).
225. Saint-Exupéry devant sa table de travail (1938).
226. Envoi de Saint-Exupéry à son éditeur, Gaston Gallimard.
227. Dédicace de Saint-Exupéry à Henri Guillaumet.

225

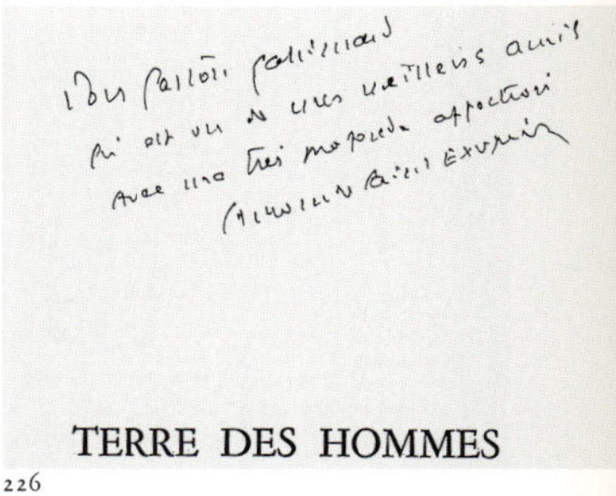

226

227

228

230

228. Vitrine de libraire en 1939.

229. Saint-Exupéry tenant sa filleule, Anne Marie-France de Ségogne (mars 1939).

230. Déclaration de Saint-Exupéry au Poste Parisien en 1939.

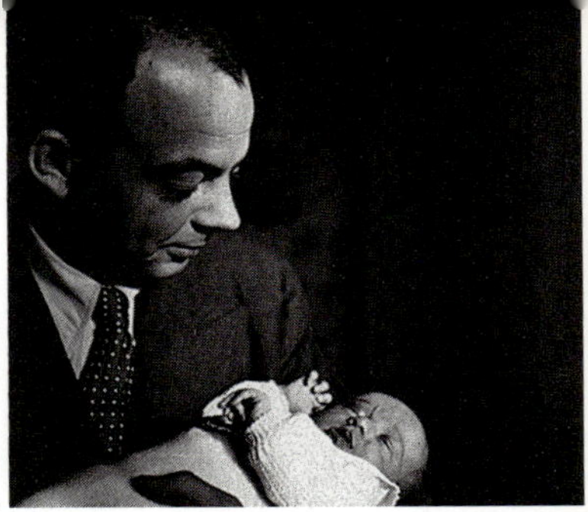

229

dernier chapitre que *Terre des Hommes* paraît à la NRF en février [voir hors texte, p. 149 et 151].

Le 1er mars 1939, Saint-Exupéry assiste au baptême d'Anne Marie-France de Ségogne dont il est le parrain. Le mois suivant, il gagne toujours accompagné, *via* la Suisse, Nuremberg et Berlin, où il rencontre Goering et Otto Abetz. On y organise pour lui et Henry Bordeaux un déplacement en Poméranie et en Prusse ; à Krossinsee, on lui montre un ensemble modèle : lycée, école, équipement sportif... À son retour, rue Michel-Ange, il annonce à son ami Pélissier, rentré d'Alger, l'imminence du conflit.

René Lalou dans *Les Nouvelles littéraires*, puis Edmond Jaloux et Henry Bordeaux soutiennent activement *Terre des Hommes* pour le Grand prix de l'Académie française (quoique ce ne soit pas un roman), décerné à Saint-Exupéry fin avril. Le 1er mai, il est chez son ami Werth, près de Saint-Amour, discutant sur les bords de la Saône à Fleurville au *Café de la Marine* [voir

231

231. Saint-Exupéry avec Claude, le fils de Léon Werth, à Saint-Amour.
232. Le *Café de la Marine* à Saint-Amour. Photogramme.
233. Saint-Exupéry à Saint-Amour chez les Werth.
234. Guillaumet et Saint-Exupéry à Biscarosse.

233

234

hors texte, p. 150]... Avec un ami, il s'échappe pour le mas de Panisse à Tarascon chez Charles Sallès, surprend Henry de Ségogne à Arles, visite la Camargue. Le 29 mai 1939, Antoine arrive à Biscarrosse où Guillaumet s'est installé ; ils se remettent mutuellement leurs décorations d'officiers de la Légion d'honneur (Antoine ayant été promu le 27 janvier) et célèbrent

236

235. Aux commandes du Laté 521 à Biscarosse en mai 1939.

236. L'hydravion Laté 521 à Biscarosse.

les trente-sept ans de Guillaumet [voir hors texte, p. 146-147].

Saint-Exupéry assiste aux derniers essais du nouveau Latécoère 521, un hydravion à six moteurs. Biscarrosse, par son lac, sa situation près des usines de Toulouse, est la base d'essai idéale : Air France y établit un aéroport pour les liaisons transatlantiques par hydravion. Fin juin 1939, Saint-Exupéry obtient enfin du ministère de l'Air l'autorisation de participer au vol inaugural du *Lieutenant de vaisseau Paris* en qualité de « pilote auxiliaire ». Le 7 juillet, Guillaumet et Saint-Exupéry, avec trois mécaniciens, deux opérateurs radio et un navigateur, décollent pour les Açores et arrivent le 10 juillet à New York. Ils en repartent le 14 pour une traversée de vingt-huit heures, grâce à un vent favorable, et sans autre incident qu'un moteur en feu.

Pour fêter l'issue du raid, Antoine invite Guillaumet et sa femme au château de Chitré, dans le Poitou, chez Yvonne de Lestrange, puis

237

237. Guillaumet et Saint-Exupéry dans le poste de pilotage d'un Laté 521 (mai 1939).

238. Un équipage. De gauche à droite, Leclaire (pilote), Bouchard et Néri (radios), Guillaumet (commandant), Comet (navigateur).

238

remonte à Paris où le succès de *Terre des Hommes* [voir hors texte, p. 149] a rétabli sa trésorerie. En juin 1939, il loue pour Consuelo *La Feuilleraie*, près de La Varennes-Jarcy et de Sénart, où elle peut recevoir ses amis ; lui-même conservant son studio de la rue Michel-Ange.

Fin juillet 1939, son éditeur américain le réclame. Il embarque sur le *Normandie* que Guillaumet survole à bord du Laté 522 *Ville-de-Saint-Pierre*. À son arrivée, il s'installe au *Ritz-Carlton* et participe aux nombreuses manifestations prévues pour son livre, interviews, soirées, visite de Harlem avec Becker.

Il se rend dans le Vermont où André Morize l'a invité à donner une conférence à l'école de Middleburry ; Pierre de Lanux et Yvonne Michel l'accompagnent et il rentre à New York avec Charles Lindbergh. Le 20 août, les nouvelles d'Europe

239

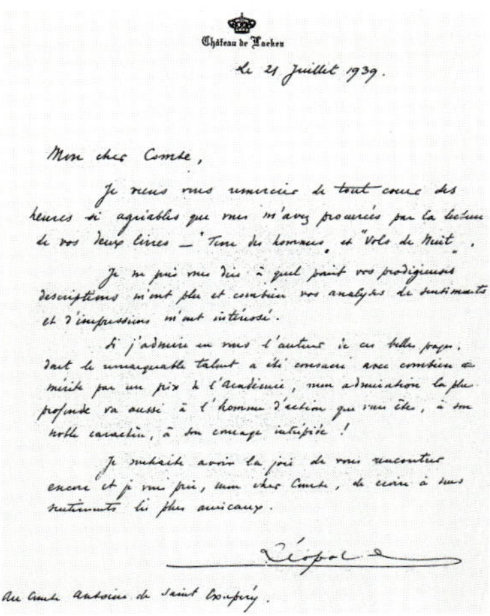

Château de Laeken

Le 21 juillet 1939.

Mon cher Comte,

Je tiens vous remercier de tout cœur des heures si agréables que vous m'avez procurées par la lecture de vos deux livres — "Terre des hommes" et "Vol de Nuit".

Je ne puis vous dire à quel point vos prodigieuses descriptions m'ont plu et combien vos analyses de sentiments et d'impressions m'ont intéressé.

Si j'admire en vous l'auteur de ces belles pages, dont le remarquable talent a été consacré avec combien de mérite par un prix de l'Académie, mon admiration la plus profonde va aussi à l'homme d'action que vous êtes, à son noble caractère, à son courage intrépide !

Je souhaite avoir la joie de vous rencontrer encore et je vous prie, mon cher Comte, de croire à mes sentiments les plus amicaux.

Léopold

Au Comte Antoine de Saint Exupéry.

240

241

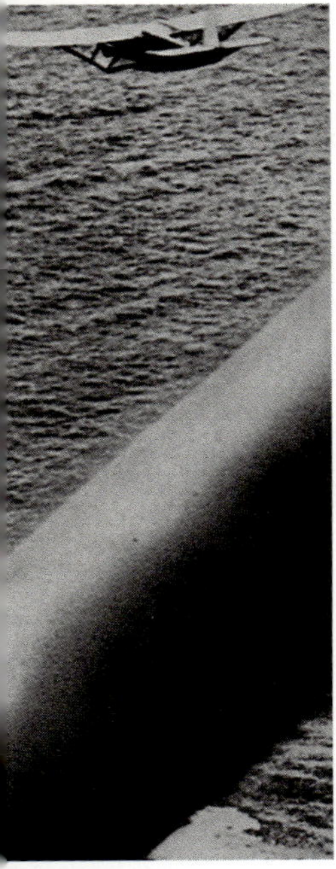

239. Le *Normandie* (à bord duquel se trouve Saint-Exupéry) survolé par le Laté 521, commandé par Guillaumet (juillet 1939).

240. Lettre de remerciements de Léopold, roi des Belges, à Saint-Exupéry (21 juillet 1939). Autographe.

241. Saint-Exupéry à la session d'été du collège de Middlebury (1939).

242. Prépublication partielle de la traduction américaine de *Terre des Hommes* (Reynal and Hitchcock, 1938).

243. Édition originale de la traduction américaine de *Terre des Hommes* (Reynal and Hitchcock, 1939).

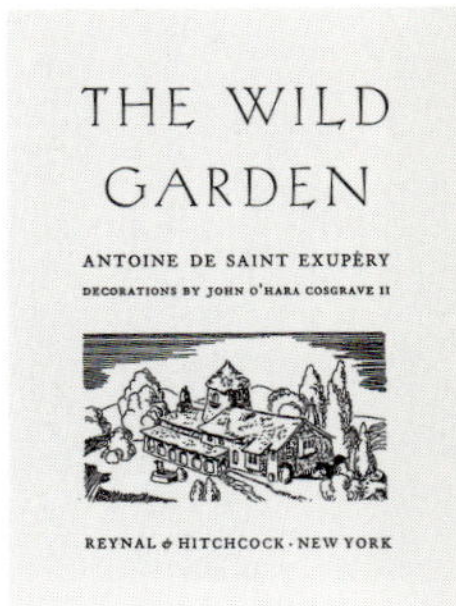

242

243

244

245

246

247

244. Publicité américaine pour *Terre des Hommes* (1939).
245. De droite à gauche, Saint-Exupéry, Jacques Dumaine, Jacques Kayser et René Julliard aux États-Unis (1939).
246. Charles Lindbergh. Photographie dédicacée à Saint-Exupéry (6 août 1939).
247. Saint-Exupéry en 1939.
248. Saint-Exupéry, avec Yvonne de Lestrange (au centre) et une amie, à son retour des États-Unis (26 août 1939).

248

l'incitent à repartir après vingt jours de séjour. Il débarque de l'*Île-de-France* le 26 août au Havre.

Dès la déclaration de guerre, le 4 septembre, Saint-Exupéry est mobilisé dans l'armée de l'air comme capitaine et affecté à la base de Toulouse-Francazal dans une unité de bombardiers pour y suivre des cours de formation.

Mais cette situation à l'arrière lui déplaît, même s'il peut voler sur un Simoun ; volontaire pour la chasse au contact avec l'ennemi, il est refusé à la visite médicale en octobre 1939.

Grâce à des interventions auprès du général Danet et du ministre de l'Air, Guy La Chambre, il obtient fin novembre, malgré ses trente-neuf ans et son état de santé, d'être affecté au 2/33, groupe de reconnaissance basé à Orconte dans la Marne à 220 km de Paris et constitué de quinze Potez 63. Le capitaine Schunck commande

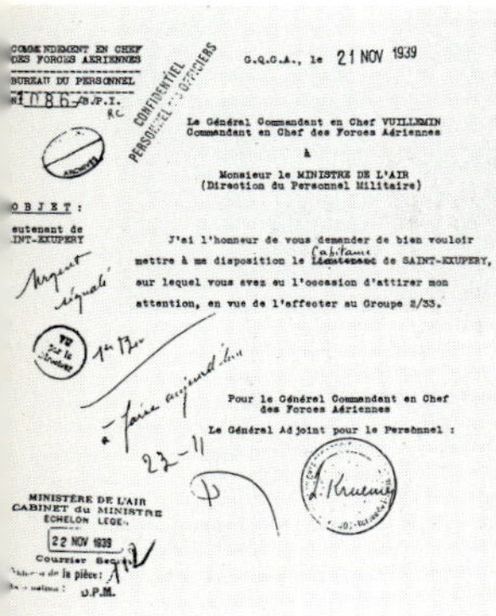

COMMANDEMENT EN CHEF
DES FORCES AÉRIENNES
BUREAU DU PERSONNEL
N° 1086/B.P.I.

CONFIDENTIEL
PERSONNEL OFFICIERS

G.Q.G.A., le 21 NOV 1939

Le Général Commandant en Chef VUILLEMIN
Commandant en Chef des Forces Aériennes

à

Monsieur le MINISTRE DE L'AIR
(Direction du Personnel Militaire)

OBJET :
eutenant de
INT-EXUPERY

J'ai l'honneur de vous demander de bien vouloir mettre à ma disposition le ~~Lieutenant~~ Capitaine de SAINT-EXUPERY, sur lequel vous avez eu l'occasion d'attirer mon attention, en vue de l'affecter au Groupe 2/33.

Pour le Général Commandant en Chef
des Forces Aériennes

Le Général Adjoint pour le Personnel :

MINISTÈRE DE L'AIR
CABINET du MINISTRE
ÉCHELON LÉGER
22 NOV 1939
Courrier Secret
D.P.M.

249

250

249. Demande de mise à disposition du capitaine de Saint-Exupéry au Groupe 2/33 (21 novembre 1939).

250. Page de couverture et emblème du « Journal de marche » du Groupe 2/33.

251. Lettre de Saint-Exupéry à Léon Werth (Paris, automne 1939) ; autographe.

252. Le capitaine Saint-Exupéry sur la base de Toulouse-Francazal (septembre 1939).

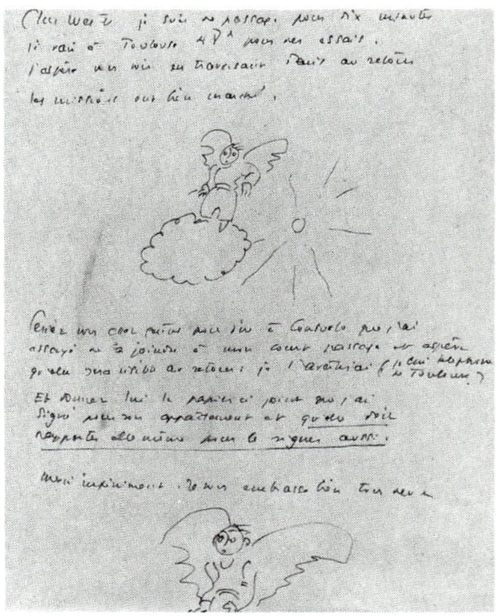

251

253

253. À la « table de commandement » du 2/33, à la base d'Athies-sous-Laon (Marne en décembre 1939).

254. La base d'Orconte.

deux escadrilles : la troisième « la Hache » et la quatrième « la Mouette ». Les pilotes logent à Orconte et les sous-officiers à Hautefeuille ; une ferme abandonnée sert de PC et de salle d'interprétation photographique, l'auberge d'Orconte de popote. Saint-Exupéry rejoint, le 2 décembre, l'escadrille de « la Hache » et le

lieutenant François Laux, Israël, Gavoille et Hochedé, réservistes, le capitaine Edgar Moreau et le lieutenant Jean Dutertre, observateurs aériens, qui constituent le groupe. Saint-Exupéry refuse d'habiter au château et préfère une chambre dans la ferme de Madame Cherchell, au rez-de-chaussée, en face de l'église.

254

En décembre, les sorties furent rares ; Saint-Exupéry vole à dix mille mètres par moins cinquante et un (sa combinaison chauffante le protège du froid et l'oxygène lui est fourni par un masque). « *On biberonne gentiment* » et la vie sur la base est ponctuée de visites : le 6 décembre, le général Vuillemin, chef d'état-major de l'armée de l'Air ; Fernandel le 16 ; Joseph Kessel, correspondant de guerre, le 22.

Le 15 décembre, Antoine de Saint-Exupéry est à Paris pour la remise à l'Académie française de son Grand prix. Il témoigne au procès de son ami Henri Jeanson, accusé de trahison pour pacifisme. Il lance à la radio un appel aux Français ; rencontre ses amis, dont le professeur Hollweck avec qui il discute de l'amélioration à apporter aux mitrailleuses ; prend

255

255. Le journaliste et dialoguiste Henri Jeanson (1936).

256. « Mandat de payement » du Grand prix de l'Académie française attribué à *Terre des Hommes.*

257. Lettre, avec dessin, de Saint-Exupéry, partant pour le front, à Léon Werth. Autographe.

258. L'hiver 1939 sur la base d'Orconte.

259 (double page suivante). « Appel aux Français », de Saint-Exupéry (diffusé en janvier 1940), et « La Morale de la pente », de décembre 1939. Autographes.

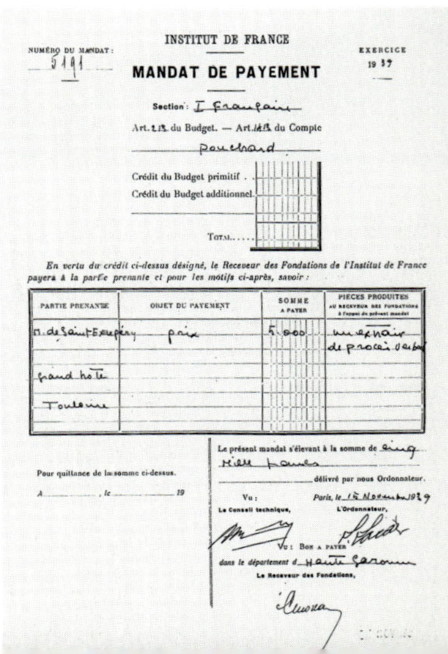

NUMÉRO DU MANDAT : 5191

INSTITUT DE FRANCE

MANDAT DE PAYEMENT

EXERCICE 1939

Section : I Française

Art. 213 du Budget. — Art. 143 du Compte

Pouchard

Crédit du Budget primitif . .

Crédit du Budget additionnel.

TOTAL.....

En vertu du crédit ci-dessus désigné, le Receveur des Fondations de l'Institut de France payera à la partie prenante et pour les motifs ci-après, savoir :

PARTIE PRENANTE	OBJET DU PAYEMENT	SOMME A PAYER	PIECES PRODUITES AU RECEVEUR DES FONDATIONS à l'appui du présent mandat
M. de Saint Exupéry	prix	5.000	un extrait de procès verbal
grand hotel			
Toulouse			

Pour quittance de la somme ci-dessus.

A ...., le 19

Le présent mandat s'élevant à la somme de cinq mille francs délivré par nous Ordonnateur.

Vu :

Le Conseil technique,

Paris, le 15 Novembre 1939

L'Ordonnateur,

Vu : Bon a payer

dans le département d. Haute Garonne

Le Receveur des Fondations,

256

Cher Léon Werth

Je pars pour le front (Groupe aérien 2/33 secteur postal 897) dans la grande reconnaissance. J'aime mieux ça que le bombardement, étant peu sanguinaire. [illegible]

On [illegible] chez vous [illegible].

J'ai [illegible] au cœur [illegible] — et je suis [illegible].

Cher Léon Werth et chère Suzanne je vous embrasse de tout cœur. [illegible]

A.

57

258

Français –

Il n'y a pas de raison pour les heures tragiques que nous allons vivre. Rien ne sera facile. Tout sera brut. Et cependant je voudrais vous faire chercher, car il faut vous installer dans ce monde nouveau, les nouvelles

(car la communication humaine –

Bien des [illegible] ce que nous allons perdre. Mais nous le perdons pour essayer de le sauver. Nous marchions en ligne [illegible] vers l'esclavage. [illegible] à la [illegible] expérience. Le chantage [illegible], [illegible] [illegible]. [illegible] [illegible], [illegible] [illegible], [illegible] [illegible] [illegible] [illegible]. [illegible]

260

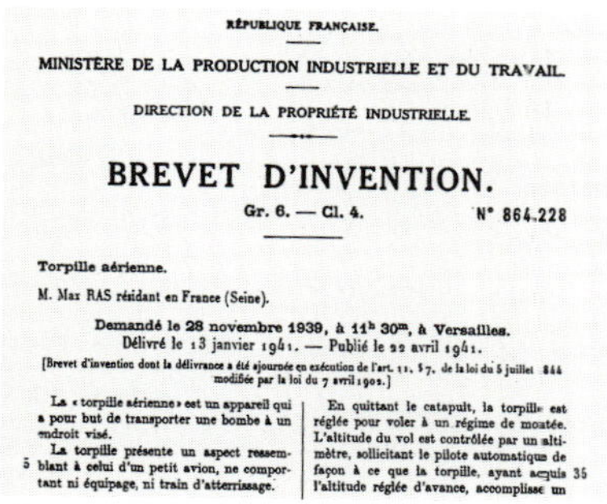

RÉPUBLIQUE FRANÇAISE.

MINISTÈRE DE LA PRODUCTION INDUSTRIELLE ET DU TRAVAIL.

DIRECTION DE LA PROPRIÉTÉ INDUSTRIELLE.

BREVET D'INVENTION.

Gr. 6. — Cl. 4. N° 864.228

Torpille aérienne.

M. Max RAS résidant en France (Seine).

Demandé le 28 novembre 1939, à 11h 30m, à Versailles.
Délivré le 13 janvier 1941. — Publié le 22 avril 1941.

[Brevet d'invention dont la délivrance a été ajournée en exécution de l'art. 11, § 7, de la loi du 5 juillet 844 modifiée par la loi du 7 avril 1902.]

La « torpille aérienne » est un appareil qui a pour but de transporter une bombe à un endroit visé.

La torpille présente un aspect ressemblant à celui d'un petit avion, ne comportant ni équipage, ni train d'atterrissage.

En quittant le catapult, la torpille est réglée pour voler à un régime de montée. L'altitude du vol est contrôlée par un altimètre, sollicitant le pilote automatique de façon à ce que la torpille, ayant acquis l'altitude réglée d'avance, accomplisse un

261

260. Devant la popote d'Orconte du 2/33.

261. « Torpille aérienne », brevet demandé par Saint-Exupéry, sous le pseudonyme de Max Ras, le 28 novembre 1939. Imprimé.

262. Croquis pour une étude sur la sustentation. Autographe.

263. Dactylogramme du brevet « Torpille aérienne ».

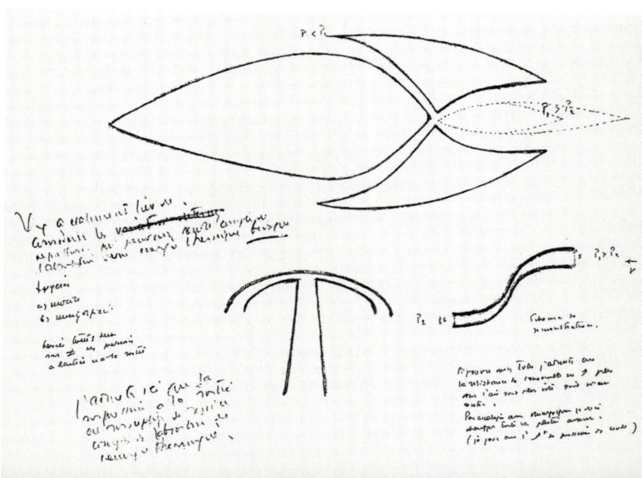

26

la mesure de la tragédie quand deux Hurricane britanniques, le 21 décembre, abattent par erreur le Potez 63 du lieutenant Sagon, grièvement blessé (il reçut à l'hôpital la visite de Saint-Exupéry), tuant le mitrailleur et l'observateur.

Il passe Noël 1939 à Agay auprès de sa famille puis regagne Orconte. Le Nouvel an fut marqué par des facéties et des blagues qui montrèrent à Antoine à quel point il était

Il est nécessaire dans de nombreuses circonstances de freiner la vitesse de chute d'objets matériels. L'aviation peut en effet avoir pour mission de ravitailler des combattants en eau en vivres ou en munitions. Il est enfin des modèles de torpilles qu'il est avantageux de déposer au sol à vitesse verticale réduite.

Le frein couramment utilisé est le parachute.

Etant donné le prix de revient extrêmement élevé d'un tel mode de sustentation, il peut être intéressant d'étudier son remplacement par une simple voilure tournante, en tenant compte de l'usinage extrêmement simple d'un tel dispositif. Il est en effet inutile de prévoir un matériel de dédaxe tournant, de rotule ou de roulement à billes. Si en effet dans le cas de la sustentation d'un homme il importe d'éviter à cet homme une rotation rapide et les forces centrifuges qui en découlent cet inconvénient ne se pose pas s'il s'agit d'objets matériels. Peu importe si ces objets tournent avec leur voilure sustentatrice.

Nous vous remettons ci-joint un certain nombre de ces voilures tournantes réalisées en simple papier, destinées à prouver qu'il suffit de cendres et de replier une plaque de tôle de part et d'autre d'un axe horizontal pour obtenir une voilure parfaitement équilibrée. Si l'on tient compte de ce que les

264. Témoignage de Saint-Exupéry à son retour au Groupe 2/33 (11 février 1940). Autographe.

265. « Nouveau dispositif de radio-compas », brevet de Saint-Exupéry. Dactylogramme avec corrections autographes.

266. Demande de détachement de Saint-Exupéry à l'initiative du C.N.R.S. (22 janvier 1940).

d'une autre génération. Le 12 janvier 1940, il connaît son premier accident, lors d'un exercice d'atterrissage de nuit, en se trompant dans les balises : le Potez 63 rebondit de deux mètres au-dessus des unités de projecteurs, seul le train était endommagé ; Israël et Antoine étaient sains et saufs. Le 14, il reçut une nouvelle visite du professeur Hollweck du C.N.R.S. et de ses assistants qui avaient trouvé un procédé pour mettre un terme au gel des mitrailleuses lorsque l'avion volait en haute altitude par moins

264

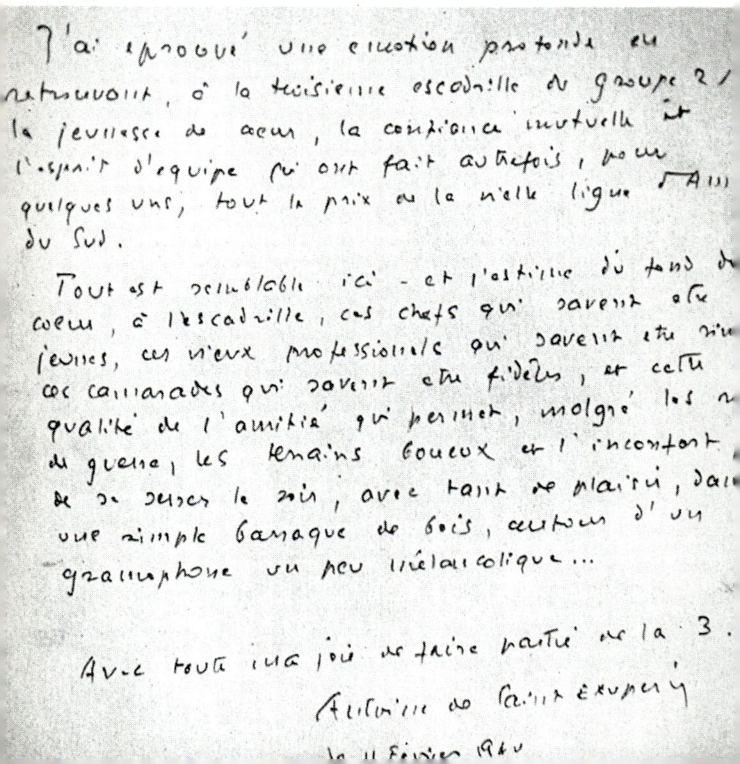
J'ai éprouvé une émotion profonde en retrouvant, à la troisième escadrille du groupe 2/[33], la jeunesse de cœur, la confiance mutuelle et l'esprit d'équipe qui ont fait autrefois, pour quelques uns, tout le prix de la vieille ligne [Am...] du Sud.

Tout est semblable ici - et j'estime du fond du cœur, à l'escadrille, ces chefs qui savent être jeunes, ces vieux professionnels qui savent être [illegible] ces camarades qui savent être fidèles, et cette qualité de l'amitié qui permet, malgré les [illegible] de guerre, les terrains boueux et l'inconfort, de se serrer le soir, avec tant de plaisir, dans une simple baraque de bois, autour d'un gramophone un peu mélancolique...

Avec toute ma joie de faire partie de la 3.

Antoine de Saint Exupéry

le 11 février 1940

pondant, s'il s'agit d'un phénomène dont on sait qu'il est, par définition, symétrique par rapport à une certaine valeur de x, il est une méthode graphique très simple qui permet de définir avec une grande précision l'abcisse de l'axe de symétrie qui est en même temps celle du maximum, et cela malgré un tracé très imprécis.

Soit X la courbe considérée, à laquelle j'associe comme repère une verticale D d'abcisse quelconque x. Je calque maintenant cette figure (1), retourne le calque, et obtient ainsi la courbe S' et la droite D', symétriques de la ~~figure~~ courbe S et de la droite D.

Je fais glisser sur ~~ce~~ par transparence, l'une sous l'autre, les deux figures (qui, par définition, sont semblables, puisque le phénomène est symétrique) jusqu'à la position de meilleure coïncidence des deux courbes, position que l'oeil, malgré les imperfections du tracé, sait apprécier avec rigueur. Je connais maintenant l'abcisse de l'axe de symétrie, donc celle du maximum: elle est équidistante des droites D et D'. Mais ceci à fait le rôle d'une intégration très complexe.

Cette intégration est plus subtile que toute intégration courante car je élimine d'emblée les accidents qui paraissent ne point répondre à l'allure générale de la courbe, opération de sélection inaccessible pour tout analyseur mécanique ou mathématique. J'interpole sans [illegible] une courbe moyenne d'une courbe [illegible] prenant dans son ensemble, alors que je ne saurais que très imparfaitement une analyse fondée sur la mesure: position moyenne d'un point dont je ne perçois qu'individuellement les positions successives — ou maximum [illegible] du maximum d'une courbe dont je ne [illegible] que individuellement les valeurs successives.

Soit maintenant un cadre goniométrique C tournant à vitesse constante et

A la ligne un blanc

5

MINISTERE
DE L'EDUCATION
NATIONALE

Centre National de la Recherche Scientifique.

Section de la Recherche appliquée.

13, Quai d'Orsay,
PARIS 7e

Cabinet du Directeur

18/SL

PARIS, le 22 Janvier 1940

Le Directeur du Centre National de la Recherche Scientifique
(Section de la Recherche Appliquée)

à

Monsieur le Ministre de l'Air
(Cabinet)

Le Centre National de la Recherche Scientifique possède des moyens de recherche nombreux et variés pouvant être utiles aux besoins de l'Armée de l'Air. Il poursuit d'ailleurs divers travaux dans ce sens.

Il serait toutefois très utile, pour orienter plus directement ces recherches vers les besoins pratiques de l'aviation, pour utiliser plus efficacement et pleinement en ce sens les moyens dont dispose le Centre, qu'une personne ayant une certaine culture scientifique et surtout une profonde connaissance pratique des choses de l'Air et des nécessités de l'aviation, soit attachée à la Direction du Centre National de la Recherche Scientifique (Section Recherche appliquée).

Le Capitaine de SAINT - EXUPERY, Officier de la seconde réserve qui était en temps de paix en relations suivies avec le Centre pour des travaux de ce genre, nous parait remplir ces conditions.

J'ai l'honneur de vous demander de bien vouloir envisager de le détacher à la disposition de la Direction du Centre National de la Recherche Scientifique, où il pourrait suivre au nom de votre département les expérimentations et recherches intéressant ce dernier.

Le Directeur du Centre National
de la Recherche Scientifique
(Section de la Recherche Appliquée)

H. LONGCHAMBON.

6

Cher Léon Werth

J'aurais bien voulu vous embrasser mais Consuelo va venir me prendre et je lui ai promis de déjeuner avec elle.

Je tâcherai de vous revoir avant de repartir.

NB : la fausse Soisson sec tient très bien. La Seine n'est plus papale mais pas désespéré.

Tonio

cinquante : un mélange de méthylglucol lubrifiant qui absorbait la vapeur d'eau.

Le 18 janvier, le 2/33, transféré à Montceaux-le-Vas, est confié au commandant Henri Alias. Saint-Exupéry reçoit l'ordre de rejoindre Paris où une amitié lui avait enfin obtenu un poste au C.N.R.S. afin qu'il y développât à loisir son brevet sur le repérage électromagnétique des avions (un signal émis par l'avion en vol, et répercuté par une balise sur la piste d'envol, permettait au pilote de connaître sa distance depuis le départ). Il pouvait également y suivre les expériences menées à la Compagnie des compteurs à Montrouge.

Début février, auprès du général Vuillemin, incompétent pour rapporter la mesure, puis à Paris devant le ministre Guy La Chambre, Saint-Exupéry plaide son maintien au 2/33. Du 27 février au 15 mars, à Marignane, il essaye le nouveau Bloch 174 qui commence à sortir des chaînes. Le 18 mars, Laux, Gelée et Saint-Exupéry ramènent les trois premiers Bloch à Orconte où le 2/33 est à nouveau stationné ; le 29, avec le capitaine Moreau et l'adjudant Bagrel, Saint-Exupéry effectue la première de ses trois missions sur Bloch 174 ; l'appareil très rapide (cinq cents kilomètres) ne peut être intercepté par la chasse, mais il connaît quelques difficultés de mise au point.

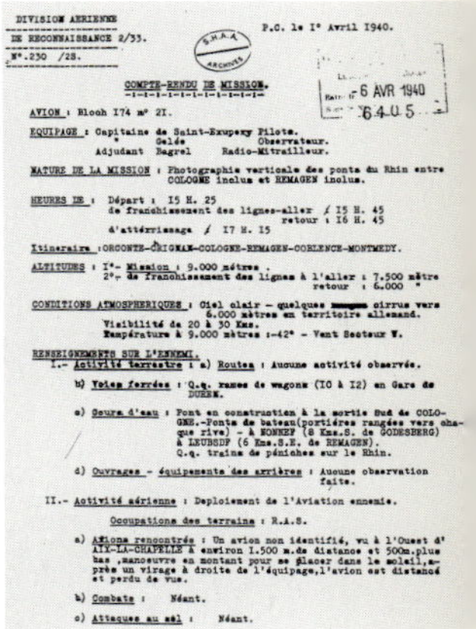
DIVISION AERIENNE
DE RECONNAISSANCE 2/33.
N°.230 /28.

P.C. le I° Avril 1940.

S.H.A.A. ARCHIVES

-6 AVR 1940
6405

COMPTE-RENDU DE MISSION.

AVION : Bloch I74 n° 2I.

EQUIPAGE : Capitaine de Saint-Exupery Pilote.
" Gelée Observateur.
Adjudant Bagrel Radio-Mitrailleur.

NATURE DE LA MISSION : Photographie verticale des ponts du Rhin entre COLOGNE inclus et REMAGEN inclus.

HEURES DE : Départ : I5 H. 25
de franchissement des lignes-aller / I5 H. 45
retour : I6 H. 45
d'attérrissage / I7 H. I5

Itineraire : ORCONTE-CRIGNAN-COLOGNE-REMAGEN-COBLENCE-MONTMEDY.

ALTITUDES : I°- Mission : 9.000 mètres .
2°- de franchissement des lignes à l'aller : 7.500 mètre
retour : 6.000 "

CONDITIONS ATMOSPHERIQUES : Ciel clair - quelques [illegible] cirrus vers 6.000 mètres en territoire allemand.
Visibilité de 20 à 30 Kms.
Température à 9.000 mètres :-42° - Vent Secteur W.

RENSEIGNEMENTS SUR L'ENNEMI.
I.- Activité terrestre : a) Routes : Aucune activité observée.

b) Voies ferrées : Q.q. rames de wagons (IO à I2) en Gare de DUREN.

c) Cours d'eau : Pont en construction à la sortie Sud de COLOGNE.-Ponts de bateau(portières rangées vers chaque rive) - à HONNEF (8 Kms.S. de GODESBERG) à LEUBSDF (6 Kms.S.E. de REMAGEN).
Q.q. trains de péniches sur le Rhin.

d) Ouvrages - équipements des arrières : Aucune observation faite.

II.- Activité aérienne : Deploiement de l'Aviation ennemie.

Occupations des terrains : R.A.S.

a) Avions rencontrés : Un avion non identifié, vu à l'Ouest d'AIX-LA-CHAPELLE à environ I.500 m.de distance et 500m.plus bas ,manoeuvre en montant pour se placer dans le soleil,après un virage à droite de l'équipage,l'avion est distancé et perdu de vue.

b) Combats : Néant.

c) Attaques au sol : Néant.

268

267. Lettre, avec dessin, de Saint-Exupéry à Léon Werth. L'avion Bloch 174 contre le Messerschmitt 109 allemand ; un « petit prince » contre un diable. Autographe.

268. « Compte-rendu de Mission » de Saint-Exupéry sur les ponts du Rhin. Dactylogramme.

269 (double page suivante). L'équipage d'un Potez 63-7 du Groupe 2/33.

270. « Une Mission », rapport de vol sur Arras par le lieutenant René Gavoille (15 mai 1940). Dactylogramme.

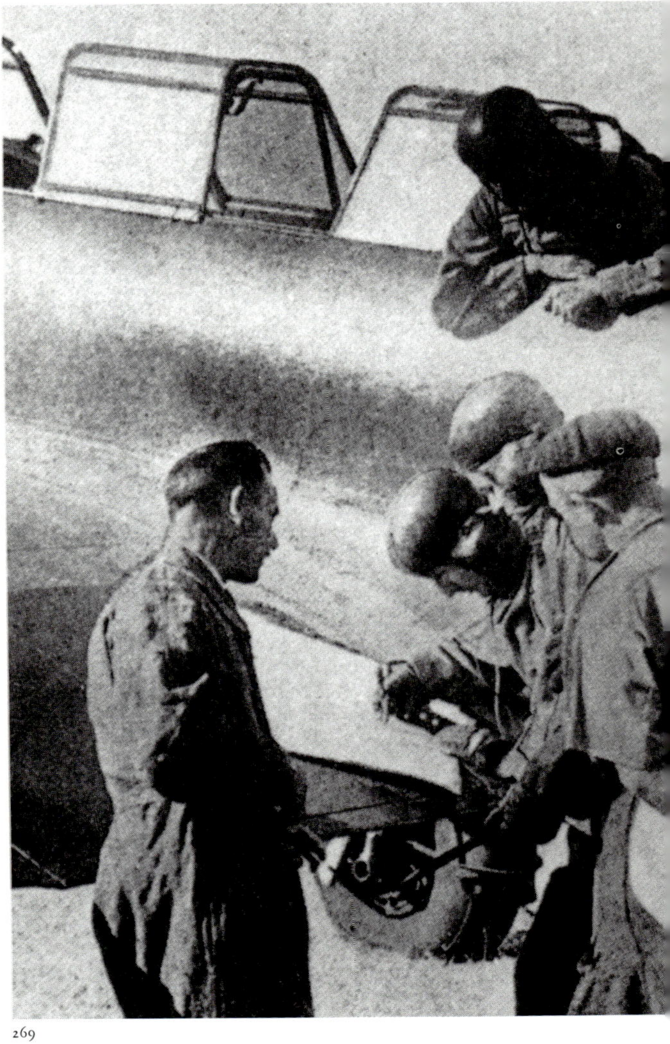

269

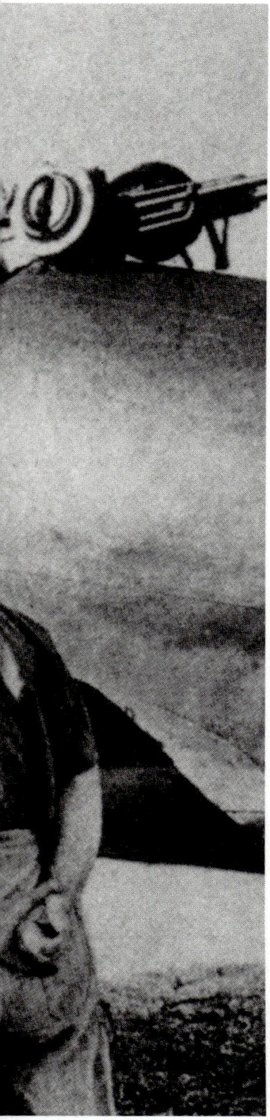

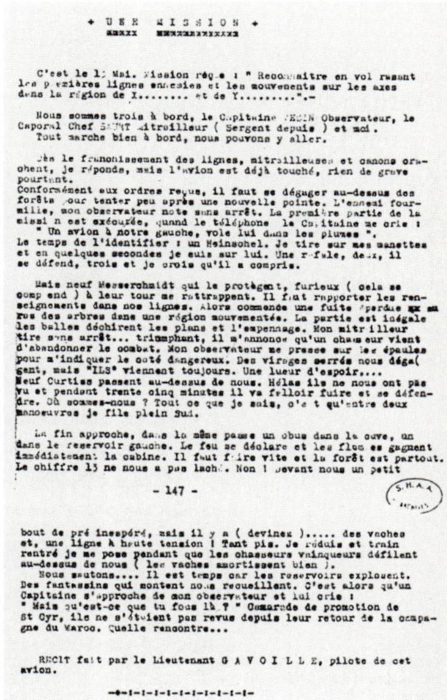

✦ UNE MISSION ✦

C'est le 1. Mai. Mission reçue : " Reconnaître en vol rasant les premières lignes ennemies et les mouvements sur les axes dans la région de X........ et de Y.........".-

Nous sommes trois à bord, le Capitaine [illegible] Observateur, le Caporal Chef [illegible] mitrailleur (Sergent depuis) et moi.
Tout marche bien à bord, nous pouvons y aller.

Dès le franchissement des lignes, mitrailleuses et canons crachent, je réponds, mais l'avion est déjà touché, rien de grave pourtant.
Conformément aux ordres reçus, il faut se dégager au-dessus des forêts pour tenter peu après une nouvelle pointe. L'ennemi fourmille, mon observateur note sans arrêt. La première partie de la mission est exécutée, quand le téléphone le Capitaine me crie :
" Un avion à notre gauche, vole lui dans les plumes ".
Le temps de l'identifier : un Heinschel. Je tire sur mes manettes et en quelques secondes je suis sur lui. Une rafale, deux, il se défend, trois et je crois qu'il a compris.

Mais neuf Messerchmidt qui le protègent, furieux (cela se comp end) à leur tour me rattrappent. Il faut rapporter les renseignements dans nos lignes. Alors commence une fuite éperdue au ras des arbres dans une région mouvementée. La partie est inégale les balles déchirent les plans et l'empennage. Mon mitrailleur tire sans arrêt... triomphant, il m'annonce qu'un chasseur vient d'abandonner le combat. Mon observateur me presse sur les épaules pour m'indiquer le coté dangereux. Des virages serrés nous dégagent, mais "ILS" viennent toujours. Une lueur d'espoir....
Neuf Curtiss passent au-dessus de nous. Hélas ils ne nous ont pas vu et pendant trente cinq minutes il va falloir fuire et se défendre. Où sommes-nous ? Tout ce que je sais, c'est qu'entre deux manoeuvres je file plein Sud.

La fin approche, dans la même passe un obus dans la cuve, un dans le reservoir gauche. Le feu se déclare et les flammes gagnent immédiatement la cabine. Il faut faire vite et la forêt est partout. Le chiffre 13 ne nous a pas laché. Non ! Devant nous un petit

\- 147 -

bout de pré inespéré, mais il y a (devinez)..... des vaches et, une ligne à haute tension ! Tant pis. Je réduis et train rentré je me pose pendant que les chasseurs vainqueurs défilent au-dessus de nous (les vaches amortissent bien).
Nous sautons.... Il est temps car les reservoirs explosent. Des fantassins qui montent nous recueillent. C'est alors qu'un Capitaine s'approche de mon observateur et lui crie :
" Mais qu'est-ce que tu fous là ? " Camarade de promotion de St Cyr, ils ne s'étaient pas revus depuis leur retour de la ccmpagne du Maroc. Quelle rencontre...

RECIT fait par le Lieutenant G A V O I L L E, pilote de cet avion.

—✦-!-!-!-!-!-!-!-!-!-!—

270

En avril, après deux mois à Orconte, le 2/33 eſt à Athies lorsque, le 15, le capitaine Laux, commandant l'escadrille, eſt abattu par trois Messerschmitt au-dessus de la Belgique (Saint-Exupéry lui rendra visite à l'hôpital le 20). Israël, qui assure l'intérim, eſt blessé lors d'un mauvais décollage. Enfin, le 10 mai, la base elle-même eſt bombardée par des Dornier 17. Un seul appareil eſt endommagé, mais le carburant eſt détruit.

La guerre éclair se poursuit sans Saint-Exupéry qui, à Paris pour

271. Répliques, avec dessins, de Saint-Exupéry. Autographe.

272. « Propositions de citations à l'Ordre de l'Armée aérienne » (1940).

272 bis. « Capitaine de Saint-Exupéry ». Détail du nº 272.

273. Projet d'affectation de Saint-Exupéry à la propagande aux États-Unis (ministère de l'Information, 24 mai 1940). Dactylogramme.

271

272

PROPOSITIONS DE CITATIONS

à l'Ordre de

l'ARMEE AERIENNE

en faveur des Officiers & Sous-Officiers

du Groupe de Reconnaissance 2/33

dont les noms suivent :

Equipage: Capitaine VESIN Obser. Lieutenant GAVOILLE Pilote Sergent SAURT Mitrail	Equipage remarquable par sa valeur professionnelle, sa cohésion et son sang froid. Le 13 Mai 1940, au cours d'une mission de reconnaissance au dessus du territoire ennemi, s'est heurté à un avion d'observation adverse protégé par 9 chasseurs et l'a abattu. Poursuivi pendant 35 minutes en vol rasant, il a été l'objet d'assauts répétés de ses adversaires ; a abattu probablement l'un d'eux. L'avion ayant été mis en flammes a pu atterrir dans nos lignes, rapportant de précieux renseignements.
Capitaine MOREAU	Officier Observateur faisant l'admiration de tous par ses brillantes qualités et son esprit de devoir. Toujours volontaire, a exécuté des reconnaissances de toute nature de nuit et de jour, à haute altitude et vol rasant A toujours rapporté des renseignements utiles. Gravement blessé au cours d'une mission le 12 Mai 1940, a fait preuve d'une énergie remarquable en surmontant sa souffrance afin de pouvoir remettre au Commandement le résultat de ses observations .

apitaine e SAINT EXUPERY ntoine,Jean Baptiste arie,Roger	Officier pilote réunissant les lectuelles et morales, se proposa missions les plus périlleuses. A réussi brillamment 2 missions graphiques. Le 22 Mai 1940, violemment pris antiaérienne intense et puissante sion que lorsque son avion eut ét Est pour le personnel de l'Unit d'esprit de sacrifice.

272 bis

Paris, le 24 mai 1940.

LE MINISTRE DE L'INFORMATION
- Direction de l'Information à l'Etranger-

AU COMMANDANT DU GROUPE AERIEN 2/33 - S.P.897

Le Ministère de l'Information tient à vous communiquer l'importance qu'auraient actuellement des articles ou messages du Capitaine de Saint-Exupéry à l'Amérique. Il se trouve en effet que Saint Exupéry est en ce moment le Français qui, tant par sa réputation d'écrivain que d'homme d'action, peut avoir le plus d'influence sur l'opinion américaine. Sa popularité, son prestige intellectuel et moral, sont sans égal d'après les témoignages de tous: Américains, Français vivant aux Etats-Unis, ou venant d'y faire un voyage de conférences (parmi lesquels nous citerons Dorothy Thompson, Walter Lippmann, notre ambassadeur M. de Saint Quentin, Melle Eve Curie, M.André Philip, M. Raoul de Roussy de Sales.)

Son dernier livre, " Terre des hommes ",(en anglais Wind Sand and Stars) choisi par le Book of the month club "best seller" de la saison de printemps, a été désigné en

.../..

273

les qualités intel-
amment pour les

onnaissances photo-

par une défense
terrompu sa mis-
ent endommagé.
idéle de devoir et

raisons médicales (crise de rhumatisme et fièvre), est reçu par Paul Reynaud le 16 mai. Le 2/33 constate la progression allemande dans les Ardennes, la prise de Sedan, et doit évacuer Athies pour Nangis le 16 mai. Saint-Exupéry rejoint son unité qui, du Bourget (17-21 mai), puis d'Orly (21 mai), enfin de Nangis (3-10 juin), multiplie les reconnaissances : au-dessus d'Arras, le 23 mai, puis d'Amiens, de Péronne, de Soissons, de Château-Thierry. Les vols se succèdent ; ce sera la trame de *Pilote de guerre*.

Un ami tente bien de faire envoyer Antoine en mission aux États-Unis pour l'éloigner du front, mais il refuse, y compris une offre de Giraudoux. Début juin, il aide Consuelo à partir pour l'exode. Elle vide *La Feuilleraie*, remplit la Peugeot et gagne Marseille où, malade, elle est recueillie par les Emmanuel de Fonscolombe ; Consuelo s'installera ensuite à Oppède, au sein d'une communauté d'artistes.

Le 10 juin, le 2/33 se replie à la Chapelle-Vendômoise ; Saint-Exupéry aurait passé une nuit chez Marcel Achard à la Chaussée Saint-Victor près de Blois ; à Tours, il aurait été hébergé par Ève Curie ; il est à Châteauroux le 15 juin ; le 16, à Bordeaux, puis à Royan ; à Jonzac le 18 au matin. Une partie du 2/33 redescend à Bordeaux pour réparer les avions et se procurer des pièces détachées. Le 19, le capitaine Alias

274

275

276

274. Saint-Exupéry chez le bachaga Brahimi Lakhida de Bir Rabou (juillet 1940).

275. Saint-Exupéry chez le docteur Pélissier ; Alger, juillet 1940.

276. Les capitaines Alias et Saint-Exupéry à Alger.

277. Le départ d'Alger (Saint-Exupéry au deuxième plan, à gauche) en août 1940.

278. Lettre de Saint-Exupéry à sa sœur Simone (Alger, vers juillet 1940). Autographe.

fait partir ses deux escadrilles pour l'Afrique du Nord, l'une depuis Jonzac, l'autre depuis Bordeaux. Saint-Exupéry pilote un Farmann de quarante places occupées par du matériel, des techniciens, quelques civils dont Suzanne Torrès, l'épouse du député, et Madame Julien Cain, des aviateurs polonais.

Via Perpignan, il gagne Oran, le 22, et Alger le lendemain où il loge à l'hôtel *Aletti* avec son groupe, rend visite au docteur Pélissier, qui le trouve désabusé par cet exode prodigieusement inutile vers le néant. Il refuse de poursuivre vers Gibraltar et l'Angleterre et rejoint le 3 juillet Mers el-Kébir où son ami lyonnais, l'avocat et député Paul Creyssel, l'aura peut-être présenté au général Noguès, commandant en chef des Forces françaises en Afrique du Nord.

277

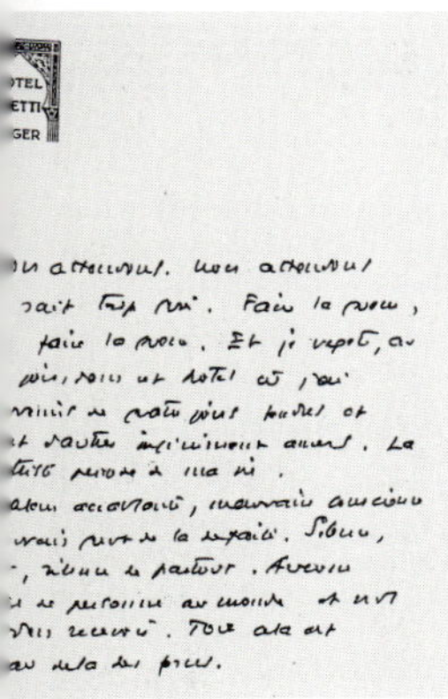
OTEL
ETTI
GER

[illegible]

278

Si les avions étaient relativement nombreux, l'absence de pièces détachées les paralysait au sol ; quant aux velléités de poursuivre la guerre, malgré l'armistice, elles furent combattues : ainsi le commandant du 2/33, Alias, fut condamné à quinze jours d'arrêt. Saint-Exupéry est démobilisé et ses amis lui offrent un grand dîner d'adieu à l'*Hôtel de l'Oasis*, puis il les invite chez le bachaga de Bir Rabalou avec Paul Creyssel, le docteur Pélissier, Corniglion-Molinier et quelques femmes. Le 4 août, il embarque sur le *Lamoricière* avec Creyssel pour Marseille où l'attend Guillaumet, arrivé de Bizerte.

Mettre fin à l'hécatombe justifie l'armistice, tel est le sentiment général parmi les pilotes. Saint-Exupéry s'établit à Agay où Bertrand et Alain de La Falaise, partisans gaullistes, pendant deux semaines essayent de le convaincre de gagner Londres. En septembre, il se rend à Vichy avec son ami Creyssel, où le Maréchal l'aurait reçu en audience.

À Villalier, près de Carcassonne, il retrouve Gaston Gallimard et lui montre une ébauche de *Pilote de guerre* et des manuscrits de *Citadelle* ; puis Léon Werth, à Saint-Amour, qui lui confie une copie de *33 jours*, son journal d'exode, pour le faire éditer aux États-Unis. Ce dernier lui conseille d'aller recevoir son prix du National Book Award 1939 (qui lui a été décerné en janvier 1940) ; ses éditeurs l'attendent. Charles Sallès, qu'il revoit dans son mas de Panisse, lui aussi l'encourage à partir.

Vers le 15 octobre, à nouveau à Vichy, il dîne à l'*Hôtel du Parc* avec son ami Roger Beaucaire, provoquant l'étonnement de leurs voisins de table – Fernand de Brinon et Pierre Laval – par ses propos antivichystes.

Drieu La Rochelle le raccompagne à Paris pour qu'il puisse récupérer ses affaires rue Michel-Ange. Il revoit Yvonne de Lestrange, Jean Lucas, son camarade de Port-Étienne, le Père Théry, un dominicain ami de Léon

Rencontre avec Saint-Exup[éry] écrivain et pilote

L'auteur de « Vol de Nuit » nous raco[nte] une belle histoire qui est une « dette de reconnaissanc[e] »

A le regarder, à l'écouter, on respire mieux, on voit plus haut — comme à le lire.

Il s'avance vers nous dans ce hall d'hôtel d'où nous allons bientôt l'accompagner vers la gare. Un jeune géant au visage calme et doux, à la parole lente, coupée de silences, d'un sourire, d'un songe qui passe et qu'il écoute, tout seul.

Il aimait à vivre seul sur son avion dans le ciel « pavé d'étoiles », pilote du courrier sud, franchissant les Andes, mais il sait chanter d'un même souffle et d'un même accent, les hommes qui volent et la terre des hommes.

Vol de Nuit, c'est désormais un « classique » de l'air comme *Typhon* de Conrad est un classique de la mer.

— Je voulais être marin...

Saint-Ex — tous ceux qui le connaissent et l'aiment le nomment ainsi — Saint-Ex a murmuré cela d'un air confus, comme s'il avait « raté » une carrière !

Le ciel l'a pris au lieu de la mer. Dans les vieilles légendes bretonnes, on dit que la mer jadis baignait le firmament et qu'elle s'en retira après la création. Alors, les nuages, vagues de l'air, portaient des navires.

Il se tait, sourit. Je sais qu'il parlera, mais peu de lui. Gide a dit à propos de Saint-Ex : « *Les braves cachent leurs actes comme les honnêtes gens leurs aumônes. Ils les déguisent ou s'en excusent.* »

× × ×

Et la voix lente s'excuse maintenant de parler.

— Oui, je vais vous raconter une histoire, mais c'est une dette de reconnaissance, vous savez.

Il parle de son métier avec le sérieux, la précision discrète d'un paysan effleurant ses travaux et ses jours.

Grand corps taillé carré, yeux clairs et droits, visage qui médite, qui rumine : Antoine de Saint-Exupéry, on dirait le paysan du ciel.

— Voici. Vous savez que pendant la guerre, j'ai fait mon travail avec les camarades. Du vol de « grande reconnaissance ».

— Batailles ?

Il rectifie placidement
— Nous, on ne se b
on était plutôt le gibie
Si placide qu'on a en
machinalement « Ah !
don... » et qu'on s'excu
— Un travail de c
hein ?
Saint-Ex explique A
puisqu'il s'agit de lui :
— A 10.000 mètres,

Saint-Exupéry

le danger est abstrait...
vit pas.
Or, son histoire ne se
à 10.000 mètres, mais
— C'était plus sportif
là, convient-il.
Il s'agit donc d'eff
dessus d'Arras un vol de
sance à 700 mètres. Vue
et l'altitude périlleuse,
de chasse sont, pour
chargés de protéger
Saint-Exupéry.
(Lire la suite en trois

279

279. Interview de Saint-Exupéry dans *Le Progrès de Lyon* du 29 octobre 1940.

280. Page d'ébauche de *Citadelle*. Autographe.

281. Pierre Drieu La Rochelle.

282. Billet de Mme Gaston Gallimard à Saint-Exupéry (24 juillet 1940). Autographe.

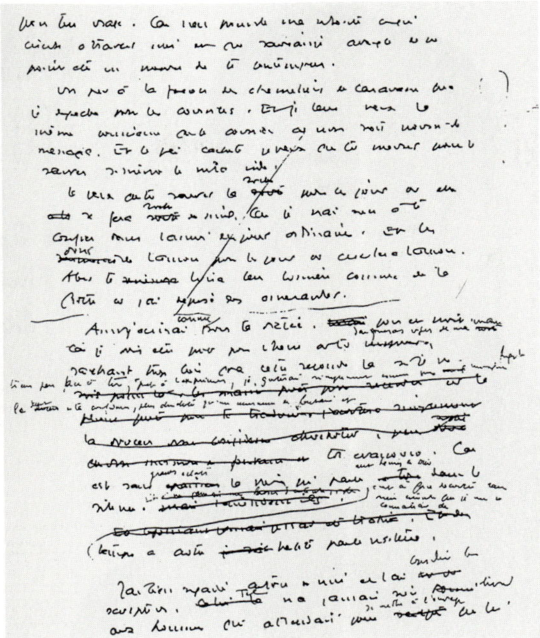

280

281

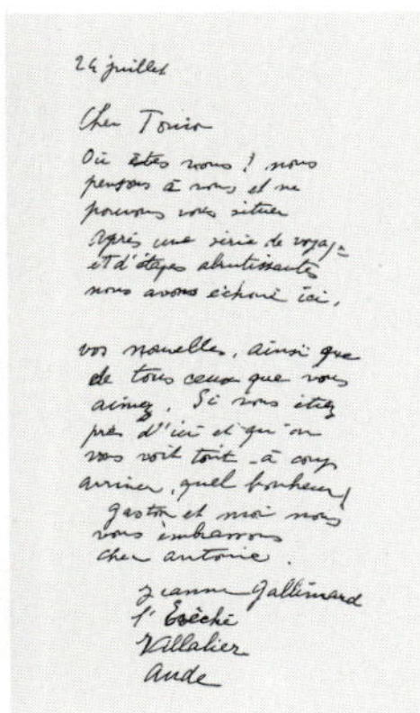

24 juillet

Cher Tonio

Où êtes vous ! nous pensons à vous et ne pouvons vous situer

Après une série de voyages et d'étapes abrutissantes nous avons échoué ici,

vos nouvelles, ainsi que de tous ceux que vous aimez, Si vous êtes près d'ici et qu'on vous voit tout à coup arriver, quel bonheur !

Gaston et moi nous vous embrassons

Chez antonie.

Jeanne Gallimard

l'Évêché

Villalier

Aude

282

283

284

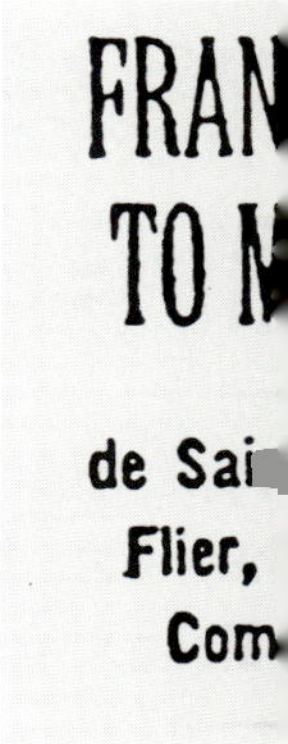

FRAN
TO M

de Sai
Flier,
Com

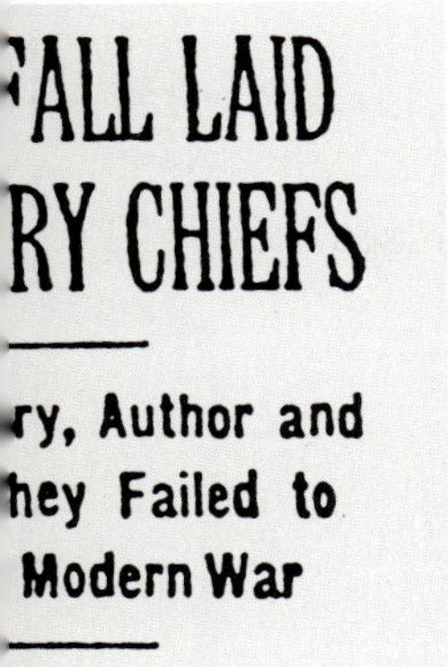
'ALL LAID
RY CHIEFS

ry, Author and
hey Failed to
Modern War

Werth. Il retourne en zone libre et continue la tournée de ses relations : André Beucler à Cannes, Raymond Bernard qu'il emmène chez sa mère à Cabris.

Il embarque sur le *Ville d'Alger* le 6 novembre pour Alger, va à Tunis saluer ses anciens camarades du 2/33 et à Casablanca chez son ami Comte. C'est là qu'il est reçu, avec le colonel René Chambe, envoyé spécial de *Sept jours* (hebdomadaire créé par Prouvost à Lyon), par le général Noguès ; puis par le général Henry Martin à Agadir. Il passe au camp de Ksar es Souk et, de Tanger, prend le bateau pour Lisbonne où il arrive le 16 novembre ; pendant un mois il séjourne à Estoril, rencontre François de Panafieu, l'attaché d'ambassade.

La disparition en Méditerranée, le 27 novembre, de Guillaumet et de Reine qui conduisaient Jean Chiappe, nouveau résident général en Syrie, accroît son indécision et son pessimisme. Il embarque enfin sur le *Siboney* des American Export Lines, partageant avec Jean Renoir la même cabine. De ce voyage naîtra une très grande amitié. Les 343 passagers arrivent à New York avec du retard, après avoir été inspectés par deux fois par les Anglais aux Bermudes. Pierre Lazareff l'attend sur le quai avec ses éditeurs américains.

Un entretien paraît dans *The New York Times* du 1er janvier 1941. Saint-Exupéry y annonce son intention de ne rester que trois à quatre

283. Saint-Exupéry débarquant à *Siboney*, le 31 décembre 1940, à New York.

284. L'arrivée de Saint-Exupéry dans *The New York Times* du 1er janvier 1941.

285. Pierre Lazareff, réfugié aux États-Unis.

285

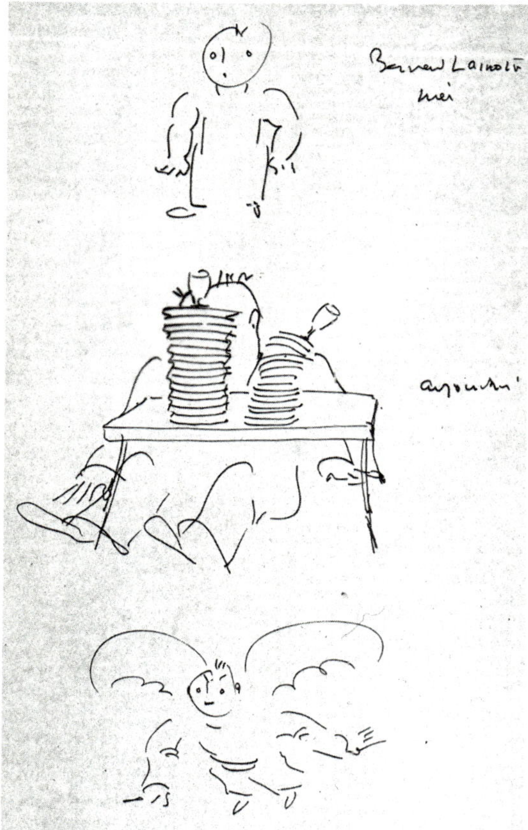

286

287

286. Le peintre Bernard Lamotte vu par Saint-Exupéry. Dessins.

287. Sur la terrasse de Bernard Lamotte à New York.

semaines, faute de pouvoir faire de projets au-delà, et attribue la défaite aux chefs militaires. Le 4 janvier, en compagnie de Raoul de Roussy de Sales, il affirme : « *Si le gouvernement*

de Vichy n'existait pas, il faudrait l'inventer. C'est une équivoque à l'abri de laquelle quelque chose de très important peut se développer. Le sentiment national est en train de renaître. » Le 5, un

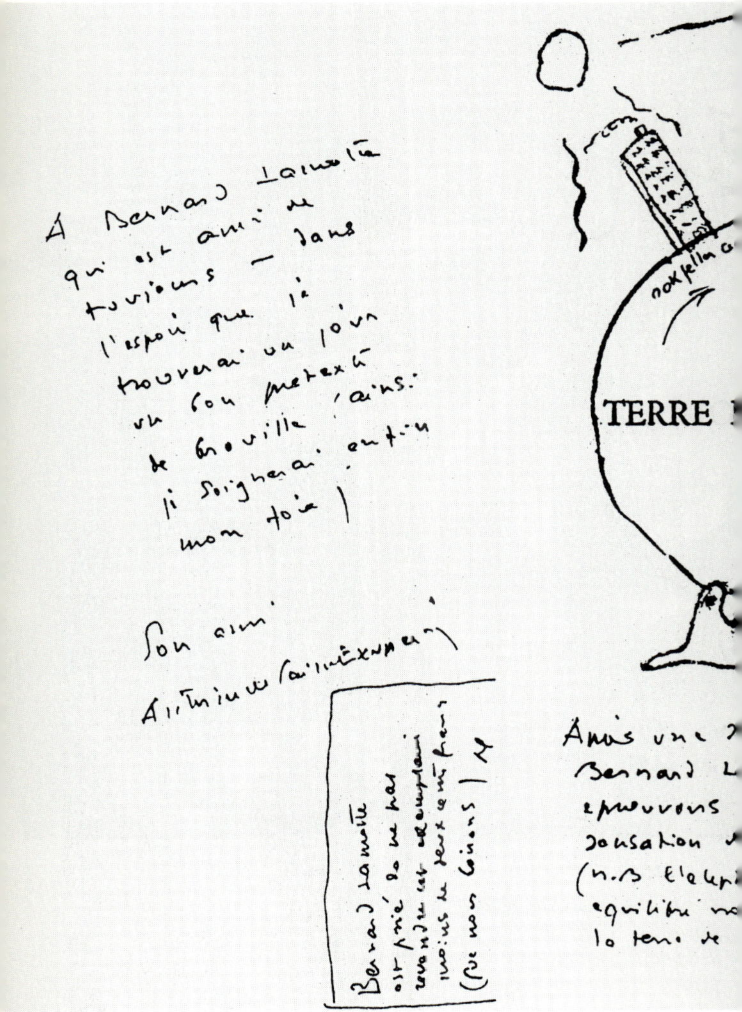
A Bernard Lamotte
qui est ami de
toujours — dans
l'espoir que je
trouverai un jour
un bon prétexte
de Gréville (ainsi
je soignerai enfin
mon foie)
Son ami
Antoine de Saint-Exupéry
Bernard Lamotte
est prié de ne pas
TERRE
Après une
Bernard L
éprouvons
sensation
(N.B. Électri
équilibre
la terre de

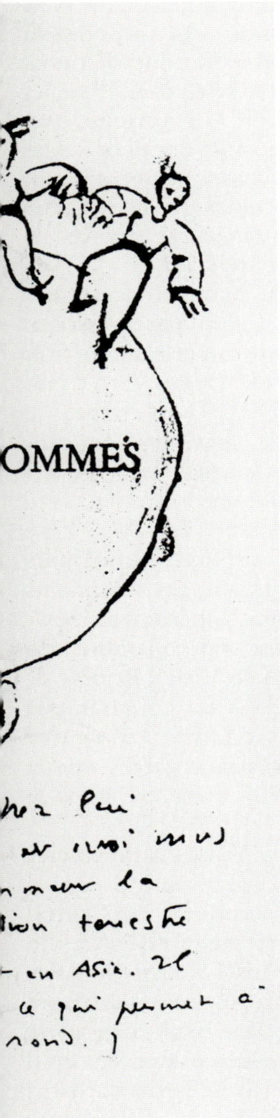

288. Dédicace, avec dessin, à Bernard Lamotte. Autographe.

289. Photographie dédicacée à Bernard Lamotte.

289

dimanche, après avoir erré dans New York avec Renoir, ils surprennent Bernard Lamotte, son ancien camarade des Beaux-Arts, dont l'atelier avec terrasse [voir hors texte, p. 154-155] occupe les trois derniers étages au 35 West 53rd Street, et improvisent un repas de sardines grillées et d'un camembert « *fatigué* », arrosé de Byrrh (trois bouteilles).

Au cours du banquet de quinze cents couverts, offert par l'Association des libraires américains et *The New York Herald Tribune*, le 15 janvier, Elmer Davies lui remet le National Book Award. Les rencontres avec les journalistes se succèdent. Dans un long entretien avec Robert von Gelder (*The New York Times* du 19), il explique sa méthode laborieuse d'écrivain, ses sentiments sur la situation. Une rumeur new-yorkaise l'ayant fait membre du Conseil national de Vichy, Roussy de Sales dément dans un communiqué du 31 janvier : « *Saint-Exupéry n'est pas un homme politique et préfère exercer son influence, s'il en a une, au moyen de ses écrits.* »

290

Rejoint à New York à la fin janvier 1941, Saint-Exupéry quitte le bel hôtel *Ritz-Carlton* pour le 240 Central Park South, au 27e étage, jusqu'en juin 1941, où habite aussi Maurice Maeterlinck. À une secrétaire recrutée par ses éditeurs, Marie Mac Bride, originaire de Lyon, il dicte le jour les notes qu'il a prises la nuit sur de petits carnets ; il achètera ensuite un dictaphone,

46

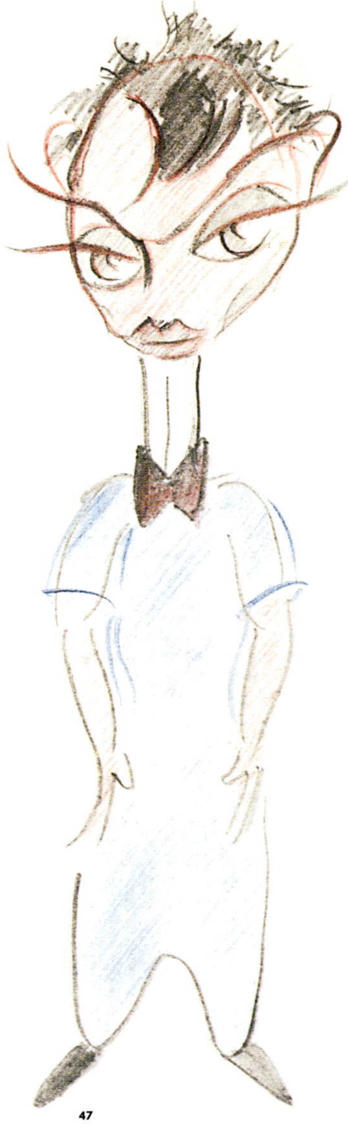

46 (page précédente). Ébauche inédite d'un « Petit Prince », datée 1940 et signée des initiales de Saint-Exupéry. Encre.

47-48. Deux personnages, dessins inédits de Saint-Exupéry ; le second, légendé de sa main « *jeune homme timide par Tonnio* ».

47

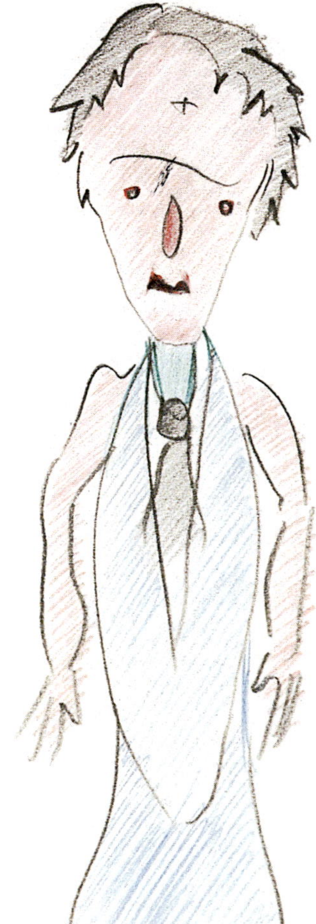

48

Jeune homme
Timide par — Tonnio —

49

50

5

Le Petit Prince

nrf

53

54

49 (double page précédente). Le Vieux Roi, dessin de Saint-Exupéry pour *Le Petit Prince*. Aquarelle.
50. Dessin inédit de Saint-Exupéry. Aquarelle.
51. Couverture de la première édition française du *Petit Prince* (Gallimard, novembre 1945).

52 à 55. Quatre esquisses de Saint-Exupéry non retenues pour l'édition du *Petit Prince*. Aquarelles.

52

55

57

56

56-57. Deux esquisses de Saint-Exupéry non retenues pour l'édition du *Petit Prince*. Aquarelles.

58

58 à 64. Sept couvertures de traductions du *Petit Prince* en langue : corse (1990) ; catalane (1964) ; créole (1985) ; marathi (s.d.) ; espéranto (1984) ; cingalaise (1966) ; papamiento (1982).

61

59

62

60

63

ANTOINE DE SAINT-EXUPÉRY
E Prens Chikí
Ku akuarèlnan dje outor
Editoryal Antiyano

星の王子さま
サン＝テグジュペリ作
内藤濯訳

65

Малкият

66

הנסיך הקטן
אנטואן דה סנט־אכזופרי

67

Antoine de Saint-Exupéry
MAŁY KSIĄŻĘ
„PŁOMIENIE"

68

65 à 68. Quatre couvertures de traductions du *Petit Prince* en langue : japonaise (s.d.) ; bulgare (1978) ; hébraïque (1952) ; polonaise (1947).

69. Le Petit Prince, dessin de Saint-Exupéry.

70-71. Deux couvertures de traductions du *Petit Prince* en langue : quechua (1989) ; kannada (s.d.).

69

70

71

72

73

72 à 77. Six couvertures de traductions du *Petit Prince* en langue : macédonienne (1987) ; slovaque (1966) ; chinoise (1982) ; hongroise (1957) ; scipétaire (1965) ; grecque (1957).

75

74

78 (page suivante). Couverture de la première édition en traduction slovaque du *Petit Prince* (1959).

76

77

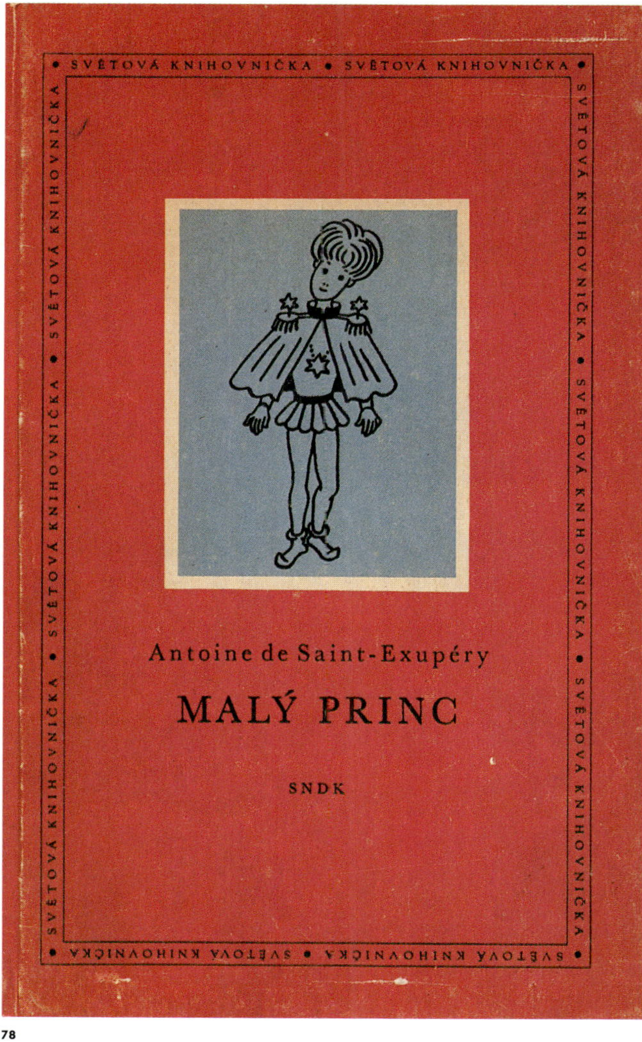
SVĚTOVÁ KNIHOVNIČKA • SVĚTOVÁ KNIHOVNIČKA
Antoine de Saint-Exupéry
MALÝ PRINC
SNDK

78

mettant ainsi à profit ses insomnies pour travailler.

À midi, ses repas montent du restaurant et le soir sa table est ouverte à tous : Hervé Alphand, attaché commercial et imitateur du Maréchal, Anne Morgan, présidente du Conseil de coordination des sociétés d'aide à la France, Pierre de Lanux – rencontré sur le *Normandie* en août 1939, Roger Beaucaire, arrivé en mars 1941. Il croise toute la société française de New York, André Maurois, Jules Romains, Saint-

290. La villa du cinéaste Jean Renoir à Hollywood (1941).

291. Jean Renoir et Saint-Exupéry en 1941.

John Perse, Geneviève Tabouis, Henri de Kerillis, Robert de Saint-Jean, Marcel Wibault, Jacques de Sieyès ; mais il fréquente surtout le milieu de l'Institut français, Léon Wencelius, professeur à Swathmore College, Pierre Brodin, les Henri Claudel, les Lindbergh.

En avril 1941, de Gaulle essaye de le rallier, mais Saint-Exupéry a peu de sympathie pour les gaullistes

292

américains et, en mai, il refuse autant de reconnaître à de Gaulle son titre de chef de la France libre que de suivre Roussy de Sales dans une condamnation de Vichy, « Fight for Freedom ». En juillet, il décide de partir chez Jean Renoir pour mettre au point le scénario de *Terre des Hommes* (qu'il lui avait dicté sur disque depuis New York), mais il le manque – Renoir tournant alors *Wamp Water* ; ils se reverront en août en Californie. Entre-temps, Antoine s'est lié avec Nada d'Orléans-Bragance.

En septembre, suite à de violentes crises de fièvre d'origine infectieuse, mais sans cause apparente, Saint-Exupéry consulte Jean-Louis Lapeyre, médecin français de Los Angeles, qui diagnostique un « *réservoir cicatriciel* », séquelle possible de l'accident de 1923. L'opération est pratiquée à Los Angeles par le docteur Ruth Belt ; de la longue convalescence qui la suit datent les visites de René Clair apportant des crayons gras et d'Annabella qui lui offre les *Contes* d'Andersen : l'idée d'écrire *Le Petit Prince* est en train de naître.

Accueilli chez Pierre Lazareff à Fountain Avenue, Saint-Exupéry est pressé par son éditeur américain de terminer *Flight to Arras* ; le projet de film *Terre des Hommes*, lui, étant pour le moment abandonné. Il rencontre Gabin, Marlène Dietrich, la colonie française établie à Hollywood, visite

292. L'actrice Annabella Power.

293. Le cinéaste René Clair.

294 (double page suivante). Ébauche du *Petit Prince*. Autographe.

295. Dessin préparatoire pour *Le Petit Prince* et non retenu pour l'édition.

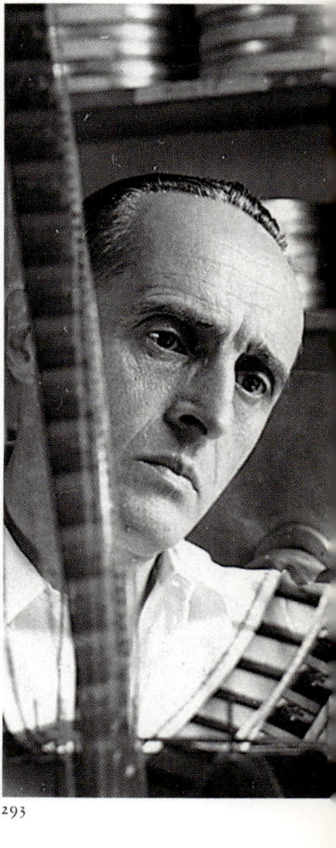

293

(I)

①

Quand j'avais six ans j'ai vu une fois un magnifique dessin. C'était un serpent boa qui avalait un fauve. C'était à peu près comme ça.

Moi je ne savais pas dessiner. ~~Lorsque j'avais six ans~~ j'ai une fois dessiné ça. C'était mon premier dessin.

Et j'ai dit aux grandes personnes : qu'est-ce que c'est ?

Elles m'ont répondu : c'est un chapeau.

Ce n'était pas un chapeau. C'était un serpent boa qui digérait un éléphant. ~~Le boa~~ Les serpents boa avalent leur proie tout entière sans la mâcher. Et ils ~~dorment~~ dorment six mois ~~six mois~~, il faut attendre ~~...~~ pendant six mois. Au bout de six mois le serpent boa est redevenu svelte. ~~repart en chasse~~.

J'ai fait un dessin pour expliquer ça.

~~J'ai expliqué ça aux grandes personnes et pour qu'elles comprennent plus aisément~~, ~~c'était mon second dessin~~. J'ai dessiné

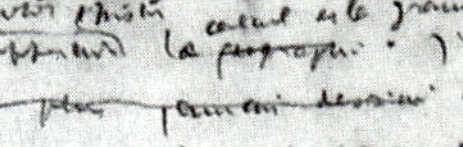

l'intérieur du serpent boa.

C'était mon second dessin.

On m'a conseillé ~~...~~ de laisser de côté les ~~boas~~ serpents boas et de m'intéresser plutôt à l'histoire, au calcul et à la grammaire. ~~et j'apprenais la géographie~~. J'ai appris ~~la géographie~~ ~~...~~ avec haine et mauvaise humeur et je n'ai plus jamais fait de dessins. Les grandes personnes demandent trop d'explications. Elles n'ont jamais rien compris toutes seules. C'est fatigant pour les enfants de toujours et toujours leur donner des explications.

296

les laboratoires de Pasadena de Theodor von Karman, s'intéresse à la fission nucléaire.

En novembre 1941, il regagne New York et revoit ses amis Jean-Gérard Fleury, Paul-Émile Victor, Robert Boname..., joue avec eux à ses petits hélicoptères en papier, qui sont le prolongement de ses recher-

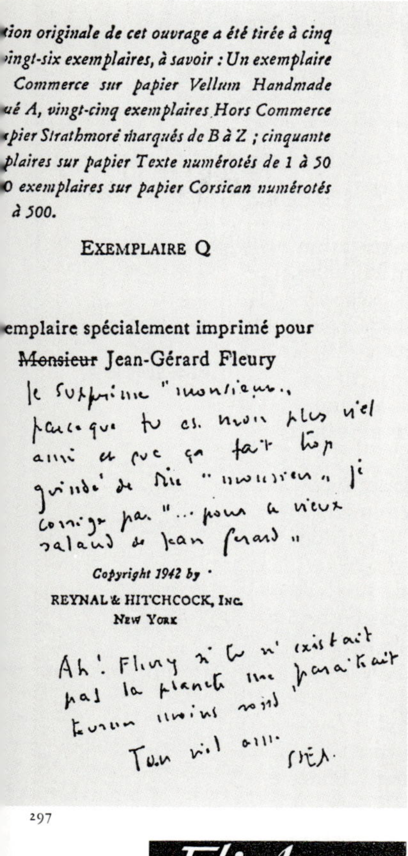
…tion originale de cet ouvrage a été tirée à cinq …vingt-six exemplaires, à savoir : Un exemplaire … Commerce sur papier Vellum Handmade …ué A, vingt-cinq exemplaires Hors Commerce …apier Strathmore marqués de B à Z ; cinquante …plaires sur papier Texte numérotés de 1 à 50 …0 exemplaires sur papier Corsican numérotés … à 500.

EXEMPLAIRE Q

…emplaire spécialement imprimé pour

~~Monsieur~~ Jean-Gérard Fleury

Je supprime "monsieur" parce que tu es mon plus vieil ami et que ça fait trop [illegible] de rire "monsieur" je corrige par "… pour le vieux salaud de Jean Gérard"

Copyright 1942 by

REYNAL & HITCHCOCK, INC.
NEW YORK

Ah! Fleury si tu n'existait pas la planète me paraîtrait [illegible] moins [illegible]

Ton vieil ami
StEx.

297

296. Illustration de Bernard Lamotte pour la traduction américaine de *Pilote de guerre* parue en revue.

297. Dédicace à Jean-Gérard Fleury de l'édition française new-yorkaise de *Pilote de guerre.*

298. Illustration de Bernard Lamotte pour la traduction américaine de *Pilote de guerre* parue en revue.

299. Édition originale de la traduction américaine de *Pilote de guerre* (Reynal and Hitchcock, 1942).

300. Essais de titres anglais, avec dessin, de Saint-Exupéry. Autographe.

298

299

300

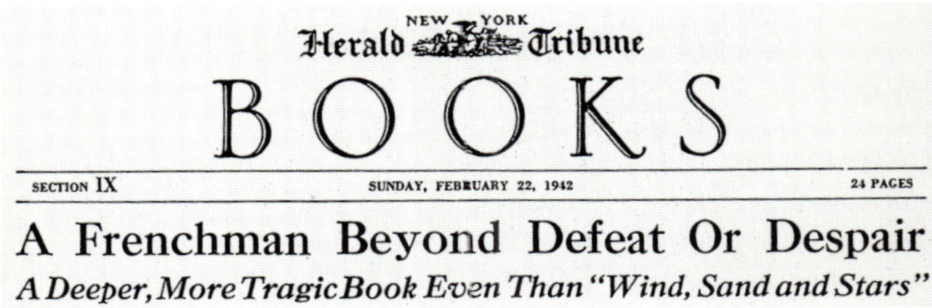
NEW YORK
Herald Tribune
BOOKS
SECTION IX — SUNDAY, FEBRUARY 22, 1942 — 24 PAGES

A Frenchman Beyond Defeat Or Despair
A Deeper, More Tragic Book Even Than "Wind, Sand and Stars"

301

ches et brevets sur la sustentation. Consuelo venue le rejoindre, bien malgré lui..., s'installe dans un appartement situé sous le sien, 240 Central Park, et y reçoit ses amis Miró, Masson, Ernst, Duchamp, Breton, Tanguy, Dalí, Le Roy, Pouchaud – qu'Antoine ne supporte pas plus qu'à Paris, rue de Chanaleilles.

Les différents groupes de résistance poussent Saint-Exupéry à s'engager : France Forever d'Henri Torrès (dont il avait transporté l'épouse à Alger), la délégation de la France libre de Tixier, mais il refuse. Le 7 décembre, Lazareff est chez lui lorsque parvient la nouvelle du désastre de Pearl Harbor ; Saint-Exupéry se montre soulagé : les États-Unis vont s'engager dans le conflit, affirme-t-il à Henri Claudel [voir hors texte, p. 160] et à Jean-Gérard Fleury. À la demande de Dorothy Thompson, il soutient l'entrée en guerre des États-Unis devant la Progressive Education Association.

En janvier 1942, paraît dans *Atlantic Monthly*, en trois livraisons, *Flight to Arras* avec les illustrations de Lamotte ; le livre sort le 20 février chez Reynal et Hitchcock, salué par toute la critique ; Anne Morrow-

ANTOINE DE SAINT EXUPÉRY

PILOTE
DE
GUERRE

ÉDITIONS DE LA MAISON FRANÇAISE, Inc.
New York, N. Y.

303

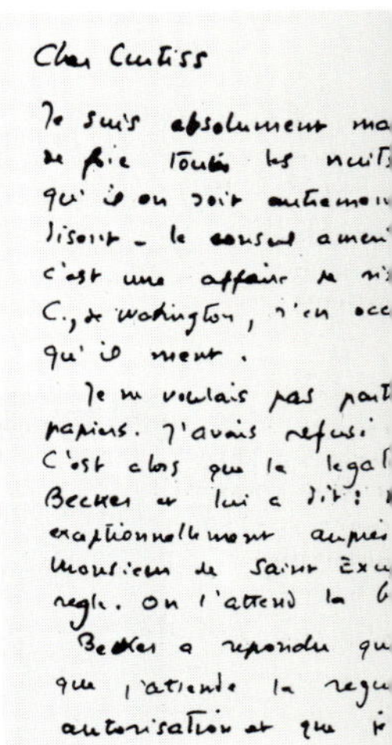
Cher Curtiss

Je suis absolument ma
me fie toutes les nuits
qu'il en soit autremen
lisait – le consul améri
c'est une affaire de
C., de Washington, n'en occ
qu'il ment.

Je ne voulais pas part
papiers. J'avais refusé
C'est alors que le légal
Becker et lui a dit :
exceptionnellement auprès
Monsieur de Saint Exu
réglé. On l'attend le 6
Becker a répondu qu
que j'attende la régu
autorisation et que

305

The New York Times Book Review

FEBRUARY 22 1942

VOL. XLVII NO. 8

Entered as second-class matter, January 11, 1911, at the Postoffice at New York under act of March 3, 1879.

Copyright, 1942, by The New York Times Company.

Published weekly by The New York Times Company, Times Square, New York, N. Y. $2 a year; Canada, $2; other foreign countries, $3.50.

FLIGHT IN THE FACE OF DEATH

The Author of "Wind, Sand and Stars" Writes a New Prose Epic

302

Lindbergh y trouve exprimée « *l'angoisse d'un homme monolithique de notre époque* ». L'édition française, sous le titre *Pilote de guerre*, est publiée simultanément par les Éditions de la Maison française à New York ; puis chez Gallimard, à Paris, en novembre. Deux tirages clandestins paraîtront ensuite à Lyon (en octobre 1943), puis à Lille (début 1944) [voir hors texte, p. 156-157].

En mars, son traducteur Lewis

304

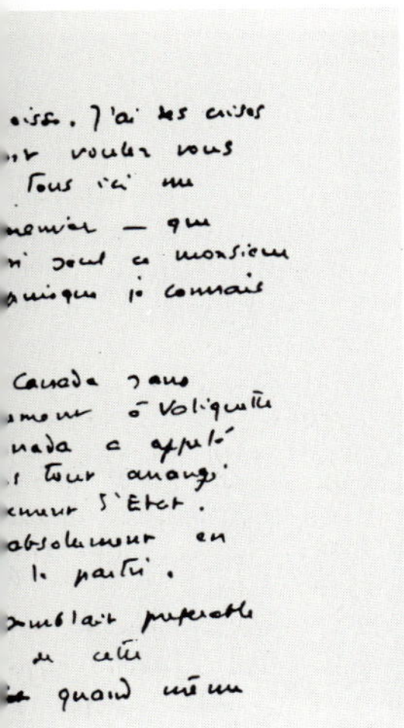

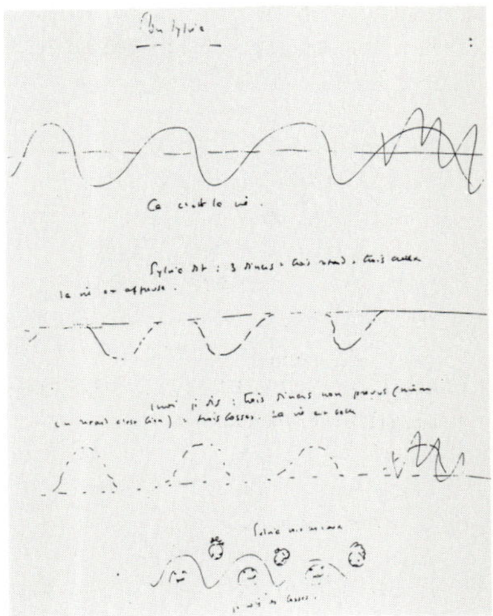

306

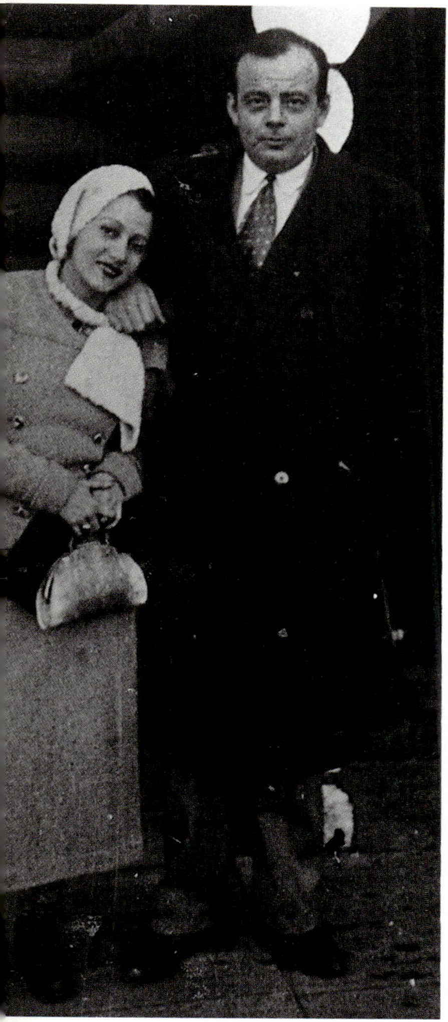

307

308

309

301-302 (double page précédente). Unes de journaux américains consacrées à la traduction américaine de *Pilote de guerre* (22 février 1942).
303-304. Éditions originales françaises à New York et à Paris (1942).
305. Lettre de Saint-Exupéry à Curtice Hitchcock, son éditeur (vers mai 1942). Autographe.

306. Notes, avec dessins, pour Silvia Hamilton. Autographe.

307. Consuelo et Antoine aux États-Unis (1942).
308. Bevin House, à Long Island, où les Saint-Exupéry passent l'été 1942.
309. Consuelo, Antoine et un ami.

Galantière lui présente Silvia Hamilton avec qui il nouera une liaison jusqu'à sa mort. Fin avril, il est invité par l'éditeur canadien Bernard Valiquette à donner une conférence lors de la sortie de *Pilote de guerre* ; ce sera l'occasion d'entretiens dans les journaux (*La Presse* du 29 avril, *Le Devoir* des 30 avril et 2 mai), mais faute d'un visa américain, il doit attendre fin mai pour rentrer aux États-Unis, alors que paraît son « Message aux jeunes Américains » dans *The Sentier Scolastic* du 25 mai [voir hors texte, p. 157].

Il loue avec Consuelo une maison à Westport (Connecticut) pour éviter l'été new-yorkais ; Denis de Rouge-

"Men of France, let us

An Open Letter to

The following article is, in effect, a letter addressed: "To Frenchmen Everywhere." The writer is both aviator and author. He is known to Americans through his books, "Wind, Sand and Stars," "Night Flight" and "Flight to Arras."

A famous French an appeal for a return to the new

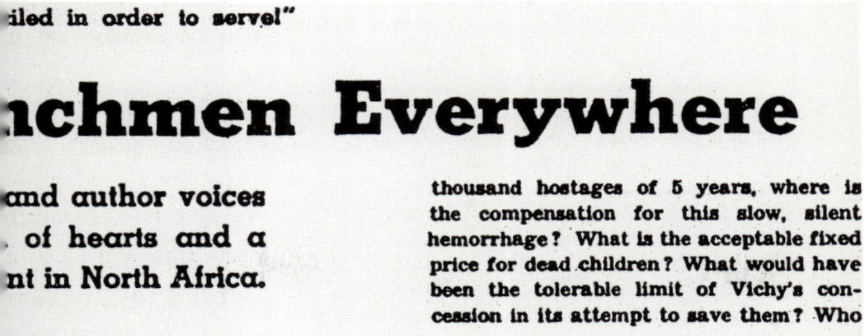

iled in order to serve!"

ıchmen Everywhere

and author voices
. of hearts and a
nt in North Africa.

thousand hostages of 5 years, where is the compensation for this slow, silent hemorrhage? What is the acceptable fixed price for dead children? What would have been the tolerable limit of Vichy's concession in its attempt to save them? Who

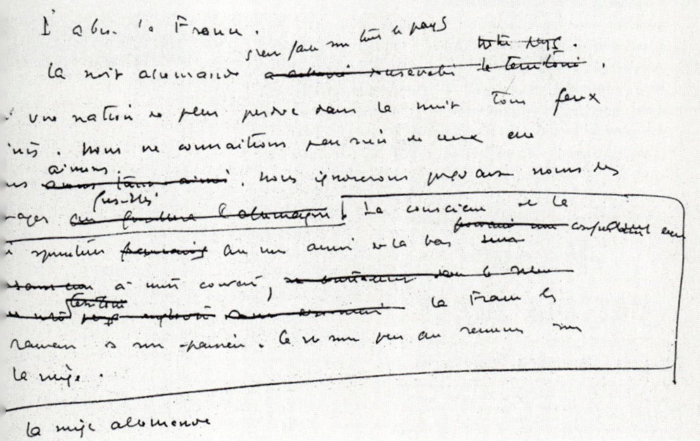

312

mont vient les voir souvent et est promu parrain d'un gros chien Annibal qui remplace le petit Yuki de Consuelo. Mais le bungalow en bois est si peu confortable qu'ils le quittent pour Bevin House à Long Island, où Antoine écrira *Le Petit Prince*. Il reçoit pendant une semaine les Maurois, invite Max Ernst ; Adèle Breaux tente de lui donner quelques leçons d'anglais.

The New York Times Magazine publie le 29 novembre son manifeste

310. Lettre ouverte de Saint-Exupéry (*The New York Times Magazine*, 29 novembre 1942).

311. Allocution radiophonique à la NBC (novembre 1942).

312. Brouillon de « D'abord la France » de Saint-Exupéry. Autographe.

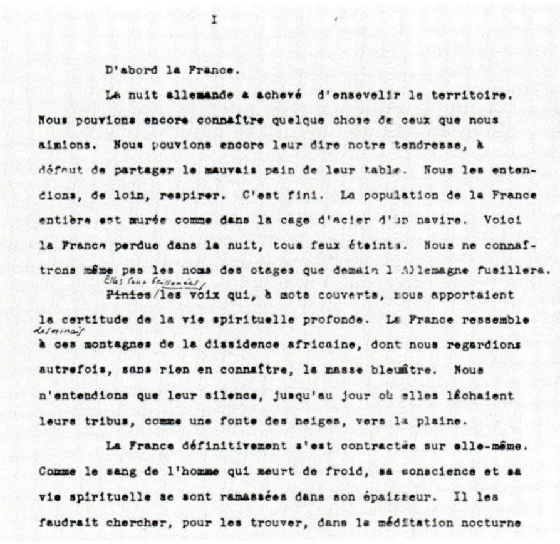

I

D'abord la France.

La nuit allemande a achevé d'ensevelir le territoire. Nous pouvions encore connaître quelque chose de ceux que nous aimions. Nous pouvions encore leur dire notre tendresse, à défaut de partager le mauvais pain de leur table. Nous les entendions, de loin, respirer. C'est fini. La population de la France entière est murée comme dans la cage d'acier d'un navire. Voici la France perdue dans la nuit, tous feux éteints. Nous ne connaîtrons même pas les noms des otages que demain l'Allemagne fusillera.

~~Finies~~ Elles sont silencieuses/les voix qui, à mots couverts, nous apportaient la certitude de la vie spirituelle profonde. La France ressemble désormais à ces montagnes de la dissidence africaine, dont nous regardions autrefois, sans rien en connaître, la masse bleuâtre. Nous n'entendions que leur silence, jusqu'au jour où elles lâchaient leurs tribus, comme une fonte des neiges, vers la plaine.

La France définitivement s'est contractée sur elle-même. Comme le sang de l'homme qui meurt de froid, sa conscience et sa vie spirituelle se sont ramassées dans son épaisseur. Il les faudrait chercher, pour les trouver, dans la méditation nocturne

313

Il faut parfois juger

(A propos d'une lettre ouverte de Saint-Exupéry)

par Jacques Maritain

DANS un appel à l'union des Français publié dans le *Times* du 29 novembre, Antoine de Saint-Exupéry a touché un certain nombre de points sur lesquels je désire m'expliquer à mon tour. Car sa "lettre ouverte" mêle le vrai et le faux avec une grande éloquence.

Je tiens à noter que cette lettre a été écrite avant l'apparition de Darlan sur la scène politique en Afrique du Nord. Saint-Exupéry ne l'écrirait sans doute pas aujourd'hui tout à fait dans les mêmes termes. Cependant, comme elle a paru après cet événement, le lecteur se trouve exposé à une sérieuse équivoque.

La droiture des intentions de Saint-Exupéry est évidemment hors de cause, comme la générosité de son appel. Mais il a évoqué des problèmes vitaux, et ce sont ces problèmes vitaux que je désire discuter, avec les implications que lui-même il n'a pas toujours dégagées, et dans la perspective des circonstances présentes.

Français, soyons tous unis dans le combat contre l'Allemagne et ne laissons compromettre pour aucune autre considération les exigences militaires de la guerre fidèlement menée jusqu'au bout côte à côte avec les adversaires de l'ennemi commun! C'est là un devoir immédiat. Ce devoir s'imposé à nous depuis Septembre 1939. Il s'imposait à nous en juin 1940. Il continue plus que jamais de s'imposer à nous.

Il y a des hommes qui ont nié ce devoir et brisé cette union: ceux qui ont abandonné le combat le 17 juin 1940, dénoncé notre alliance avec l'Angleterre et jeté le peuple français dans le piège de l'armistice. Saint-Exupéry n'aurait pas dû oublier cela.

Français, soyons réconciliés pour rebâtir ensemble notre patrie dans la liberté! Cette oeuvre de réconciliation suppose une condition préalable: retrouver la France et sa vocation. Elle est distincte du

(Lire la suite page 5)

Antoine de Saint-Exupéry

LETTRE AUX FRANÇAIS

Je remercie M. Jacques Maritain d'avoir bien voulu me communiquer, avant l'heure de sa parution, sa réponse à ma "Lettre aux Français". Certaines de ses critiques ont éclairé pour moi des réactions de lecteurs qui m'avaient tout d'abord surpris. J'ai constaté, lorsque nous avons confronté avec la traduction anglaise la version originale de mon texte (que M. Maritain ne connaissait pas) que certains raccourcis de ce texte permettaient, une fois transposés, des contre-sens.

Ainsi je n'ai jamais souhaité aucune absolution pour des actes de lâcheté ou de trahison quels qu'ils fussent. J'ai souhaité la réconciliation des Français de l'étranger. Les uns, estimant que Vichy cédait à tous les désirs allemands, avaient plaidé avec quelque violence la rupture des relations diplomatiques franco-américaines, les autres estimant que Vichy, malgré le poids du chantage allemand, refusait en fin de compte les concessions capitales, n'avaient pas voulu lever, en plaidant une rupture, ce travail difficile. Et je disais: "Vichy est mort. Le problème de l'interprétation de ses intentions véritables ne sera résolu que plus tard. Réconcilions-nous aujourd'hui sur l'essentiel qui ne nous a jamais divisés: la haine de la trahison et l'amour de la France."

De même je n'ai pas dit (comme autoriserait à le faire croire la traduction de "structure provisoire" par "Gouvernement" et de "commander" par "gouverner") qu'il était du ressort des Alliés de décider la forme du futur Gouvernement de la France. J'ai dit, bien au contraire, que la France seule aurait le droit de juger. Mais j'ai ajouté, parlant de notre situation présente: "Quel que soit le nom de celui, Giraud ou de Gaulle, qui sera officiellement reconnu comme Chef militaire provisoire, unissons-nous en lui."

Le journal "Pour la Victoire" et M. Jacques Maritain m'ont alors proposé, afin de redresser ces erreurs d'interprétation, de publier, en regard des critiques, le texte original de ma "Lettre aux Français". Je les remercie de tout cœur de leur extrême courtoisie. Leur geste est d'autant plus élégant que, sur beaucoup de points, ils demeurent en désaccord avec mon texte.

Le texte qui suit est celui qui a été traduit par le "New York Times". Il n'a subi aucune modification.

(Lire la suite page 5)

314

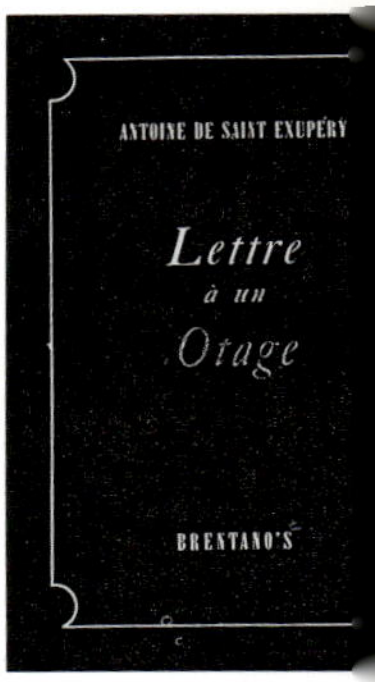

315

316

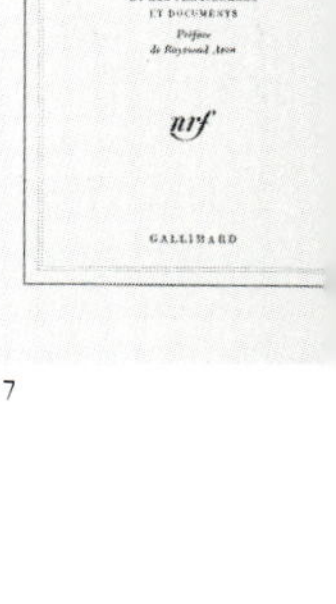

317

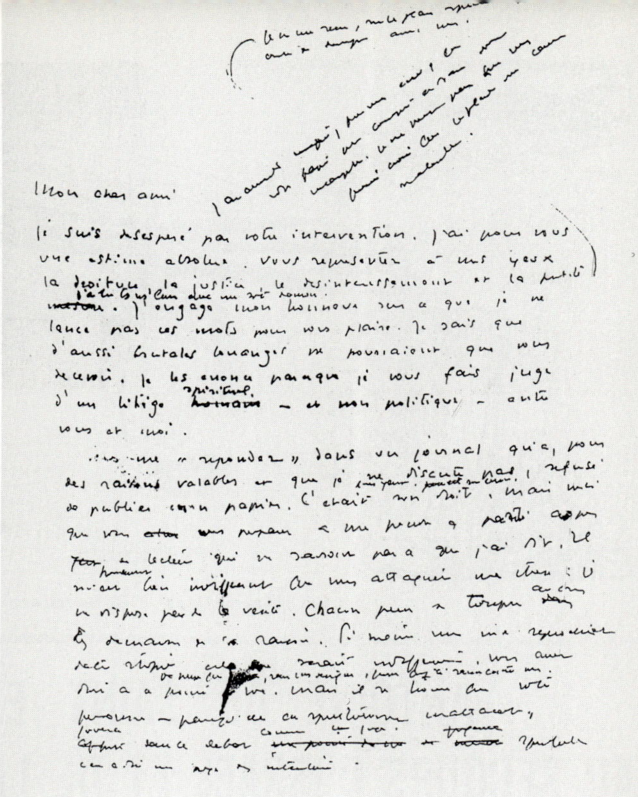

Mon cher ami

Je suis désespéré par votre intervention. J'ai pour vous une estime absolue. Vous représentez à mes yeux la droiture, la justice, le désintéressement et la probité. J'engage mon honneur sur ce que je ne lance pas ces mots pour vous plaire. Je sais que d'aussi brutales louanges ne pourraient que vous recevoir. Je les énonce parce que je vous fais juge d'un litige spirituel — et non politique — entre vous et moi.

18

313. Dactylogramme de « D'abord la France ».

314. La polémique entre Jacques Maritain et Saint-Exupéry dans *Pour la Victoire* du 19 décembre 1942.

315-316. Éditions originales françaises à New York (1943) et à Paris (1944).

317. Édition originale d'*Écrits de guerre* (Gallimard, 1982).

318. Minute de lettre de Saint-Exupéry à Maritain (décembre 1942). Autographe.

« D'abord la France » ; Antoine s'y montre partisan de la réconciliation nationale : Vichy est mort depuis la fin de la zone libre, et il se range aux côtés du général Giraud, soutenu par les Américains contre les gaullistes. Il lit son texte à la radio et en offre le dactylogramme, corrigé, à Jean Monnet tandis qu'il engage une polémique avec Jacques Maritain, partisan de de Gaulle. Une rencontre chez Michel Pobers, à Greenwich

319

Street, calme les esprits ; mais chacun campe sur sa position, comme en témoigne *Pour la Victoire* du 19 décembre 1942 où paraissent côte à côte l'article de Maritain et la réponse de Saint-Exupéry.

En décembre 1942, Léon Wencelius l'invite avec André Philipp et son fils Olivier ; et à nouveau, en

321

Y

RRE JUIVE

.. COUSTEAU

Pilote de guerre

Quelques heures avant la signature de l'armistice, en juin 1940, quelques hautes personnalités juives, dont deux magnats du pétrole et la femme de l'avocat Torrès, arrivent au camp de Saint-Laurent-de-la-Salanque (Pyrénées-Orientales) et demandent à être embarqués sur un gros « Farman 200 », à destination d'Alger.

Refus du colonel commandant le camp. Fureur des Juifs qui agitent des passeports visés par Noguès.

C'est alors qu'intervient un élégant capitaine aviateur :

— Je vais arranger ça.

Et, de fait, il donna quelques coups de téléphone et, quelques heures après, le colonel recevait l'ordre d'évacuer la précieuse cargaison juive.

Le beau capitaine était Antoine de Saint-Exupéry, comme toujours tout dévoué à Israël.

Et c'est là un petit épisode que l'on regrette de ne pas voir figurer dans *Pilote de guerre*.

■ ■

320

NT-EXUPÉRY

uitard attardé

e MASTEAU

319 à 321. Pilote de guerre dans la presse collaborationniste : *Le Cahier jaune* (janvier 1943) ; *Je suis partout* (29 janvier) ; *Au pilori* (21 janvier).

AVIS IMPORTANT

OUVRAGES INTERDITS. — Selon l'ordre des Autorités d'occupation, les Éditions de la NOUVELLE REVUE FRANÇAISE sont dans l'obligation de retirer de la vente l'ouvrage de **SAINT-EXUPERY :**

PILOTE DE GUERRE

Les MESSAGERIES HACHETTE prient donc MM. les Libraires de bien vouloir faire retirer immédiatement cet ouvrage de l'étalage et de la vente et de joindre les invendus à leur plus prochain retour.

janvier 1943, à Philadelphie, sur le campus universitaire de Swarthmow, où il organise bals et rencontres pour fêter la venue du *Richelieu* et du *Montcalm* ; Antoine est heureux de rencontrer ces marins non gaullistes. De retour à New York, il se lie avec Jacques Lemaigre-Dubreuil, membre du comité des cinq envoyés dans le cadre de la mission Béthouart ; cet ancien commandant en Norvège,

322. L'interdiction annoncée dans *Bibliographie de la France* des 5-12 février 1943.

323. Saint-Exupéry à New York en 1942.

323

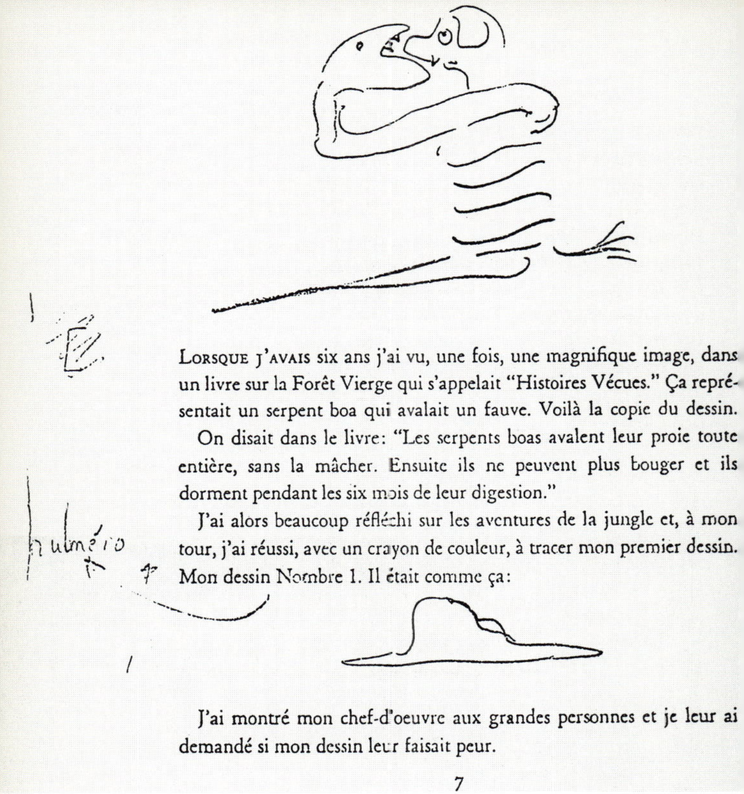

Lorsque j'avais six ans j'ai vu, une fois, une magnifique image, dans un livre sur la Forêt Vierge qui s'appelait "Histoires Vécues." Ça représentait un serpent boa qui avalait un fauve. Voilà la copie du dessin.

On disait dans le livre: "Les serpents boas avalent leur proie toute entière, sans la mâcher. Ensuite ils ne peuvent plus bouger et ils dorment pendant les six mois de leur digestion."

J'ai alors beaucoup réfléchi sur les aventures de la jungle et, à mon tour, j'ai réussi, avec un crayon de couleur, à tracer mon premier dessin. Mon dessin Nombre 1. Il était comme ça:

J'ai montré mon chef-d'oeuvre aux grandes personnes et je leur ai demandé si mon dessin leur faisait peur.

7

327

324. Jeu d'épreuves, avec corrections autographes, du *Petit Prince* (1943).

325. Greta Garbo, dessin de Consuelo.

326. Saint-Exupéry avec Eugen et Elizabeth Reynal (New York, 1942).

arrêté en Afrique du Nord par Noguès, est chargé par Giraud d'obtenir des Américains des armes pour les troupes d'Afrique du Nord.

Début février 1943 paraît à New York chez Brentano's, dirigé par Roger Tenger, la *Lettre à un otage* que *L'Amérique française* de Montréal reprend peu après sous le titre *Lettre à l'ami* [voir hors texte, p. 158]. Sans doute les *33 jours* de Léon Werth devaient-ils paraître en même temps, la *lettre* de Saint-Exupéry constituant une sorte de réponse. Il quitte définitivement le 240 Park South et loue l'ancienne maison de Greta Garbo à Beekmann Place, près du major Donovan, avec une très belle vue sur l'*East River*. C'est là qu'il corrige, avec Annabella, les premières épreuves du *Petit Prince* qui paraît d'abord en anglais chez son éditeur Reynal et Hitchcock, puis en français [voir hors texte, p. 244-249].

Le 1er avril, il obtient de la mission Béthouart un ordre de mobilisation ; des amis tentent de le faire changer

325

326

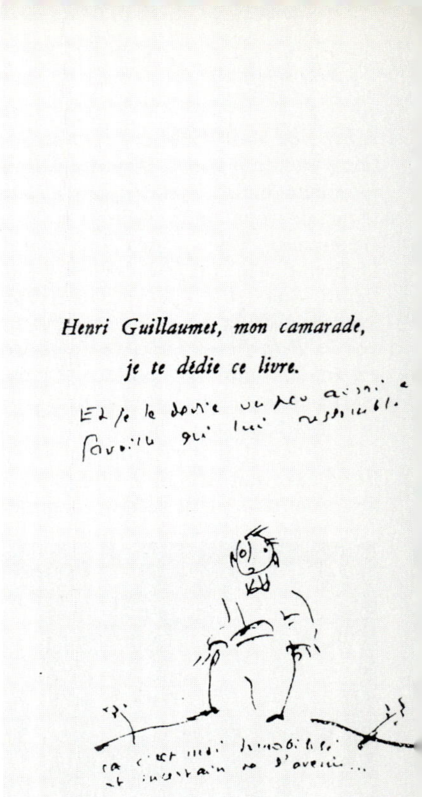

327. Dédicace de Saint-Exupéry à René Gavoille.

d'avis ou, au moins comme en 1939-1940, de le faire affecter à un service de propagande. Il semble leur céder, commandant ainsi au couturier du *Metropolitan Opera* un magnifique uniforme, puis quitte tout le monde avec précipitation ; Michel Pobers et Roger Beaucaire – trop âgé pour voler de nouveau (quarante-huit ans) – le conduisent en taxi jusqu'au transport de troupes.

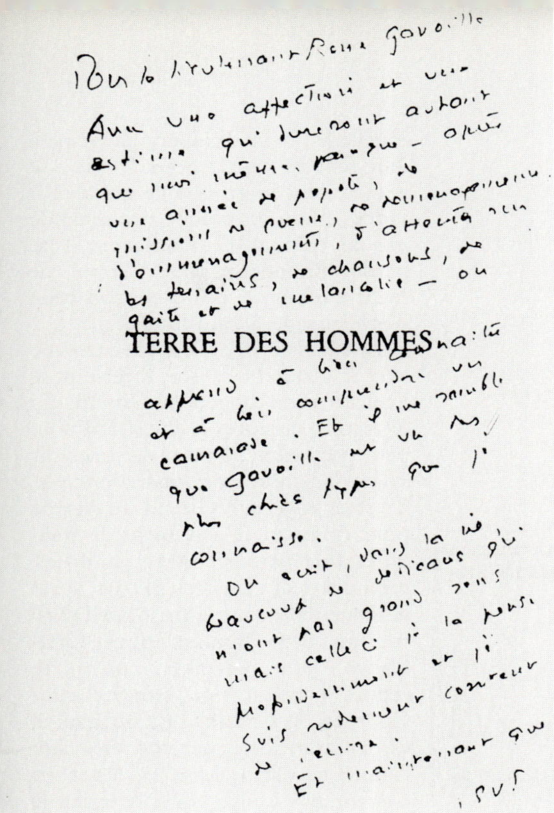

Le 4 mai 1943, Antoine débarque à Alger où l'attend son ami Georges Pélissier chargé de le surveiller et de lui trouver un poste non opérationnel. Mais, ayant rencontré par hasard Lionel Chassin, il décide le 5 mai de partir en avion à Laghouat rejoindre le 2/33 commandé par René Gavoille. Alain Jordan le conduit à l'*Hôtel transatlantique* où logent les pilotes Jules Roy, François Laux, Jules

Hochedé ; Saint-Exupéry participe à leur fête de départ pour Oujda : le 2/33 rejoint le groupe de reconnaissance photographique commandé par le colonel E. Roosevelt. Une garde d'honneur salue l'envol de Saint-Exupéry – qui casse son train d'atterrissage à Bou-Saada.

Le 8 mai, à Alger, il a une entrevue avec le général Chambe, directeur de l'Information du général Giraud, qui le reçoit peu après à l'occasion d'un petit déjeuner. Faute de pouvoir voler dans une unité opérationnelle, il est envoyé par Giraud au Maroc pour observer le sentiment de militaires fort partagés entre gaullistes, giraudistes et vichystes. Il part, après le défilé marquant la prise de Tunis, sur un petit Simoun pour Casablanca, puis Marrakech où il se repose pendant une semaine chez Georges de Chassey. Le 20 mai, il est à Casablanca chez son vieil ami Comte et rentre le 26 à Alger en passant par Oujda (où s'entraîne le 2/33) et la Senia près d'Oran. Le 28, il rend compte de sa mission à Giraud qu'il trouve peu combatif.

Après l'entrevue de Gaulle-Giraud du 3 juin, il quitte Alger et le monde politique pour rejoindre le 2/33 à Oujda et retrouver enfin une unité combattante : ses demandes pressantes ont eu un résultat. Il s'entraîne sur un P 38, mais sans être affecté à cette unité. Le 15 juin, il suit le 2/33 à Maison-Blanche ; le 16, il écrit une lettre fameuse au conseiller Murphy,

328

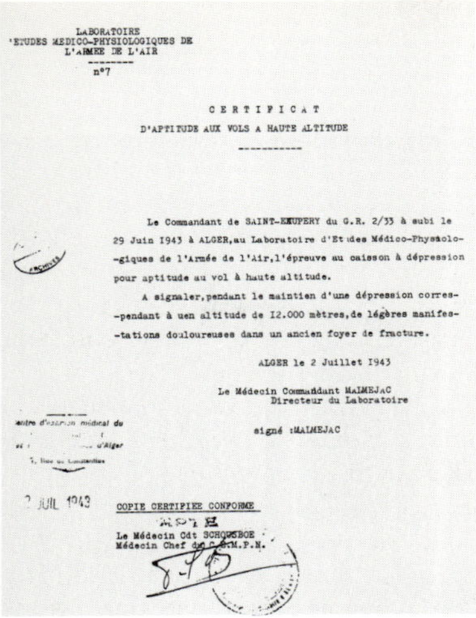

LABORATOIRE
D'ETUDES MEDICO-PHYSIOLOGIQUES DE
L'ARMEE DE L'AIR

n°7

CERTIFICAT
D'APTITUDE AUX VOLS A HAUTE ALTITUDE

Le Commandant de SAINT-EXUPERY du G.R. 2/33 à subi le 29 Juin 1943 à ALGER, au Laboratoire d'Etudes Médico-Physiologiques de l'Armée de l'Air, l'épreuve au caisson à dépression pour aptitude au vol à haute altitude.

A signaler, pendant le maintien d'une dépression correspondant à uen altitude de 12.000 mètres, de légères manifestations douloureuses dans un ancien foyer de fracture.

ALGER le 2 Juillet 1943

Le Médecin Commandant MALMEJAC
Directeur du Laboratoire

signé : MALMEJAC

2 JUIL 1943

COPIE CERTIFIEE CONFORME

Le Médecin Cdt SCHOUSBOE
Médecin Chef du C.E.M.P.N.

329

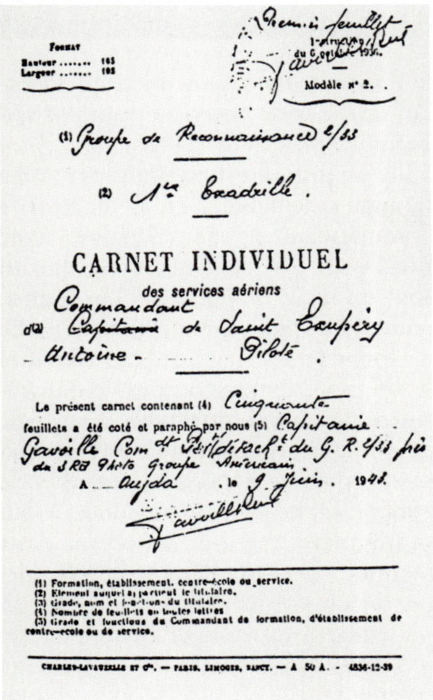

Premier feuillet
1-II-43 (?) du C... Gavoille

FORMAT
Hauteur 165
Largeur 105

Modèle n° 2.

(1) Groupe de Reconnaissance 2/33

(2) 1re Escadrille.

CARNET INDIVIDUEL
des services aériens

(3) Commandant ~~Capitaine~~ de Saint Exupéry
Antoine .... Pilote.

Le présent carnet contenant (4) Cinquante feuillets a été coté et paraphé par nous (5) Capitaine Gavoille Comt Détach. du G. R. 2/33 près du 3 Rd Photo Groupe Américain.

A Oujda, le 9 Juin. 1943.

Gavoille

(1) Formation, établissement, centre-école ou service.
(2) Elément auquel appartient le titulaire.
(3) Grade, nom et fonctions du titulaire.
(4) Nombre de feuillets en toutes lettres.
(5) Grade et fonctions du Commandant de formation, d'établissement de centre-école ou de service.

CHARLES-LAVAUZELLE ET Cie. — PARIS, LIMOGES, NANCY. — A 50 A. - 4836-12-39

330

331

328. Carnet de vol du commandant Saint-Exupéry.

329. « Certificat d'aptitude aux vols à haute altitude », délivré à Saint-Exupéry (Alger, 3 juillet 1943).

330. Carnet individuel des services aériens de Saint-Exupéry à la première escadrille du Groupe 2/33.

331. De Gaulle et Giraud à Alger le 30 mai 1943.

332

332. La villa des Gavoille à La Marsa.

333-334. Menu, avec dessins de Saint-Exupéry, d'un repas de fête franco-américain (18 janvier 1944).

le pressant de vouloir bien lui accorder de voler de nouveau pour participer à la bataille d'Italie.

Le 19 juin, il est reconnu provisoirement apte à voler en P 38. Promu commandant le 25, il subit avec succès un test médical le 29, et suit son unité le 2 juillet à La Marsa, endeuillée par la mort accidentelle d'Hochedé au large du cap Matifou le 28 juin. N'étant toujours pas autorisé aux vols opérationnels, il tente de fléchir le major Dunn par un fastueux repas, puis se rend à Alger chez le général Donovan. Le 21 juillet, a lieu sa première mission ; au retour de la seconde, il casse l'avion et est suspendu de vol le 1er août.

Pendant un mois et demi, il reste à Tunis sur la base de La Marsa ; fréquentant le club de tennis, voyant fréquemment le général Mast et sa femme, avec qui il se lie. Il rencontre tous ceux qui passent par Tunis, Max-Pol Fouchet, Bernard Zehrfuss, Jean Drieu La Rochelle. Le 18 août, pour obtenir l'autorisation de voler, il offre aux officiels américains un nouveau banquet, trop bien arrosé ; Saint-Exupéry est prié de regagner Alger où il passe les semaines suivantes chez son ami Pélissier, qui loge également Max-Pol Fouchet ; et retrouve, ou rencontre, Jacques Heurgon-Desjardin, Joseph Kessel, Pauline Fouchet, Olivier-André Maurois, Emmanuel Roblès, Jean Amrouche, Georges Morawski. Le

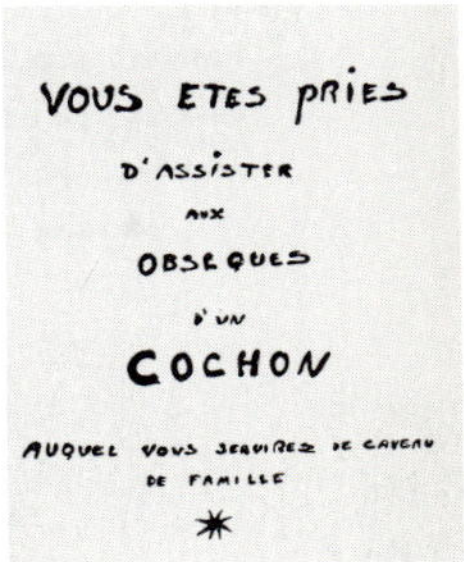

333

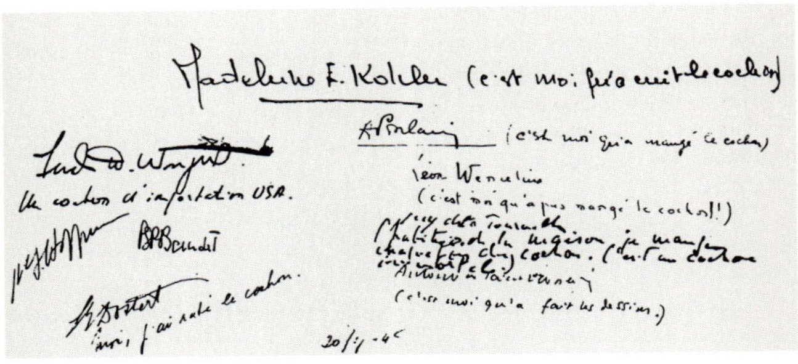

334

7 septembre, Léon Wencelius arrive de New York avec les manuscrits de *Citadelle* qu'Antoine réclamait à sa femme.

Le 15 septembre, il quitte la « *soupière* » d'Alger, préférant le calme de Casablanca et d'Anfa chez son ami Comte. À la mi-octobre, Pélissier l'héberge à nouveau, la vie

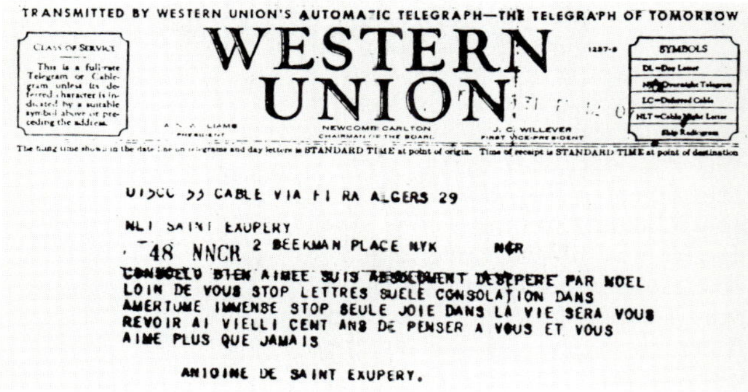

TRANSMITTED BY WESTERN UNION'S AUTOMATIC TELEGRAPH—THE TELEGRAPH OF TOMORROW

WESTERN UNION

CLASS OF SERVICE: This is a full-rate Telegram or Cablegram unless its deferred character is indicated by a suitable symbol above or preceding the address.

SYMBOLS: DL=Day Letter; NT=Overnight Telegram; LC=Deferred Cable; NLT=Cable Night Letter; Ship Radiogram

NEWCOMB CARLTON, CHAIRMAN OF THE BOARD — J. C. WILLEVER, FIRST VICE-PRESIDENT

The filing time shown in the date line on telegrams and day letters is STANDARD TIME at point of origin. Time of receipt is STANDARD TIME at point of destination

UI5CC 55 CABLE VIA FI RA ALGERS 29

NLT SAINT EXUPERY

48 NNCR 2 BEEKMAN PLACE NYK NCR

CONSUELO BIEN AIMEE SUIS ABSOLUMENT DESEPERE PAR NOEL LOIN DE VOUS STOP LETTRES SUELE CONSOLATION DANS AMERTUME IMMENSE STOP SEULE JOIE DANS LA VIE SERA VOUS REVOIR AI VIELLI CENT ANS DE PENSER A VOUS ET VOUS AIME PLUS QUE JAMAIS

ANTOINE DE SAINT EXUPERY.

335

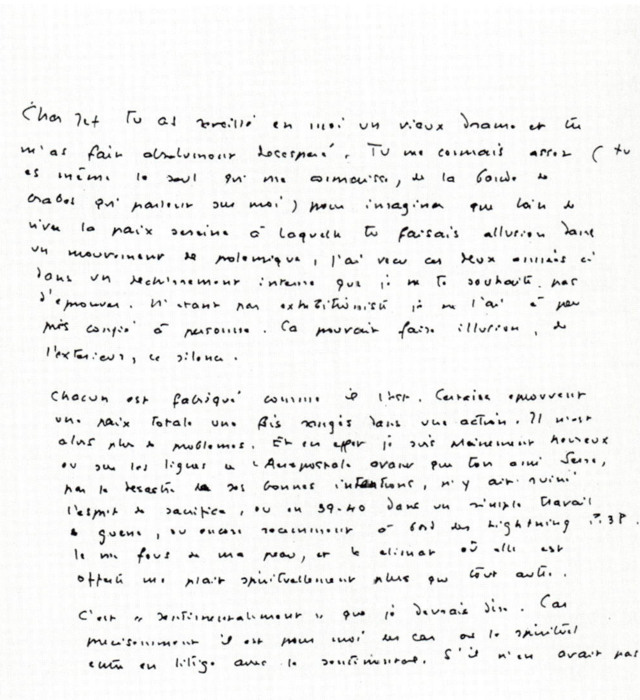

Cher Jef Tu as réveillé en moi un vieux drame et tu m'as fait absolument désespéré. Tu me connais assez (tu es même le seul qui me connaisse, de la bande de crabes qui parlent sur moi) pour imaginer que loin de vivre la paix sereine à laquelle tu faisais allusion dans un mouvement de polémique, j'ai vécu ces deux années-ci dans un déchirement intense que je ne te souhaite pas d'éprouver. N'étant pas exhibitionniste je ne l'ai à peu près confié à personne. Ça pouvait faire illusion, de l'extérieur, ce silence.

Chacun est fabriqué comme il l'est. Certains éprouvent une paix totale une fois plongés dans une action. Il n'est alors plus de problèmes. Et en effet je suis pleinement heureux ou sur les lignes de l'Aéropostale avant que ton ami Serre, par la destruction de ses bonnes intentions, n'y ait ruiné l'esprit de sacrifice, ou en 39-40 dans un simple travail de guerre, ou encore récemment à bord des Lightning P.38. Je me fous de ma peau, et le climat où elle est offerte me plaît spirituellement plus que tout autre.

C'est « sentimentalement » que je devrais dire. Car malheureusement il est pour moi des cas où le spirituel entre en litige avec le sentimental. S'il n'en avait pas

336

337

335. Télégramme d'Antoine à Consuelo (Alger, 31 décembre 1943).

336. Minute d'une lettre de Saint-Exupéry à Joseph Kessel (fin 1943). Autographe.

337. Marie de Saint-Exupéry et Gabrielle d'Agay à Marseille en 1942.

algéroise ayant plus de charme ; mais c'est aussi à Alger qu'une décision de vol peut être prise. Dans la nuit du 5 novembre, il fait une mauvaise chute dans l'escalier du docteur Pélissier et se fêle des vertèbres. Jusqu'à la mi-janvier 1944, il reste alité, voyant Pierre Dalloz ou Dungler qu'il charge d'une lettre pour sa mère ; il fait lire à un ami sans désemparer (deux nuits de veille) *Citadelle* [voir hors texte, p. 158-159], mais il désapprouve son projet de film sur *Le Petit Prince*.

Le 15 janvier 1944, il part à Tunis chez les Mast d'où il ne rentre qu'un mois plus tard. En février paraît dans le premier numéro de *L'Arche*, dirigé par Jean Amrouche, *Lettre à un otage* – l'hostilité des gaullistes ayant jusqu'alors interdit la diffusion de ces nouveaux livres dans l'Afrique du Nord libérée.

Saint-Exupéry connaît quelques succès féminins... Élisabeth de Miribel, croisée un soir à l'ambassade britannique.

En mars, à un reporter de *Life*, John Phillips, venu l'interviewer et qui l'invite chez Jean Gabin, il rappelle son désir de retrouver une unité opérationnelle de reconnaissance et ses camarades du 2/33. John Phillips promet de s'en occuper et consacre à cette entrevue un article (*The New York Times* du 12 mars).

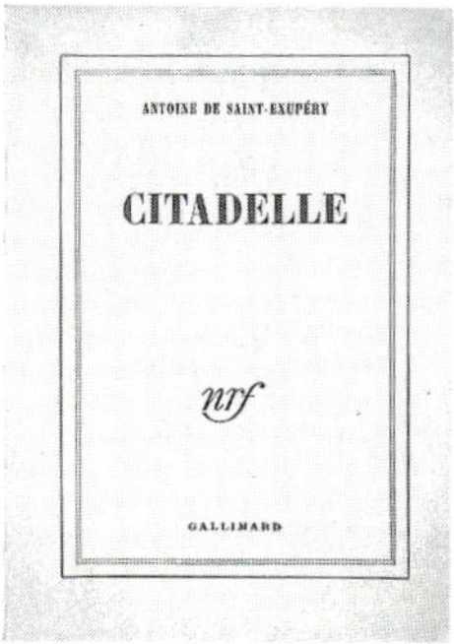

338

338. Édition originale (Gallimard, 1948).

339. Saint-Exupéry et le photographe américain John Phillips jouant au « jeu des lettres » (1944).

340. Un « *raïmé* » maure près de Cap Juby (années vingt).

341. « Lettre à un Otage » dans *L'Arche* de février 1944.

339

N° 1 1re Année

L'ARCHE

SOMMAIRE

341

342

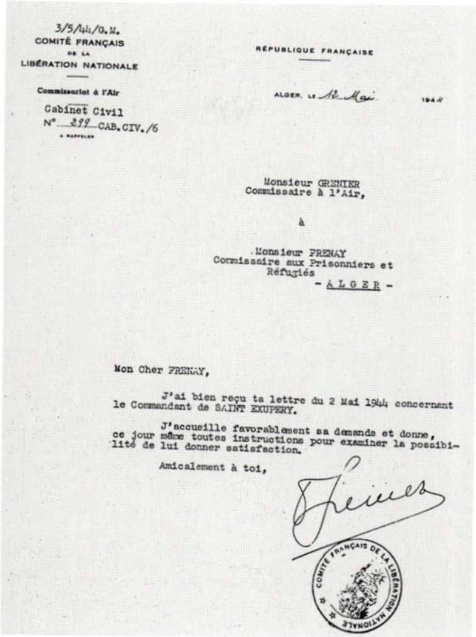

3/5/44/G.M.
COMITÉ FRANÇAIS
DE LA
LIBÉRATION NATIONALE

Commissariat à l'Air

Cabinet Civil
N° 299 CAB.CIV./6
A RAPPELER

RÉPUBLIQUE FRANÇAISE

ALGER, LE 12 Mai 1944

Monsieur GRENIER
Commissaire à l'Air,

à

Monsieur FRENAY
Commissaire aux Prisonniers et
Réfugiés
- ALGER -

Mon Cher FRENAY,

J'ai bien reçu ta lettre du 2 Mai 1944 concernant le Commandant de SAINT EXUPERY.

J'accueille favorablement sa demande et donne, ce jour même toutes instructions pour examiner la possibilité de lui donner satisfaction.

Amicalement à toi,

Grenier

COMITÉ FRANÇAIS DE LA LIBÉRATION NATIONALE

343

De son côté, Saint-Exupéry sollicite Henri Frenay, Guillain de Bénouville, Bertin Chevanne, et obtient de Fernand Grenier l'autorisation de voler à nouveau ; mais il est affecté à la 31e escadre de bombardement, commandée par son camarade Lionel Chassin et composée de B 26 Marauder, basée à Villacidro en Sardaigne. Il y arrive début avril et reprend sans enthousiasme du service comme copilote. Les 23-24 avril, avec Chassin et John Phillips, il se rend au 2/33 sur la base de Pomigliano d'Arco. Il visite Naples libérée, observe l'éruption du Vésuve avec le professeur Noetzlin.

Rentré à Alger avec John Phillips, il obtient son détachement de la

342. Saint-Exupéry, photographié par John Phillips à Alghero (mai 1944).

343. Lettre accord du Commissariat à l'Air (Comité français de la Libération nationale) à la demande de vol de Saint-Exupéry (Alger, 12 mai 1944).

344

344. Le camp français de Naples et le Vésuve en éruption (mai 1944).

345. L'avion Martin B 26 Marauder.

345

G. R. 2/33

" la Hache "

1e ESCADRILLE

Le

4 juin 44

Chère madame, savez-vous que je suis devenu votre filleul ? Après un long exil j'ai réussi à réintégrer comme pilote de Lightning la première escadrille du Groupe 2/33. Au sortir de la soupière à crabes qu'est Alger je me sens infiniment heureux et rajeuni. J'ai perdu cette longue barbe blanche dont on m'affirmait, voilà six mois, qu'elle risquait de s'entortiller dans les commandes, je pilote comme un jeune homme et j'espère que la Tour de Pise en mourra de jalousie.

Vous connaissez Gavoille, votre filleul n° 1. Sa femme attend un fils. Voulez-vous de ce fils aussi comme filleul ? Je serais le parrain. J'aurais ainsi la joie, et de montrer mon amitié à un vieux camarade, et de retrouver pour un jour à la résidence de Tunis une des seules oasis spirituelles de ce triste continent. Je garde un souvenir si reconnaissant de la gentillesse de l'accueil que j'y ai trouvé. Je vous prie d'agréer mes hommages respectueux et de croire en la fidélité de ce souvenir.

Antoine de Saint Exupéry

J'ai oublié d'insister sur une évidence : la Maison [illegible] vous fusier au capitaine Gavoille.

347

31e escadre au 2/33. Il rejoint une dernière fois Alghero le 16 mai et offre un méchoui le 28 pour son départ de Sardaigne ; le lendemain, il rédige devant Phillips la « Lettre à un Américain » qu'il lui avait promise en cas d'affectation au 2/33 [voir hors texte, p. 157].

Le 14 juin, son premier vol de reconnaissance se déroule au-dessus de Rodez et d'Albi. Le 17, il se livre à la pêche à la dynamite ; le 23, sa deuxième mission a pour objectif Avignon ; le 29, jour de son anniversaire, il en obtient une autre au-dessus de Grenoble dont il ne rentre qu'avec un seul moteur par les Alpes ; il survole Gênes, se pose à Borgo en Corse et regagne la Sardaigne le 2 juillet. Il assiste, le jour même à Tunis, à un mariage ; du 2 au 4 juillet, il est à Alger et dîne chez le peintre Albert Marquet, voit Guy Monod à Aïn Taya.

Le 9 juillet, il est invité à La Marsa par les Mast. Le 17, son unité est transférée en Corse à Borgo, pour

346. Lettre de Saint-Exupéry à la générale Mast (4 juin 1944). Autographe.

347. Saint-Exupéry, photographié par John Phillips (mai 1944).

ramène des photographies qui passent au
stéréoscopiques comme des lamelles sous
le microscope. Les interprétateurs photographes
travail de bactériologues. Ils recherchent
de la France en danger les traces d
la dévore. Les fortins ennemis, l
les convois ennemis apparaissent sous
comme des bacilles minuscules. On a

... Et puis la poignante méditation
vol au-dessus de la France, si proche à
si lointaine ! On en est séparé comme p
Toutes les tendresses, tous les souvenirs, toute
vivre sont là bien étalés à trente cinq
les yeux, bien éclairés par le soleil, et

~~plus~~

~~mieux intouchables~~

plus inaccessibles que les trésors des ph
la vitrine d'un musée ...

Antoine de Saint-Exupéry

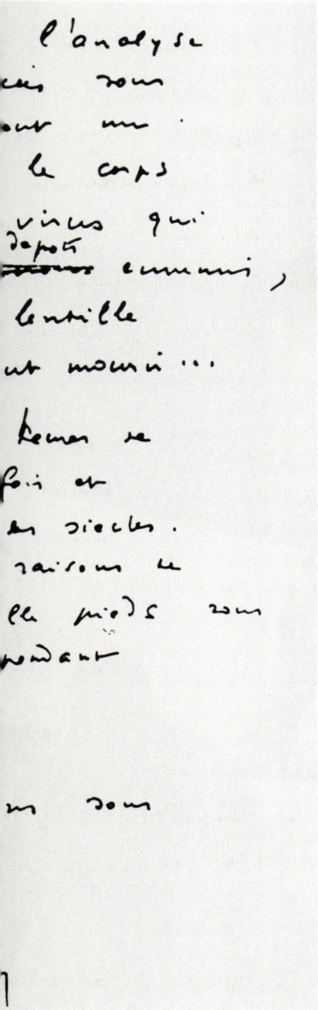

l'analyse
ces sous
our un
le corps
virus qui
dépots ~~…~~ ennemis,
lentille
ut mourir...
hommes se
fois et
les siècles.
raisons le
elle pieds sous
pendant
ns sous

348

349

348. « Lettre à un Américain » de Saint-Exupéry (30 mai 1944). Autographe.

349. Photographie des côtes françaises, prise lors d'un vol de Saint-Exupéry (1944).

350. Les étapes méditerranéennes de Saint-Exupéry (1943-1944). Carte.

351. Saint-Exupéry près de l'avion Lightning P 38.

352. Saint-Exupéry à Alghero.

353. Saint-Exupéry aux commandes du P 38.

350

351

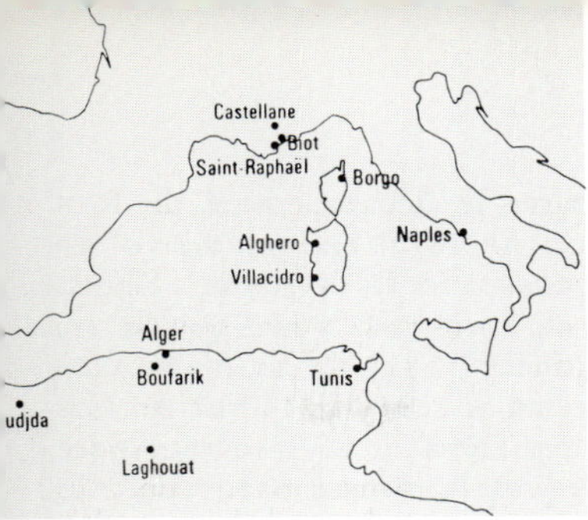
Castellane
Biot
Saint-Raphaël
Borgo
Alghero
Naples
Villacidro
Alger
Boufarik
Tunis
udjda
Laghouat

352

353

préparer le débarquement de Provence. Le 18, il effectue un vol de reconnaissance au-dessus de la Haute-Savoie, après ceux vers Lyon (le 11) et Annecy (le 14). Le 24, il assiste au baptême de son filleul Christian Gavoille à Tunis ; le 26, il revoit André Gide [voir hors texte, p. 145] chez les Heurgon et confie à Rosamond Lehmann une lettre pour Consuelo.

Le 30 juillet, à Bastia, il rentre tard dans sa chambre ; sa « doublure », Pierre Siegler, se prépare mais le lendemain le mécanicien voit arriver Saint-Exupéry qui, sans parler, prend place dans le P 38 n° 223 à 8 h 45.

354. La dernière lettre connue de Saint-Exupéry : à Pierre Dalloz (30 *ou* 31 juillet 1944).

355. Le théâtre des opérations en Méditerranée en juillet 1944. Carte.

356. « Journal de marche » du Groupe 2/33 à la date du 31 juillet 1944. Autographe.

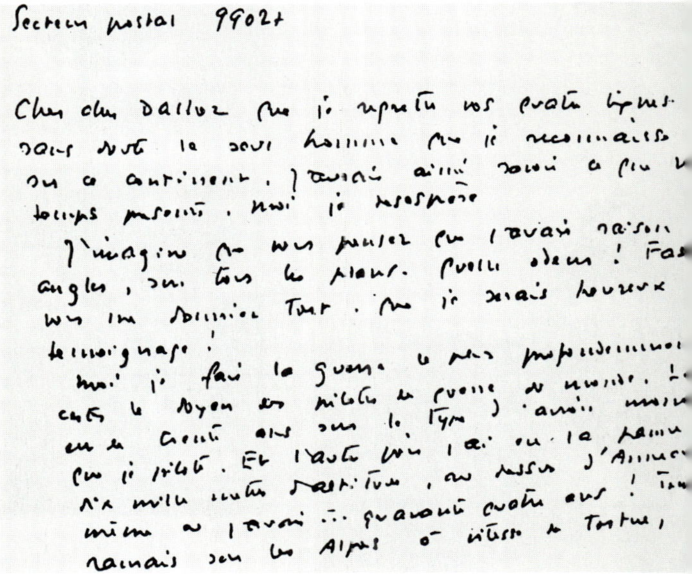
Secteur postal 99027

Cher cher Dalloz que je regrette vos quatre lignes [illegible] le seul homme que je reconnaiss[illegible] sur ce continent. J'aurais aimé savoir ce [illegible] temps présent. Moi je désespère

J'imagine que vous pensez que j'avais raison [illegible] anglais, sur tous les plans. Quelle odeur ! [illegible] vous un dernier [illegible] que je serais heureux [illegible] témoignage !

Moi je fais la guerre le plus profondément [illegible] le doyen des pilotes de guerre du monde. [illegible] [illegible] je pilote. Et l'autre jour j'ai eu une panne [illegible] au-dessus d'Annecy [illegible] quarante quatre ans ! [illegible] même [illegible] Tortue, [illegible] Alpes [illegible]

354

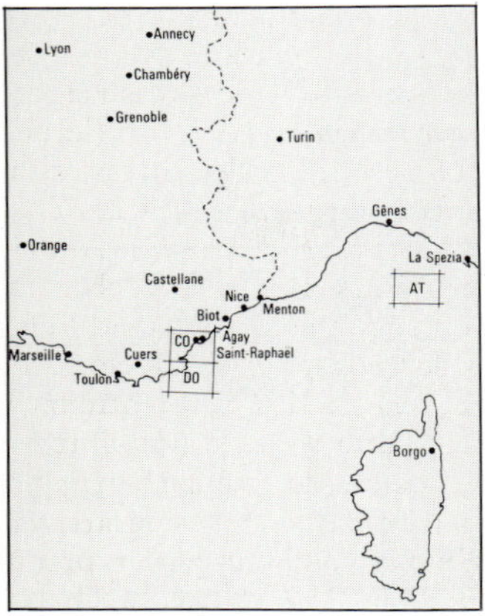

355

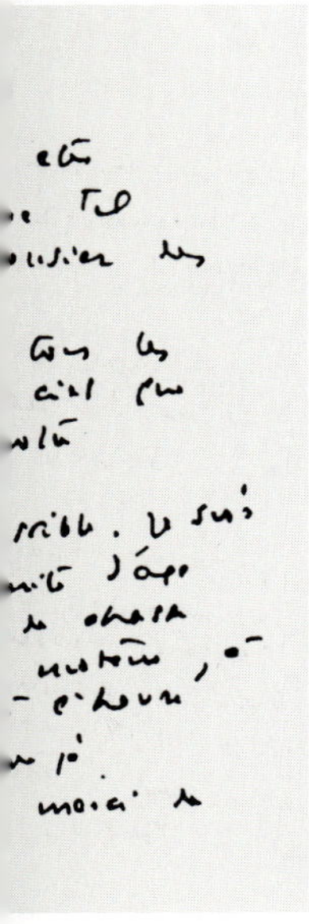

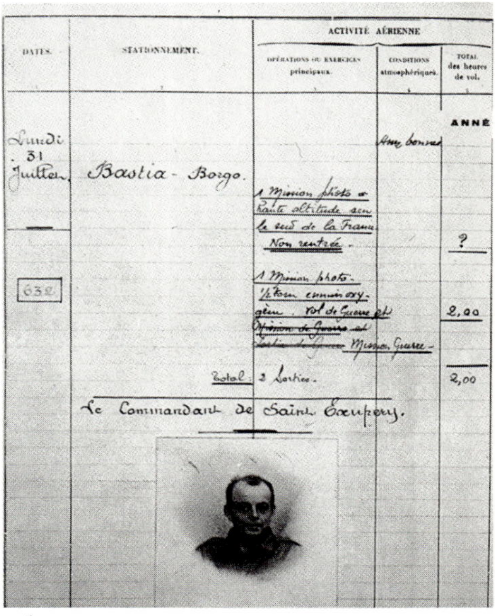

DATES.	STATIONNEMENT.	ACTIVITÉ AÉRIENNE — OPÉRATIONS OU EXERCICES principaux.	CONDITIONS atmosphériques.	TOTAL des heures de vol.
				ANNÉ
Lundi 31 Juillet	Bastia-Borgo.		Assez bonnes	
		1 Mission photo à haute altitude sur le sud de la France. Non rentrée.		?
632		1 Mission photo. 1/2 tour ennuis oxygène. Vol de Guerre et Mission de Guerre et Sortie de Guerre Mission Guerre		2,00
	Total:	2 Sorties.		2,00

Le Commandant de Saint Exupéry.

356

COUSA Form 6

CONFIDENTIEL

HEADQUARTERS DOUZIEME AIR FORCE
A.P.O. 650

I AOUT 1944

COMPTE-RENDU RESUME DE DECES AU COURS DE MISSION

NOM	Grade	A.S.N.	Organisation	Type CAS	Date	Flying Stat	Arme ou Service	Code de Mission	REMARQUES
de SAINT EXUPERY Antoine	Cdt.	----	2/33 Photo Sqdr Franc.	MIA	3I/7	A	F.A.F.	---	Manquant au cours d'une mission sur le Sud de la France.

Ce compte-rendu se compose de : I page
N° de Contrôle B
N° de page 1

JOHN F. Mc GHEE,
Ist Lt., Air Corps,
Adjudant 14.9.44

Reçu le
N° 4728

Le Chef du 2° Bureau
Chef du Bureau de Traduction :

P.o. [illegible]

Reçu le 14.9.44
N° 4728
Sorti le
N°
Destinataire

357

357. « Compte-rendu résumé de décès au cours de mission » de la Headquarters Douzième Force du 1er août 1944. Dactylogramme.

DECISION N° II5

Sur proposition du Ministre de l'Air,

Le Général de GAULLE, Président du Gouvernement provisoire de la République Française, Chef des Armées, cite :

A L'ORDRE de l'ARMEE AERIENNE

<u>de SAINT - EXUPERY Antoine</u>

Commandant de la 31ème Escadre Aérienne

Commandant pilote de grande reconnaissance, faisant toujours preuve des plus belles qualités d'audace et d'adresse. Au cours des mois de juin et de juillet 1944, a exécuté au-dessus de la France, sur monoplace non armé, une très belle série de grandes reconnaissances photos à très longue distance. A notamment, le 23 juin, effectué une excellente reconnaissance photo au-dessus de la France, à la fin de laquelle, il a été intercepté par deux chasseurs ennemis. A réussi à s'échapper par la manoeuvre et à ramener les renseignements recueillis,

Le 29 juin 1944, des ennuis mécaniques l'ayant contraint de stopper un moteur au cours d'une mission cartographique, a réussi à ramener son avion et les renseignements recueillis, après avoir survolé plus de 250 kilomètres de territoire ennemi et 200 Kms. de mer.

La présente citation comporte l'attribution de la Croix de Guerre avec palme.

Paris, le 3 Novembre 1944

signé: <u>de GAULLE</u>

358

358. La « Décision n° 115 », du président du Gouvernement provisoire de la République Française, citant Saint-Exupéry à l'ordre de l'armée aérienne (3 novembre 1944).

Le Journal de marche du 2/33 note, ce jour même :

« *Un bien triste événement vient ternir la joie que tous éprouvaient à l'approche de la Victoire : Le Commandant* DE SAINT-EXUPÉRY *n'est pas rentré. Parti à 9 heures pour la Savoie, sur le 223, il n'était pas rentré à 13 heures. Les appels radio restèrent sans réponse et les radars alertés le cherchèrent en vain. À 14 h 30, il n'y avait plus d'espoir qu'il fût encore en vol.*

Nous perdons en lui, non seulement notre camarade le plus cher, mais celui qui était pour nous tous un grand exemple de foi. S'il était venu partager nos risques malgré son âge, ce n'était pas pour ajouter une vaine gloire à une carrière déjà magnifiquement remplie, mais parce qu'il en sentait, pour lui-même, le besoin. SAINT-EXUPÉRY *est de ces hommes qui sont grands devant la vie, parce qu'ils savent se respecter eux-mêmes.*

Bien sûr, nous avons tous le grand espoir de le revoir bientôt ; le destin ne dispose pas ainsi d'un homme armé d'une expérience de 7 000 heures de vol, et qui a résisté à tant de coups durs. Il peut être posé en Suisse ou camouflé dans le maquis savoyard ; si même il est prisonnier, ce n'est plus pour bien longtemps. Mais nous pensons tous à cette joie qu'il n'aura pas de rentrer en France libérée, avec nous. »

359. Saint-Exupéry étudiant son plan de vol (mai 1944).

TABLE
DES ILLUSTRATIONS

TABLE DES ILLUSTRATIONS

TABLE DES DOCUMENTS REPRODUITS EN NOIR ET BLANC

Les numéros des légendes sont imprimés en chiffres arabes dans le caractère du texte.

Coll. Famille d'Agay. Tirage Archives nationales.

19. Antoine (deuxième, à gauche) avec son frère et des amis à Saint-Maurice ; 1906 ou 1907. Coll. Famille d'Agay.

20. Antoine (premier, à gauche) avec son frère et des amis à Saint-Maurice ; 1906 ou 1907. Coll. Famille d'Agay.

21. Antoine et sa tante, Madeleine de Fonscolombe, à La Môle ; vers 1906. Coll. Famille d'Agay.

22. L'entrée de l'Institution Notre-Dame de Sainte-Croix au Mans. Coll. Notre-Dame de Sainte-Croix. Reproduit dans *La Vie de St-Exupéry*, de Patrick Kessel (© Gallimard, 1954, p. 15).

23. Antoine (assis, le deuxième à gauche) chez ses cousins Churchill au Mans. Debout de gauche à droite, un camarade, Marguerite et Charlotte Churchill, Guy de Saint-Exupéry, Jeanne Churchill ; assis, Pierre Lecacheux de Trélan, Alix Churchill (tenant le bébé), Antoine de Saint-Exupéry et Henriette Churchill. Carte postale d'Antoine à sa mère (24 mars 1910). Coll. Famille d'Agay. Tirage Archives nationales.

24. La classe de sixième à l'Institution Notre-Dame (Antoine, au dernier rang, le second à droite) ; printemps 1911. Ancienne coll. Jean-Marie Lelièvre. Reproduit dans *Icare* 1, p. 72. Photo D.R.

25. La classe, en uniforme de sortie, à l'automne 1911 (Antoine est toujours au dernier rang, le premier à gauche). Coll. Notre-Dame de Sainte-Croix. Tirage Archives nationales.

26. L'aérodrome d'Ambérieu. Carte postale dédicacée par Saint-Exupéry à Alfred Thénoz « *qui a été baptisé sur le même appareil que moi* ». Ancienne coll. Alfred Thénoz. Musée Air France : HC 23.

27. Marie de Saint-Exupéry peignant à Saint-Maurice-de-Rémens. Coll. Famille d'Agay.

28. Portrait d'Antoine par Marie de Saint-Exupéry. Pastel. Musée des Beaux-Arts de Lyon. Copie, annotée, Famille d'Agay.

29. Lettre d'Antoine à sa mère ; 1910 : « *Avez vous recu mon paquet l'autre jour, j'ai pris un congé et Moulineau aussi on est allé au cirque parce que c'était la foire il était très jolie, j'ai tiré plusieurs plusieurs photographies sur papié sensible j'en ai donné à plusieurs personnes.* » Coll. Famille d'Agay.

30. Antoine et sa sœur, Marie-Madeleine dite « Biche », jouant du violon ; au piano, une amie ; été 1917 à Saint-Maurice. Coll. Famille d'Agay.

31. Bulletin scolaire d'Antoine en classe de seconde au collège Notre-Dame-de-Montgré ; Villefranche-sur-Saône, automne 1915. Coll. Notre-Dame-de-Montgré ; copie Famille d'Agay.

32. « Narration française », d'Antoine en classe de troisième, notée « 13 » (puis amendée en « 12 » par le Père Launay : « *Bien trop de fautes d'orthographe, style parfois lourd.* » Coll. Notre-Dame de Montgré ; copie Famille d'Agay.

33. L'infirmerie de la gare d'Ambérieu, vers 1915 ; Gabrielle distribuant du café aux soldats. Coll. Famille d'Agay.

34. Marie de Saint-Exupéry, infirmière à Ambérieu. Coll. particulière. Reproduit par Kessel (*Op. cit.*, p. 23).

35. « Quelques profils de Boches », dessin d'Antoine ; 1914 ou 1915 : « *trois grands saints dans leur gloire : François-Joseph, Utile II, le Kronprinz* ». Ancienne coll. Gervais Chappée (condisciple d'Antoine à Notre-Dame de Sainte-Croix). Reproduit dans *Icare* 1, p. 75. Photo D.R.

36. Antoine, élève à la Villa Saint-Jean à Fribourg ; vers 1916. Ancienne coll. Charles Sallès. Reproduit dans *Icare* 1, p. 80. Photo D.R.

37. Représentation du *Malade imaginaire* à la Villa Saint-Jean. Au centre, Antoine dans le rôle de Diafoirus ; vers 1917. Ancienne coll. Charles Sallès. Reproduit dans *Icare* 1, p. 84. Photo D.R.

38. François de Saint-Exupéry sur son lit de mort à Saint-Maurice. Photo d'Antoine de Saint-Exupéry, 10 juillet 1917. Coll. Famille d'Agay.

39. Antoine lors de la promenade de fin d'année au lac des Quatre Cantons. Villa Saint-Jean, juin 1917. Ancienne coll. Charles Sallès. Reproduit dans *Icare* 1, p. 87. Photo D.R.

40. « Ballade du petit bureau », d'Antoine. Dactylogramme. Coll. particulière. Tirage Archives nationales.

41. La classe préparatoire de l'abbé Sudour à l'École Bossuet en 1919 (Antoine est le premier à gauche). Coll. Famille d'Agay. Photo D.R.

42. Dessin d'Antoine dans une lettre à sa mère en 1920. Archives nationales 153 AP n° 9.

43. Dessin d'Antoine dans une lettre à sa mère ; Besançon, août 1919. Archives nationales : 153 AP n° 94.

44. Le salon des Saussine, rue Saint Guillaume, à Paris. Ancienne coll. Bertrand de Saussine. Tirage Archives nationales.

45. Yvonne de Lestrange, tante d'Antoine. Coll. Famille de Lestrange.

46. De gauche à droite, Simone, Antoine et Gabrielle se baignant dans l'Ain à Saint-Maurice. Coll. Famille d'Agay.

47. Antoine en 1919 ou 1920. Ancienne coll. Henry de Ségogne. Tirage Archives nationales. Photo D.R.

48. Antoine durant son service militaire en 1921. Ancienne coll. Henry de Ségogne. Tirage Archives nationales. Photo D.R.

49. Lettre d'Antoine à sa mère, à la veille de passer son brevet de pilote, avec dessin : « *Ce tableau d'un art très sobre représente le combat aérien de demain.* » Strasbourg, 1921. Archives nationales : 153 AP n° 20.

50. Autoportrait en aviateur, dessin d'Antoine dans une lettre à sa mère. Archives nationales : 153 AP.

51. L'élève officier de Saint-Exupéry ; automne 1922. Coll. Famille d'Agay.

52. Dessin d'Antoine au verso de la photographie d'avion n° 55 (lire : 1921 et non *1920*). Coll. André de Vilmorin. Tirage Archives nationales. Photo D.R.

53. « Fiche matricule » de Saint-Exupéry. SHAA : 1 P 6678 1.

54. Le personnel de la Compagnie Aérienne Française au Bourget en 1926 (Antoine est le premier à gauche). Musée Air France : Ph 266/1. Tirage Archives nationales.

55. Avion militaire Breguet XIV (Maroc, 1921), utilisé durant la guerre du Rif (ici, une protection l'isole du sable). Coll. André de Vilmorin. Photo Antoine de Saint-Exupéry. Tirage Archives nationales.

56. Avion biplace d'apprentissage Hanriot HD 14. Musée de l'Air et de l'Espace : MA 1049. Photo D.R.

57. Lettre d'Antoine à Henry de Ségogne à la veille de son engagement par la C.A.F. (1923) : « *Je me vois déjà en combinaison sur un beau terrain d'aviation.* » Ancienne coll. Henry de Ségogne. Tirage Archives nationales. Photo D.R.

58. Antoine menant à l'autel sa sœur Gabrielle le jour de son mariage avec Pierre d'Agay à Saint-Maurice en octobre 1923. Coll. Famille d'Agay.

59. La photographie de famille du mariage (Antoine est assis, au premier rang, à droite). Coll. Famille d'Agay.

60-61. Lettres d'Antoine, représentant de commerce, à Henry de Ségogne ; de Guéret et de Boussac, 1925. Ancienne coll. Henry de

Ségogne. Tirages Archives nationales. Photos D.R.

62. Autre lettre d'Antoine à Jean Escot ; de Vierzon, datée du « *lendemain d'hier* » en 1925. Ancienne coll. Jean Lescot. Reproduit dans *Icare* 1, hors texte p. 112. Photo D.R.

63. Page de titre, avec dessin, d'un recueil de poésies, « L'Adieu », de Saint-Exupéry. Autographe. Archives nationales : 153 AP.

64. « Épilogue » de « L'Adieu », avec dessin de l'auteur. Autographe. Archives nationales : 153 AP.

65. « Manon danseuse », de Saint-Exupéry. Dactylogramme. Coll. André de Vilmorin. Tirage Archives nationales. Photo D.R.

66-66 *bis*. Sommaire du *Navire d'Argent* et première page de « L'Aviateur », nouvelle de Saint-Exupéry (avril 1926).

67. Jean Prévost, vers 1925. Photo D.R.

68. L'*Hôtel du Grand Balcon* à Toulouse, vers 1925. Coll. particulière. Reproduit par Kessel (*Op. cit.*, p. 30). Photo D.R.

69. Le petit car de la Compagnie générale aéropostale. Musée Air France : Ph 900/21. Tirage Archives nationales. Photo D.R.

70. Pierre-Georges Latécoère. Musée de l'Hydraviation, Biscarosse. Photo Manuel Frères. Tirage Archives nationales.

71. Antoine de Saint-Exupéry, Beppo de Massimi et Jean Mermoz, vers 1930. Coll. particulière. Photo D.R.

72. « Lignes aériennes Latécoère ». Couverture d'une brochure publicitaire. Musée Air France : A 295. Photo Air France.

73. Photographie aérienne du terrain de Toulouse-Montaudran survolé par un avion Dewoitine D 33. Archives départementales de Haute-Garonne, versement n° 4088.

74-74 *bis*. Lettre, avec dessins, d'Antoine à Charles Sallès ; Alicante, janvier 1927. Ancienne coll. Charles Sallès. Photo D.R. Tirages Archives nationales.

75. Réponse de Didier Daurat à une interview sur Saint-Exupéry. Autographe. Coll. particulière. Reproduit dans *L'Humanisme dans l'œuvre de Saint-Exupéry* de Helene E. Crane (The Principia Press of Illinois, 1957, hors texte p. 32).

76. Didier Daurat (années vingt). Photo D.R.

77. Carnet de vol de Saint-Exupéry ; Toulouse-Perpignan, 15 décembre 1926 : « *Brume au sol région Narbonne, obligeant passer derrière Narbonne.* » Musée Air France.

78. Avion Breguet XIV Latécoère A2F-AEIZ, aux doubles couleurs françaises et espagnoles. Musée Air France : Ph 353/1. Tirage Archives nationales. Photo D.R.

79. Le pilote Antoine Riguelle, de l'Aéropostale. Musée Air France : Album de photographies, Ph 585. Tirage Archives nationales. Photo D.R.

80. Le pilote Henri Guillaumet, de l'Aéropostale. Musée Air France : Ph 585. Photo D.R.

81. La « Ligne » Agadir-Dakar dont les lieux-dits portent les noms des pilotes. Carte. © *Icare* 1, p. 142.

82. Un interprète maure. Musée Air France : Ph 399/13. Tirage Archives nationales. Photo D.R.

83. Les autruches de Cap Juby en 1927. Photo Pierre Picard (prédécesseur de Saint-Exupéry comme chef d'escale à Cap Juby). Tirage Archives nationales.

84. La « Casa del Mar » à Cap Juby, vers 1926-1927. Photo Pierre Picard. Tirage Archives nationales.

85. Le hangar « Bessonneau » à Cap Juby, vers 1926-1927. Photo Pierre Picard. Tirage Archives nationales.

86. Des Breguet XIV sur la piste, un jour de grande marée, vers 1926-1927, à Cap Juby. Photo Pierre Picard. Tirage Archives nationales.

87. Le pilote Léon Antoine nourrissant une gazelle à Cap Juby, 1926 ou 1927. Photo Pierre Picard. Tirage Archives nationales.

88. « Bark, esclave maure », nouvelle écrite par Saint-Exupéry à Cap Juby. Autographe. Coll. particulière. Tirage Archives nationales.

89. Une caravane dans le désert (détail du nº 1).

90. « Rapport », de Saint-Exupéry, concernant un dépannage depuis Cap Juby (cachet d'enregistrement du 8 août 1928) : « *Monsieur Tête, Vous avez sans doute eu une lettre de Reine d'il y a une dizaine de jours. Je n'ai pu écrire car je n'ai pas vu les Maures qui ont porté le ravitaillement et je ne sais s'ils avaient des lettres pour moi. Nous sommes en effet séparés depuis une douzaine de jours. Je renvoie pour lui la moitié des vivres. À l'avenir vous aurez donc deux ravitaillements à faire car un partage au milieu des Maures est impossible à faire.* » Autographe. Musée Air France : D 167.

91. Lettre de l'ingénieur Serre à l'inspecteur Tête sur ses conditions de captivité chez les Maures (22 septembre 1928). Autographe. Musée Air France : D 44.

92. André Bouilloux-Lafont, président de la Compagnie générale aéropostale. Musée Air France : Ph 585. Tirage Archives nationales. Photo D.R.

93. Les pilotes Reine et Serre lors de leur libération en octobre 1928 (marqués d'une flèche). Musée Air France : Ph 198/4. Tirage Archives nationales. Photo D.R.

94. Dépannage, à dos de chameau, d'un avion Breguet dans le désert. Musée Air France : Ph 218/2. Tirage Archives nationales. Photo D.R.

95. Premier témoignage imprimé de Didier Daurat sur Saint-Exupéry. Édition originale tirée à 51 exemplaires (Ælberts, 1954).

96. Didier Daurat. Reproduit par Kessel (*Op. cit.*, p. 31). Photo D.R.

97. Esquisse, de la main de Daurat, du tracé de la Ligne entre l'Afrique et l'Amérique. Autographe. Coll. particulière. Reproduit par Crane, *Op. cit.*, hors texte p. 32.

98. Couverture de *Courrier Sud*, le premier livre de Saint-Exupéry (Gallimard, 1929), préfacé par André Beucler.

99. Lettre d'Antoine à Louise de Vilmorin ; Brest, mai 1929. Autographe. Coll. Vilmorin. Tirage Archives nationales. Photo D.R.

100-101. Recto-verso d'une carte de Latécoère à Saint-Exupéry, 8 juillet 1929, le remerciant de l'envoi de *Courrier Sud* : « *C'est l'âme de nos pilotes qui a permis de créer la "Ligne". Cette âme, je la retrouve qui magnifie chaque page de votre œuvre : je vous félicite et vous remercie.* » Autographe. Coll. Philippe Zoumeroff.

102. Lettre du « Represantante General » de la Compagnie générale aéropostale, Vicente Almandos Almonacid, au directeur général des Postes d'Argentine relative à la surtaxe des lettres vers l'Europe. Buenos Aires, 10 mars 1930. Dactylogramme. Archivo general de la Nación Argentina.

103. Permis de conduire délivré en Argentine à Saint-Exupéry (1930). Duplicata. Coll. Philippe Zoumeroff.

104. Télégramme d'Antoine à sa famille à son arrivée en Argentine (6 octobre 1929) : « *Excellent voyage pense tendrement à vous tous et vous embrasse écrivez par Toulouse.* » Coll. Famille d'Agay.

105. Saint-Exupéry (au centre, gabardine au bras) et Paul Vachet (à sa droite), son prédécesseur à la direction de l'Aeroposta Argentina. Archivo general de la Nación Argentina.

106. Lettre d'Antoine à sa mère lui annonçant sa nomination de « *directeur de l'exploitation* » (Buenos Aires, 1929) : « *Je viens enfin de savoir ce que je fais... Je suis nommé directeur*

de l'exploitation de l'"Aeroposta Argentina" compagnie filiale de la cie générale Aéropostale — aux appointements de 225 000 F environ. Je pense que vous êtes bien contente ? Moi, je suis un peu triste, j'aimais bien mon existence ancienne. » Autographe. Archives nationales : 153 AP nº 76.

107. Dîner d'adieu de Paul Vachet au restaurant *Conte* le 29 octobre 1929 (Saint-Exupéry est le troisième à gauche) à Buenos Aires. Archivo general de la Nación Argentina.

108. Saint-Exupéry et Henri Guillaumet devant un avion Laté 28 (1929). Musée Air France : Ph 524/2. Tirage Archives nationales. Photo D.R.

109. L'aérodrome de Pacheco, près de Buenos Aires, en 1929. Archivo general de la Nación Argentina.

110. L'aéroplace de Comodoro Rivadavia, vers 1930. Archivo general de la Nación Argentina.

111. La Ligne Toulouse-Santiago du Chili. Carte établie par Kessel (*Op. cit.*, p. 36).

112-112 *bis*. Feuille de renseignements pour l'admission dans l'ordre de la Légion d'honneur (18 mars 1930). Autographe. Archives nationales : LH.

113. Le pilote Jean Mermoz. Musée Air France : Ph 585. Tirage Archives nationales. Photo D.R.

114. L'avion Potez 25, après l'accident de Guillaumet, à Laguna Diamante le 21 juin 1930. Musée Air France : ph 855/3. Tirage Archives nationales. Photo D.R.

115. Saint-Exupéry (de dos) accueillant Guillaumet (casqué) à Tumuyan, le 21 juin 1930. Archivo general de la Nación Argentina.

116. Réception de Guillaumet (de face), accompagné de Saint-Exupéry (à gauche), au *Plaza Hotel* de Mendoza, le 21 juin 1930. Archivo general de la Nación Argentina.

117. Noëlle et Henri Guillaumet avec Saint-Exupéry au *Luna Park* de Buenos Aires (1930). Musée Air France. Photo D.R.

118. Lettre d'Antoine à sa mère, s'inquiétant de la réception de son mandat (Buenos Aires, 25 juillet 1930) : « *Nous sommes le 26 et je ne sais pas encore si vous avez reçu le mandat de 8 000 expédié au début du mois. C'est bien vexant pour moi que chaque fois on oublie ! (Les accusés de réception de Didi étaient chaque fois datés de quinze jours après réception.)* » Autographe. Archives nationales : 153 AP nº 80.

119. « Liste des vols » de Saint-Exupéry pour le mois de juin 1930. Archivo general de la Nación Argentina.

120. Benjamin Crémieux. Éditions Gallimard. Photo Henri Manuel.

121. Antoine et Consuelo à Nice, dans leur maison de Cimiez. Ancienne coll. Henry de Ségogne. Tirage Archives nationales. Photo D.R.

122. Consuelo de Saint-Exupéry. Coll. Claude Werth. Tirage Archives nationales.

123. Main de Saint-Exupéry (1938). Coll. Famille d'Agay. Photo © Jane Malezieux. Tirage Archives nationales.

124. Carte d'identité délivrée à Saint-Exupéry en Argentine (1931). Coll. Philippe Zoumeroff.

125. Marie de Saint-Exupéry lisant. Coll. Famille d'Agay.

126. Première page de *Vol de nuit*. Autographe (on notera le nombre de corrections de mains différentes). Coll. particulière. Tirage Archives nationales.

127. Le château d'Agay (commune de Saint-Raphaël, Var). Coll. particulière. Reproduit par Kessel (*Op. cit.*, p. 43). Photo D.R.

128. Antoine et Consuelo, le jour de leur mariage religieux, à Agay (12 avril 1931). Coll. Famille d'Agay.

129. Consuelo, le même jour, sur la terrasse du château d'Agay. Coll. Famille d'Agay.

130. André Gide. Coll. Roger Parry. Photo D.R.

131. Saint-Exupéry (vers 1933). Coll. Famille d'Agay. Tirage Archives nationales.
132. Billets de Saint-Exupéry échangés en vol avec son radio, Jacques Néri. Autographes. Musée Air France : D.
133. Édition originale (Gallimard, 30 mai 1931).
134. Saint-Exupéry lisant. Coll. Roger Parry. Photo D.R.
135. Interview de Saint-Exupéry dans *Candide* (10 décembre 1931) à l'occasion du prix Femina. Coll. Famille d'Agay.
136. Adaptation musicale de *Vol de nuit* par Luigi Dallapiccola (1940). Partition (s.d.) dédicacée à Marie de Saint-Exupéry en 1960. Coll. André de Fonscolombe. Tirage Archives nationales.
137. Consuelo, Marie, Antoine (tenant le chien Youki) et Gabrielle d'Agay avant le départ de Saint-Maurice-de-Rémens (juin 1932). Coll. Famille d'Agay. Photo André de Fonscolombe.
138. Télégramme de Gaston Gallimard à Consuelo (29 avril 1934). Éditions Gallimard.
139. Hydravion CAMS 56 (1930). Musée de l'Air et de l'Espace : MA 5427. Photo D.R.
140. De gauche à droite, Roger Martin du Gard, Ramon Fernandez, Saint-Exupéry, Liliane Fernandez, Clara et André Malraux, Mme Gaston Gallimard aux rencontres de Pontigny (septembre 1932). Archives de Pontigny-Cerisy. Tirage Archives nationales. Photo D.R.
141. La une du premier numéro de *Marianne* consacrée au scandale de l'Aéropostale (26 octobre 1932).
142. « Pilotes de ligne », article de Saint-Exupéry (*Marianne*, 26 octobre 1932).
143. Préface de Saint-Exupéry au *Destin de Joseph-Marie Le Brix*, de José Le Boucher (1931). Bibliothèque nationale.
144. « Une Planète », nouvelle de Saint-Exupéry, parue dans *La NRF* du 1er avril 1933. Jeu d'épreuves avec corrections autographes. Coll. Thierry Bodin.
145. « Une Planète », texte qui sera repris dans le chapitre IV de *Terre des Hommes*. Autographe. Coll. particulière. Tirage Archives nationales.
146. Interview de Saint-Exupéry à propos du film tiré de *Vol de nuit* par Clarence Brown. Coupure de presse détachée (s.d.). Coll. Famille d'Agay. Tirage Archives nationales.
147. Clark Gable, interprète de *Vol de nuit*. Dessin de Consuelo de Saint-Exupéry (vers 1942). Coll. particulière.
148. *La Reine de Saba*, reportage aérien d'André Malraux (*L'Intransigeant*, 1934). Autographe. Coll. particulière.
149. Avion trimoteur de transport Laté 350 (1930). Musée de l'Air et de l'Espace : MA 36032. Photo D.R.
150. « Igor », scénario inédit de Saint-Exupéry (1934 *ou* 1935). Dactylogramme. Coll. Famille d'Agay.
151. Saint-Exupéry (au premier plan) lors du tournage de *Week-End à Alger* sur le *Cams* en juin 1934. À gauche, successivement, les journalistes Jean Routhier et André Reichel ; à droite, le pilote Givon, le chef de réseau de Marseille Arozarone, Jean Chitry. Ancienne coll. Jean Chitry. Tirage Archives nationales. Photo D.R.
152. Affiche publicitaire pour la sortie de *Week-End à Alger*. Musée Air France.
153. Hydravion torpilleur Laté 293 nº 1 (Saint-Raphaël, 1933). Musée de l'Air et de l'Espace : MA 36033. Photo D.R.
154. « Le 14e Salon de l'Aviation », article de Saint-Exupéry (*Marianne*, 21 novembre 1934).

155. Joseph Kessel, débarquant d'un avion d'Air France. Coll. Patrick Kessel. Photo D.R.
156. De droite à gauche, Léon-Paul Fargue, Consuelo et Antoine, les journalistes Marius Larique et Paul Bringuier à la brasserie *Lipp* (vers 1935). Coll. particulière. Reproduit dans *Icare* 3, p. 50-51. Photo D.R.
157. Hydravion Lioré et Olivier 190 sur lequel Saint-Exupéry rallia Saigon en juillet 1934. À la suite d'une panne, il dut amerrir dans l'embouchure du Mékong. Musée de l'Air et de l'Espace : F 4152. Photo D.R.
158. « Dispositif pour atterrissage d'avions », brevet d'invention *demandé* par Saint-Exupéry le 15 décembre 1934. Imprimé. Coll. particulière. Tirage Archives nationales.
159. Jeu de lettres et dessin de Saint-Exupéry. Autographe. Coll. particulière. Tirage Archives nationales.
160. « Souvenirs de Mauritanie », article de Saint-Exupéry (revue *Air France*, printemps 1935). Musée Air France.
161. Saint-Exupéry, juré du Grand prix littéraire de l'Aéro-Club de France, félicitant le lauréat, René Chambe (au centre) en 1936. Coll. particulière. Reproduit dans *Icare* 3, p. 55-56. Photo D.R.
162. « Une Étrange soirée », article de Saint-Exupéry (*Paris-soir*, 22 mai 1935) dicté au téléphone depuis Moscou. Autographe. Musée Air France : D 1462. Reproduit dans *Icare* 7, p. 58.
163. Autorisation pour une période d'entraînement à la 54ᵉ escadre du Bourget-Dugny (19 avril 1935). Coll. particulière.
164. Le *Maxime Gorki* à la une du *Journal de Moscou* (20 juin 1934). Saint-Exupéry, qui avait été à bord du « *plus grand avion du monde* » la veille de l'accident, écrit : « *Il a disparu pour s'être trouvé dans la trajectoire, tendue comme une trajectoire de tir, d'un avion de chasse aveugle.* » Ministère des Affaires Étrangères, Paris : Europe Z, 1918-1940, URSS, dossier nº 902, 104.
165. Léon Werth en 1935. Coll. Claude Werth. Photo D.R. Tirage Archives nationales.
166. *Anne-Marie*, scénario de Saint-Exupéry (10 mai 1935). Dactylogramme. Coll. Association Espace Saint-Exupéry.
167. *Anne-Marie*, roman de Jean d'Arjasse, d'après le scénario de Saint-Exupéry (Tallandier, 1935).
168. Saint-Exupéry, André Prévot et Jean-Marie Conty, devant le Simoun, à Damas (novembre 1935). Coll. particulière. Reproduit dans *Icare* 2, p. 99, Photo D.R.
169. Le Simoun après l'accident de Libye. Photographie avec dédicace autographe de Saint-Exupéry à sa sœur Gabrielle d'Agay : « *En souvenir d'un soir de désespoir. Antoine.* » Coll. Famille d'Agay.
170. Saint-Exupéry devant l'épave du Simoun. Photo d'Émile Raccaud [*?*]. © Agence Air. Reproduit dans *Icare* 7, p. 34-35.
171. Message de détresse de Saint-Exupéry, reçu par Émile Raccaud, écrit au dos d'un plan de vol : « *Pourriez-vous payer mon guide 2 guinées. Je n'ai point le change de ce pays. / Après cinq jours de marches sans presque une goutte d'eau, dans le désert, nous venons d'aboutir mon mécanicien et moi dans un petit oasis. / On nous emmène chez vous par chameau, mais nous n'avons plus la force de supporter ce mode de transport. Pouvons-nous compter sur votre très grande obligeance et vous demander de nous recueillir le plus tôt possible en auto ou canot. / Votre guide vous expliquera où nous sommes. / Antoine de Saint Exupéry / Nous vous remercions d'avance.* » Autographe. Coll. particulière. Reproduit dans *Icare* 7, p. 37.
172. Marie et Consuelo à l'*Hôtel du Pont-Royal* le 4 janvier 1936. Coll. particulière. Reproduit par Kessel (*Op. cit.*, p. 60).

173. Arrêté ministériel nommant Saint-Exupéry « *expert auprès du Comité Supérieur de Coordination des Transports* » (3 janvier 1936). Coll. particulière.

174. Antoine (lisant une déclaration à la presse) et Consuelo sur le pont du Kawsar (20 janvier 1936). Coll. particulière. Reproduit dans *Icare* 2, p. 108-109. Photo D.R.

175. Premier article de la série « Prison de sable » (*L'Intransigeant*, 30 janvier 1936).

176. Brochure de la branche française de la Société des Fils de la révolution américaine (imprimée à Paris en 1934). Coll. Famille d'Agay.

177. *Courrier Sud*, scénario de Saint-Exupéry. Dactylogramme avec corrections autographes et instructions typographiques : « *remplacer par des blancs normaux les fins de pages blanches de raccordement* » — « *SVP les blancs plus espacés* PARTOUT *(je tracerai les rappels)* ». Coll. particulière.

178. Script de *Courrier Sud*. Dactylogramme. Ancienne coll. Pierre Billon. Reproduit dans *Icare* 3, p. 234. Photo D.R.

179. Certificat de domicile de Saint-Exupéry, 15, place Vauban à Paris (18 novembre 1937), visé par le commissaire de Police du VIIe. Coll. particulière.

180. Saint-Exupéry, vers 1936. Musée Air France : Ph 422/1. Tirage Archives nationales. Photo D.R.

181. Prise de vue de *La Dame de chez Maxim's* ; Henri Jeanson (à gauche) et Alexandre Korda (assis, à droite). Coll. particulière. Reproduit dans *Icare* 3, p. 80-81. Photo D.R.

182. Consuelo sur le balcon de l'appartement de la place Vauban. Coll. Claude Werth. Tirage Archives nationales.

183. Premier article du reportage « Espagne ensanglantée » (*L'Intransigeant*, 19 août 1936), « On fusille ici comme on déboise ».

184 *à* 186. Trois photographies rapportées d'Espagne par Saint-Exupéry. Coll. particulière.

187. « Certificat de navigabilité » du Bureau Veritas accordé à l'avion Caudron 636, le deuxième Simoun de Saint-Exupéry (4 septembre 1936). Coll. particulière.

188. Le cinéaste Pierre Billon et sa scripte, Françoise Giroud, lors du tournage de *Courrier Sud* (automne 1936). Coll. particulière. Reproduit dans *Icare* 3, p. 40. Photo D.R.

189. Pierre Billon et Saint-Exupéry pendant le tournage de *Courrier Sud*. Photo © Limot. Reproduit par Kessel (*Op. cit.*, p. 50).

190. Photographie de *Courrier Sud* ; avec dédicace autographe de Saint-Exupéry à Henry de Ségogne. Ancienne coll. Henry de Ségogne. Photo © Limot. Tirage Archives nationales.

191. Premier article de Saint-Exupéry après l'annonce de la disparition de Mermoz (*L'Intransigeant*, 13 décembre 1936). Archives nationales : 307 AP 93.

192. Texte d'une conférence de Saint-Exupéry sur Mermoz, prononcée en 1937. Dactylogramme avec corrections autographes. Coll. Famille d'Agay.

193. Hommage à Mermoz par Saint-Exupéry (*Marianne*, 16 décembre 1936). Coupure, avec annotation manuscrite de l'époque : « *Sublime.* » Archives nationales : 307 AP 93.

194. Programme d'une « *soirée de gala en l'honneur de Mermoz* » (Paris, 21 janvier 1937). Coll. Famille d'Agay.

195. Autorisation de survol accordée à Saint-Exupéry dans le cadre de son « *projet de voyage au Sahara* » (29 janvier 1937). Coll. particulière.

196. « Feuille de renseignements » d'Air France remplie par Saint-Exupéry en 1936. Autographe partiel. Musée Air France : D 36.

197. Antoine et Consuelo, avec Jean Lucas, devant un Simoun sur le terrain d'Ambérieu (1937). Coll. Claude Werth. Photo Léon Werth. Tirage Archives nationales.
198 *à* 200. Trois photographies rapportées par Saint-Exupéry de son raid africain de 1937. Coll. particulière. Tirages Archives nationales.
201. Article de Saint-Exupéry (*L'Intransigeant*, 2 avril 1937), « L'Aventure pathétique de Guillaumet ».
202. Premier article du reportage consacré à « Madrid » (*Paris-soir*, 27 juin 1937). La série parut du 27 juin au 3 juillet (le reportage datait d'avril).
203. Brouillon du dernier article sur « Madrid » (*Paris-soir*, 3 juillet 1937). Dactylogramme avec corrections autographes. Coll. particulière. Tirage Archives nationales.
204. Ernest Hemingway. Photo D.R.
205. John Dos Passos. Photo D.R.
206. Extrait du contrat d'assurance couvrant le raid américain de Saint-Exupéry (24 novembre 1937). Coll. particulière. Reproduit s/n° 192 dans *Catalogue* de la Librairie Sinibaldi, n° 35, novembre 1992.
207. Demande de visa auprès du consulat du Brésil (31 décembre 1937). Coll. Famille d'Agay.
208. Saint-Exupéry en janvier 1938. Photographie dédicacée (détail). ECPA.
209. Carte du raid New York-cap Horn © Edmond Petit.
210. Les débris de l'avion Simoun (aéroport de Guatemala City, février 1938). Musée Air France : Ph 1488. Tirage Archives nationales. Photo D.R.
211. L'avant du Simoun après l'accident. Coll. particulière. Tirage Archives nationales.
212. Lettre de Saint-Exupéry à son traducteur, Lewis Galantière, à propos de l'édition américaine de *Terre des Hommes*. Autographe. Coll. particulière. Photo D.R.
213. Brouillon de la préface de Saint-Exupéry à *Quand le vent se lève*, d'Anne Morrow-Lindbergh. Autographe. Coll. particulière. Tirage Archives nationales. Photo D.R.
214. La maison de Marie de Saint-Exupéry « *Les Fioretti* », à Cabris (Alpes-Maritimes). Coll. Famille d'Agay.
215. Sur le pont du *Normandie* (1938). Coll. particulière. Tirage Archives nationales.
216. « Système de sustentation et de propulsion, notamment pour avions ». Brevet demandé par Saint-Exupéry le 17 août 1938. Imprimé. Coll. Famille d'Agay.
217. Original de ce brevet, délivré le 11 septembre 1938. Coll. Famille d'Agay.
218. Note de Saint-Exupéry sur les avances consenties par *Paris-soir* (novembre 1938) : « *Je devais exactement à Paris-soir 1 000 000 F constitué par / avance sur un roman 40 000 F / avance sur un reportage tour d'Amérique du Sud 60 000 F / ce voyage ayant été manqué Paris-soir a accepté de considérer comme reportage à 60 000 F les 3 articles sur la paix et les sept du livre. C'était déjà bien beau.* » Note d'Antoine de Saint-Exupéry de novembre 1938 sur papier à en-tête de l'*Hôtel Lutétia* à Paris. Coll. particulière.
219-220. Deux articles de la série « Aventures et escales » (*Paris-soir*, 8 *et* 11 novembre 1938), « Dans la nuit glacée je fais ma veillée d'armes » et « Depuis l'origine du monde personne n'avait marché là... »
221. Consuelo et Antoine. Photographie avec dédicace autographe de Saint-Exupéry à André de Fonscolombe. Collection André de Fonscolombe. Tirage Archives nationales.
222. Jeu d'épreuves corrigées de *Terre des Hommes*, avec envoi autographe de Saint-Exupéry à Henry de Ségogne (13 décembre 1938) :

« *À mon vieil et cher ami Henri de Ségogne avec ma profonde et inaltérable amitié. N.B. défense aux graphologues de se casser la tête sur l'écriture des corrections. Ils y découvriraient une âme de vierge blonde timide et douce qui n'a rien de commun avec la mienne. Antoine.* » Ancienne coll. Henry de Ségogne. Tirage Archives nationales.

223. Recherches de titres pour *Terre des Hommes*. Autographe. Coll. André de Fonscolombe. Tirage Archives nationales.

224. Édition originale (Gallimard, 16 février 1939).

225. Saint-Exupéry devant sa table de travail (appartement de la place Vauban, 1938). Coll. particulière. Tirage Archives nationales.

226. Envoi de Saint-Exupéry à son éditeur sur un exemplaire de *Terre des Hommes* : « *Pour Gaston Gallimard qui est un de mes meilleurs amis. Avec ma très profonde affection. Antoine de Saint-Exupéry.* » Éditions Gallimard.

227. Dédicace de Saint-Exupéry à Henri Guillaumet, avec dessin surtitré « *Le pilote de ligne prend le départ* ». Musée Air France.

228. Vitrine de libraire en 1939. Photo Roger Parry. © Éditions Gallimard.

229. Saint-Exupéry tenant sa filleule, Anne Marie-France de Ségogne (mars 1939). Coll. Henry de Ségogne. Tirage Archives nationales. Photo D.R.

230. Déclaration de Saint-Exupéry au Poste Parisien en 1939. Reproduit par Kessel (*Op. cit.*, p. 69). Photo D.R.

231. Saint-Exupéry avec Claude, le fils de Léon Werth, à Saint-Amour en 1939. Coll. Claude Werth. Tirage Archives nationales.

232. Le *Café de la Marine* à Saint-Amour. Photogramme extrait du film *Antoine de Saint-Exupéry*, de Jean-Jacques Languepin (1959). Musée Air France : Ph. 100. © Jean-Jacques Languepin.

233. Saint-Exupéry à Saint-Amour chez les Werth (1939). Coll. Claude Werth. Tirage Archives nationales.

234. Guillaumet et Saint-Exupéry à Biscarosse en mai 1939. Coll. particulière. Reproduit dans *Icare* 2, p. 43. Photo D.R.

235. Aux commandes du Laté 521 à Biscarosse en mai 1939. Coll. particulière. Tirage Archives nationales.

236. L'hydravion Laté 521 à Biscarosse. Musée Air France : Ph 1153/6. Tirage Archives nationales. Photo D.R.

237. Guillaumet et Saint-Exupéry dans le poste de pilotage d'un Laté 521 (mai 1939). Coll. particulière. Tirage Archives nationales.

238. Un équipage. De gauche à droite, Leclaire (pilote), Bouchard et Néri (radios), Guillaumet (commandant), Comet (navigateur). Coll. particulière. Reproduit dans *Icare* 3, p. 107. Photo D.R.

239. Le *Normandie* (à bord duquel se trouve Saint-Exupéry) survolé par le Laté 521, commandé par Guillaumet (juillet 1939). Coll. particulière. Reproduit dans *Icare* 3, p. 110-111. Photo D.R.

240. Lettre de remerciements de Léopold, roi des Belges, à Saint-Exupéry (21 juillet 1939). Autographe. Coll. Famille d'Agay.

241. Saint-Exupéry à la session d'été du collège de Middlebury (1939). Coll. particulière. Tirage Archives nationales.

242. Prépublication partielle de la traduction américaine de *Terre des Hommes*, *The Wild Garden* (Reynal and Hitchcock, 1938). Coll. André de Fonscolombe. Tirage Archives nationales.

243. Édition originale de la traduction américaine de *Terre des Hommes*, *Wind, Sand and Stars* (Reynal and Hitchcock, 1939).

244. Publicité américaine pour *Terre des Hommes* (1939). Coupure détachée.

245. De droite à gauche, Saint-Exupéry, Pierre de Lanux, Yvonne Michel, Poppy Paul-Boncour aux États-Unis (1939). Coll. particulière. Tirage Archives nationales.
246. Charles Lindbergh. Photographie dédicacée à Saint-Exupéry (6 août 1939). Coll. Famille d'Agay. Photo D.R.
247. Saint-Exupéry en 1939. Coll. particulière. Tirage Archives nationales.
248. Saint-Exupéry, avec Yvonne de Lestrange (au centre) et une amie, à son retour des États-Unis (26 août 1939). Coll. particulière. Tirage Archives nationales.
249. Demande de mise à disposition du capitaine de Saint-Exupéry au Groupe 2/33 (21 novembre 1939). Dactylogramme. SHAA: 1 P 6678-4.
250. Page de couverture et emblème du « Journal de marche » du Groupe 2/33. Imprimé. SHAA : G 8279.
251. Lettre de Saint-Exupéry à Léon Werth (Paris, automne 1939). Autographe Coll. Claude Werth. Tirage Archives nationales.
252. Le capitaine Saint-Exupéry sur la base de Toulouse-Francazal (septembre 1939). Coll. particulière. Tirage Archives nationales.
253. À la « table de commandement » (le billard de la « popote ») du 2/33, à la base d'Athies-sous-Laon (Marne) en décembre 1939, avec les capitaines Guillaume et Moreau. Coll. particulière. Tirage Archives nationales.
254. La base d'Orconte en décembre 1939 (Saint-Exupéry est le deuxième à droite). Photo Robert Dutordoir. Tirage Archives nationales.
255. Le journaliste et dialoguiste Henri Jeanson (1936). Photo © A.F.P.
256. « Mandat de payement » du Grand prix de l'Académie française (d'un montant de cinq mille francs) attribué à *Terre des Hommes* et adressé à l'auteur, « *grand Hôtel / Toulouse* », le 15 novembre 1939. Coll. Famille d'Agay.
257. Lettre avec dessin, de Saint-Exupéry, à Léon Werth (s.d.) : « *Je pars pour le front (Groupe aérien 2/33* [...]*) dans la grande reconnaissance. J'aime mieux ça que le bombardement, étant peu sanguinaire.* » Coll. Claude Werth. Autographe. Tirage Archives nationales.
258. L'hiver 1939 sur la base d'Orconte. Coll. particulière. Tirage Archives nationales.
259. « Appel aux Français », de Saint-Exupéry (diffusé en janvier 1940), et « La Morale de la pente », de décembre 1939. Autographes. Coll. particulières. Tirages Archives nationales.
260. Devant la popote d'Orconte du 2/33. De gauche à droite, Boucheron, Moreau, Gavoille, Foucaud, Saint-Exupéry, Mottez, Castellana. Photo Robert Dutordoir. Tirage Archives nationales.
261. « Torpille aérienne », brevet demandé par Saint-Exupéry, sous le pseudonyme de Max Ras, le 28 novembre 1939. Imprimé. Coll. particulière. Tirage Archives nationales.
262. Croquis pour une étude sur la sustentation. Autographe. Coll. Philippe Zoumeroff.
263. Dactylogramme du brevet « Torpille aérienne ». Coll. Philippe Zoumeroff.
264. Témoignage de Saint-Exupéry à son retour au Groupe 2/33 (11 février 1940) : « *en retrouvant, à la troisième escadrille du groupe 2/33, la jeunesse du cœur, la confiance mutuelle et l'esprit d'équipe qui ont fait autrefois, pour quelques-uns, tout le prix de la vieille ligne d'Amérique du Sud* » (11 février 1940). Autographe. Reproduit par Kessel (*Op. cit.*, p. 80).
265. « Nouveau dispositif de radiocompas », brevet de Saint-Exupéry. Dactylogramme avec corrections autographes. Coll. Famille d'Agay.

266. Demande de détachement de Saint-Exupéry à l'initiative du C.N.R.S. (22 janvier 1940). SHAA : 1 P 6678-4.
267. Lettre, avec dessin, de Saint-Exupéry à Léon Werth. L'avion Bloch 174 contre le Messerschmitt 109 allemand ; un « petit prince » contre un diable. Autographe. Coll. Claude Werth. Tirage Archives nationales.
268. « Compte-rendu de Mission » de Saint-Exupéry sur les ponts du Rhin à bord d'un Bloch 174 (1er avril 1940). Dactylogramme. SHAA : G 8280.
269. L'équipage d'un Potez 63-7 du Groupe 2/33. De gauche à droite, au premier plan, Laux, Hochedé, Brissault, Bertrand ; au second plan, le sergent mitrailleur Antoine. Coll. particulière. Reproduit dans *Icare* 4, p. 52. Photo D.R.
270. « Une Mission », rapport de vol sur Arras par le lieutenant René Gavoille (15 mai 1940). Dactylogramme. SHAA : G 980.
271. Répliques, avec dessins, de Saint-Exupéry. Autographe. Coll. Jean Israël. Tirage Archives nationales.
272. « Propositions de citations à l'Ordre de l'Armée aérienne » (1940). Dactylogramme. SHAA : G 405.
272 *bis*. « Capitaine de Saint-Exupéry ». Détail du no 272.
273. Projet d'affectation de Saint-Exupéry à la propagande aux États-Unis (ministère de l'Information, 24 mai 1940). Dactylogramme. Archives nationales : 153 AP 2 (4).
274. Saint-Exupéry chez le bachaga Brahimi Lakhida de Bir Rabou (juillet 1940). Ancienne coll. Georges Pélissier. Reproduit dans *Icare* 4, p. 92. Photo D.R.
275. Saint-Exupéry chez le docteur Pélissier ; Alger, juillet 1940. Ancienne coll. Georges Pélissier. Reproduit dans *Icare* 4, p. 92. Photo D.R.
276. Les capitaines Alias et Saint-Exupéry à Alger. Coll. particulière. Tirage Archives nationales. Photo D.R.
277. Le départ d'Alger (Saint-Exupéry au deuxième plan, à gauche) en août 1940. Coll. particulière. Tirage Archives nationales.
278. Lettre de Saint-Exupéry à sa sœur Simone (Alger, vers juillet 1940) : « *Nous attendons, nous attendons on ne sait trop quoi. Faire la guerre, ne pas faire la guerre. Et je végète au jour le jour dans cet hôtel où j'ai les souvenirs de quatre jours tendres et de tant d'autres infiniment amers. La plus triste période de ma vie. / Chaleur accablante, mauvaise conscience, et mauvais goût de la défaite. Silence, sur tout, silence de partout.* » Autographe. Coll. Famille d'Agay.
279. Interview de Saint-Exupéry par Georges Altman dans *Le Progrès de Lyon* du 29 octobre 1940.
280. Page d'ébauche de *Citadelle*. Autographe. Coll. particulière. Tirage Archives nationales.
281. Pierre Drieu La Rochelle. Photo Roger Parry. © Éditions Gallimard.
282. Billet de Mme Gaston Gallimard à Saint-Exupéry (24 juillet 1940). Autographe. Coll. Famille d'Agay.
283. Saint-Exupéry débarquant du *Siboney*, le 31 décembre 1940, à New York. Coll. particulière. Reproduit dans *Icare* 5, p. 6. Photo D.R.
284. L'arrivée de Saint-Exupéry dans *The New York Times* du 1er janvier 1941.
285. Pierre Lazareff, réfugié aux États-Unis. Photo © *France-soir.*
286. Le peintre Bernard Lamotte vu par Saint-Exupéry. Dessins. Ancienne coll. Cozannet. Tirage Archives nationales. Photo D.R.
287. Sur la terrasse de Bernard Lamotte à New York. Coll. particulière. Tirage Archives nationales. Photo D.R.
288. Dédicace, avec dessin, à Bernard Lamotte : « *À Bernard Lamotte qui*

est ami de toujours dans l'espoir que je trouverai un jour un bon prétexte de brouille (ainsi je soignerai enfin mon foie). Après une soirée chez lui Bernard Lamotte et moi nous éprouvons fortement la sensation de rotation terrestre (n.b. l'éléphant est en Asie. Il équilibre notre poids, ce qui permet à la terre de tourner rond). » Autographe. Musée Air France.

289. Photographie dédicacée à Bernard Lamotte. Coll. particulière. Reproduit dans *Icare* 5, p. 82. Photo D.R.

290. La villa du cinéaste Jean Renoir à Hollywood (1941). Coll. particulière. Reproduit dans *Icare* 5, p. 29. Photo D.R.

291. Jean Renoir et Saint-Exupéry en 1941. Coll. particulière. Reproduit dans *Icare* 5, p. 26. Photo D.R.

292. L'actrice Annabella Power. Coll. particulière. Reproduit dans *Icare* 5, p. 56. Photo D.R.

293. Le cinéaste René Clair. Photo D.R.

294. Ébauche du *Petit Prince*. Autographe. © The Pierpont Morgan Library *et* Succession A. de Saint-Exupéry. Tirage Archives nationales.

295. Dessin préparatoire pour *Le Petit Prince* et non retenu pour l'édition. © The Pierpont Morgan Library *et* Succession A. de Saint-Exupéry.

296. Illustration de Bernard Lamotte pour la traduction américaine de *Pilote de guerre*, *Flight to Arras*, parue en revue. Ancienne coll. Cozannet. Tirage Archives nationales. Photo D.R.

297. Dédicace à Jean-Gérard Fleury de l'édition française new-yorkaise de *Pilote de guerre* (Reynal and Hitchcock, 1942) : « *Je supprime "Monsieur" parce que tu es mon plus vieil ami et que ça fait trop guindé de dire "monsieur" je corrige par "pour ce vieux salaud de Jean Gérard" / Ah ! Fleury si tu n'existais pas la planète me paraîtrait tourner moins rond.* » Coll. particulière. Reproduit dans *Icare* 5, p. 30. Photo D.R.

298. Illustration de Bernard Lamotte pour la traduction américaine de *Pilote de guerre* parue en revue. Ancienne coll. Cozannet. Tirage Archives nationales. Photo D.R.

299. Édition originale de la traduction américaine de *Pilote de guerre* (Reynal and Hitchcock, 1942). Musée Air France.

300. Essais de titres anglais, avec dessin, de Saint-Exupéry. Autographe dans l'album « *Pilote de guerre* » de Bernard Lamotte. Ancienne coll. Cozannet. Tirage Archives nationales. Photo D.R.

301-302. Unes de journaux américains consacrées à la traduction américaine de *Pilote de guerre* (22 février 1942).

303-304. Éditions originales françaises, à New York et à Paris (1942), de *Pilote de guerre.*

305. Lettre de Saint-Exupéry à Curtice Hitchcock, son éditeur, à propos de son voyage au Canada (vers mai 1942). Autographe. Coll. particulière. Reproduit dans *Icare* 5, p. 75. Photo D.R.

306. Notes, avec dessins, pour Silvia Hamilton. Autographe. Coll. Sylvia Hamilton. Reproduit dans *Icare* 5, p. 115. Photo D.R.

307. Consuelo et Antoine aux États-Unis (1942). Coll. Pollès. Photo D.R.

308. Bevin House, à Long Island, où les Saint-Exupéry passent l'été 1942. Coll. particulière. Photo Morris Saxe.

309. Consuelo, Antoine et un ami. Coll. Pollès. Détail dans *Icare* 2, p. 28. Photo D.R.

310. Lettre ouverte de Saint-Exupéry (*The New York Times Magazine*, 29 novembre 1942).

311. Allocution radiophonique à la NBC (novembre 1942). Coll. particulière. Tirage Archives nationales. Photo D.R.

312. Brouillon de « D'abord la France » de Saint-Exupéry. Autographe. Coll. Philippe Zoumeroff.

313. Dactylogramme de « D'abord la France » offert par Saint-Exupéry à Jean Monnet. Musée Air France : D 1020/1, don de Jean Monnet.

314. Publication de la polémique entre Jacques Maritain et Saint-Exupéry dans *Pour la Victoire* du 19 décembre 1942 : respectivement « Il faut parfois juger » et « Lettre aux Français ».

315-316. Éditions originales françaises à New York (Brentano's, 1943) et à Paris (Gallimard, 1944) de *Lettre à un Otage*.

317. Édition originale de la réunion des *Écrits de guerre* (Gallimard, 1982).

318. Minute d'une lettre de Saint-Exupéry à Jacques Maritain (décembre 1942). Autographe. Coll. Philippe Zoumeroff.

319 *à* 321. *Pilote de guerre* dans la presse collaborationniste : *Le Cahier jaune* (janvier 1943) ; *Je suis partout* (29 janvier) ; *Au pilori* (21 janvier).

322. L'interdiction annoncée dans *Bibliographie de la France* des 5-12 février 1943.

323. Saint-Exupéry à New York en 1942. Photo © Helen K. Taylor. Reproduit dans *The New York Herald Tribune* du 10 octobre 1950.

324. Jeu d'épreuves, avec corrections autographes, du *Petit Prince* (1943) offert à Annabella en 1943. Coll. Annabella Power. Tirage Archives nationales. Photo D.R.

325. Greta Garbo, dessin de Consuelo. Coll. particulière.

326. Saint-Exupéry avec Eugen et Elizabeth Reynal (New York, 1942), ses éditeurs. Coll. particulière. Reproduit dans *Icare* 5, p. 81. Photo D.R.

327. Dédicace de Saint-Exupéry à René Gavoille de *Terre des Hommes*. Musée Air France : HC 97.

328. Carnet de vol du commandant Saint-Exupéry. Coll. particulière. Tirage Archives nationales.

329. « Certificat d'aptitude aux vols à haute altitude », délivré à Saint-Exupéry (Alger, 3 juillet 1943). SHAA : 1 P 6678-2.

330. Carnet individuel des services aériens de Saint-Exupéry à la première escadrille du Groupe 2/33. SHAA. Tirage Archives nationales.

331. De Gaulle et Giraud à Alger le 30 mai 1943. Photo © Imperial War Museum, Londres.

332. La villa des Gavoille à La Marsa. Coll. René Gavoille. Reproduit dans *Icare* 6, p. 31. Photo D.R.

333-334. Menu, avec dessins de Saint-Exupéry, d'un repas de fête franco-américain (18 janvier 1944) avec les signatures des convives. Coll. André Poulin. Reproduit dans *Icare* 6, hors texte p. 81. Photo D.R.

335. Télégramme d'Antoine à Consuelo (Alger, 31 décembre 1943). Coll. particulière. Reproduit dans *Icare* 6, p. 92. Photo D.R.

336. Minute d'une lettre de Saint-Exupéry à Joseph Kessel (fin 1943) publiée, sans indication de destinataire, dans *Écrits de guerre* (p. 426-434). Autographe. Coll. particulière.

337. Marie de Saint-Exupéry et Gabrielle d'Agay au parc de la Sauvagère chez les Emmanuel de Fonscolombe (Marseille, 1942). Coll. Famille d'Agay.

338. Édition originale de *Citadelle* (Gallimard, 1er mars 1948).

339. Saint-Exupéry et le photographe américain John Phillips jouant au « jeu des lettres » (1944). Photo © John Phillips.

340. Un « *raïmé* » maure près de Cap Juby (années vingt). Photo Pierre Picard. Tirage Archives nationales.

341. « Lettre à un Otage » dans *L'Arche* de février 1944.

342. Saint-Exupéry, photographié par John Phillips à Alghero, en Sardaigne (mai 1944). Photo © John Philipps.

343. Lettre accord du Commissariat à l'Air (Comité français de la Libération nationale) à la demande de vol de Saint-Exupéry (Alger, 12 mai 1944). SHAA : 1 P 6678-2.

344. Le camp français de Naples et le Vésuve en éruption (mai 1944). Photo © John Philipps.

345. L'avion Martin B 26 Marauder de la première escadrille du 1/22. Musée de l'Air et de l'Espace : MA 778. Photo D.R.

346. Lettre de Saint-Exupéry à la générale Mast (4 juin 1944) sur papier à en-tête du 2/33. Autographe. Coll. Marie-Madeleine Mast. Tirage Archives nationales.

347. Saint-Exupéry, photographié par John Phillips (mai 1944). Photo © John Philipps.

348. « Lettre à un Américain » de Saint-Exupéry (30 mai 1944) offerte à John Phillips le 30 mai 1944. Autographe. Bibliothèque nationale, don de John Phillips (1984).

349. Photographie des côtes françaises, prise lors d'un vol de Saint-Exupéry (1944). Coll. particulière. Tirage Archives nationales.

350. Les étapes méditerranéennes de Saint-Exupéry (1943-1944). Carte établie pour *Écrits de guerre* (*Op. cit.*, p. 358).

351. Saint-Exupéry près de l'avion Lightning P 38. Photo © John Phillips.

352. Saint-Exupéry à Alghero. Photo © John Phillips.

353. Saint-Exupéry aux commandes du P 38. Photo © John Phillips.

354. La dernière lettre connue de Saint-Exupéry : à Pierre Dalloz (30 *ou* 31 juillet 1944). Coll. particulière. Photo D.R.

355. Le théâtre des opérations en Méditerranée en juillet 1944. Carte établie pour *Écrits de guerre* (*Op. cit.*, p. 358).

356. « Journal de marche » du Groupe 2/33 à la date du 31 juillet 1944 : « *Lundi 31 Juillet. / Bastia-Borgo. / 1 Mission photo en haute altitude sur le sud de la France. / Non rentrée.* » Autographe. SHAA : G 8279.

357. « Compte-rendu résumé de décès au cours de mission » de la Headquarters Douzième Air Force du 1er août 1944. Dactylogramme. SHAA : 1 P 6678, 3.

358. La « Décision n° 115 », du président du Gouvernement provisoire de la République Française, citant Saint-Exupéry à l'ordre de l'armée aérienne (3 novembre 1944). SHAA : 1 P 6678, 6.

359. Saint-Exupéry étudiant son plan de vol (mai 1944). Photo © John Phillips.

TABLE DES DOCUMENTS REPRODUITS EN COULEURS

Les numéros des légendes sont imprimés en chiffres arabes gras.

1. Marie-Madeleine, dite Biche, par Marie de Saint-Exupéry. Fusain. Coll. Famille d'Agay.

2 à 5. Quatre dessins de Saint-Exupéry pour Renée de Saussine, « *L'Amie inventée* » (années vingt) ; dans *Lettres de jeunesse à l'amie inventée.* © Éditions Gallimard, 1976 (coll. « Folio », pp. 57, 75, 93, 101).

6. Publicité pour l'Aéropostale en 1927. Affiche. Musée Air France.

7. Édition originale des lettres de Saint-Exupéry à Lucie-Marie Decour, recueillies dans *Lettres à une Jeune Fille* (Ælberts, 1950).

8. Réédition de *Courrier Sud* sous cartonnage décoré de Paul Bonet (Gallimard, 1950).

9. « Lignes aériennes G. Latécoère ». Publicité pour la Ligne France-Maroc ; vers 1930. Affiche. Musée Air France.

10. Publicité pour l'Aéropostale (Ligne Europe-Afrique-Amérique du Sud) ; vers 1930. Affiche. Musée Air France.

11. Réédition de *Vol de nuit* sous couverture toilée (Gallimard, 1941).

12. Édition originale de *Vol de nuit.* Exemplaire de tête réimposé (Gallimard, 30 mai 1931).

13. Réédition de *Vol de nuit* sous cartonnage décoré de Paul Bonet (Gallimard, 1947).

14. Publicité des Éditions Gallimard en 1931. Affiche de Roger Parry. © Éditions Gallimard.

15. Page de travail de « Une Planète », nouvelle de Saint-Exupéry. Autographe. Coll. Thierry Bodin.

16. Édition originale, sous cartonnage décoré de Paul Bonet, des *Carnets* de Saint-Exupéry (Gallimard, 1953).

17-18. *Anne-Marie*, film de Raymond Bernard, sur un scénario de Saint-Exupéry ; 1935. Affiches. Société Auréa-Film. Coll. Famille d'Agay.

19. *Problème du Pharaon*, l'un des jeux intellectuels de Saint-Exupéry. Édition originale sous couverture illustrée d'un bois de A. Jusserat (Ælberts, 1957).

20. *Vers la vallée du Nil*, relation de l'accident de Lybie lors du raid Paris-Saigon de 1935, par Saint-Exupéry. Édition originale (Ælberts, 1945).

21. 2/33. *Souvenir de Saint-Exupéry*, par Léon-Paul Fargue. Édition originale (Ælberts, 1945).

22. Passeport de Saint-Exupéry, avec visa pour la Roumanie du 29 mai 1936. Coll. Famille d'Agay.

23. Autoportrait, dessin inédit de Saint-Exupéry ; vers 1940. Coll. particulière.

24. *Saint-Exupéry*, hommage posthume d'André Gide. Édition originale (Ælberts, 1951).

25. Lettre, avec dessins, de Saint-Exupéry à Charles Sallès (Alicante, janvier 1927). Autographe. Ancienne coll. Charles Sallès. Reproduit dans *Icare* 2, hors texte des p. 40-41.

26. Passeport de Saint-Exupéry, avec « visa diplomatique » pour l'Argentine, du 16 octobre 1937. Coll. Famille d'Agay.

27. Page de travail, avec dessin, de *Terre des Hommes* ; vers 1938. Autographe. Coll. Thierry Bodin.

28. Publicité des Éditions Gallimard à l'occasion du Grand prix du roman de l'Académie française attribué à *Terre des Hommes* en 1939. Affiche de Roger Parry. © Éditions Gallimard.

29. « *Le Café de la Marine* », à Saint-Amour, illustration d'André Dunoyer de Segonzac pour *Lettre à un Otage* ; dans *Œuvres complètes* (Gallimard, 1950).

30. Réédition de *Terre des Hommes* sous cartonnage décoré de Paul Bonet (Gallimard, 1952).

31. Jaquette de la réédition de *Terre des Hommes* (Gallimard, 1941).

32 à 34. Trois dessins inédits de Saint-Exupéry, non datés (dont deux signés). Coll. particulière.

35. La table de Bernard Lamotte sur la terrasse de son appartement de New York (détail). Musée Air France.

36. Réédition de *Pilote de guerre* sous couverture décorée de Paul Bonet (Gallimard, 1942).

37-38. Éditions clandestines de *Pilote de guerre* sous l'Occupation (Lyon, octobre 1943 ; *et* Lille, début 1944).

39-40. Éditions originales françaises de deux textes de Saint-Exupéry antérieurement publiés aux États-Unis : *Message aux Jeunes Américains* en mai 1942 et *Lettre aux Américains* [La lettre à John Phillips de mai 1944] (Ælberts, 1967 *et* 1959).

41. Édition originale de *Jean Mermoz pilote de ligne*, de Saint-Exupéry (Ælberts, 1952).

42. Édition originale de *Citadelle* sous cartonnage décoré de Paul Bonet (Gallimard, 1950).

43. Édition originale française de *Lettre à un Otage* sous cartonnage décoré de Paul Bonet (Gallimard, 1944).

44. Illustration d'André Derain pour *Citadelle* ; dans *Œuvres complètes* (Gallimard, 1950).

45. Dessin de Saint-Exupéry, avec envoi à Marie-Sygne, la fille d'Henri Claudel ; New York, 1942. Coll. Lady Osborne.

46. Ébauche inédite d'un « Petit Prince », datée 1940 et signée des initiales de Saint-Exupéry. Encre. Coll. particulière.

47-48. Deux personnages, dessins inédits de Saint-Exupéry ; le second, légendé de sa main « *jeune homme timide par Tonnio* ». Coll. particulière.

49. Le Vieux Roi, dessin de Saint-Exupéry pour *Le Petit Prince.* Aquarelle. Musée Air France. Reproduit dans *Icare* 5, p. 103.

50. Dessin inédit de Saint-Exupéry. Aquarelle. Coll. Philippe Zoumeroff.

51. Couverture de la première édition française du *Petit Prince* (Gallimard, novembre 1945).

52 à 55. Quatre esquisses de Saint-Exupéry non retenues pour l'édition du *Petit Prince.* Aquarelles. © The Pierpont Morgan Library *et* Succession A. de Saint-Exupéry. Photos David A. Loggie.

56-57. Deux esquisses de Saint-Exupéry non retenues pour l'édition du *Petit Prince.* Aquarelles. © The Pierpont Morgan Library *et* Succession A. de Saint-Exupéry. Photos David A. Loggie.

58 à 64. Sept couvertures de traductions du *Petit Prince* en langue : corse (1990) ; catalane (1964) ; créole (1985) ; marathi (s.d.) ; espéranto (1984) ; cingalaise (1966) ; papamiento (1982).

65 à 68. Quatre couvertures de traductions du *Petit Prince* en langue : japonaise (s.d.) ; bulgare (1978) ; hébraïque (1952) ; polonaise (1947).

69. Le Petit Prince, dessin de Saint-Exupéry.

70-71. Deux couvertures de traductions du *Petit Prince* en langue : quechua (1989) ; kannada (s.d.).

72 à 77. Six couvertures de traductions du *Petit Prince* en langue : macédonienne (1987) ; slovaque (1966) ; chinoise (1982) ; hongroise (1957) ; scipétaire (1965) ; grecque (1957).

78. Couverture de la première édition en traduction slovaque du *Petit Prince* (1959).

INDEX

INDEX

DES NOMS DE PERSONNES, DE TITRES D'ŒUVRES, DE TEXTES ET DE PÉRIODIQUES

Les chiffres renvoient aux pages (en romain pour le texte, en italique pour les légendes).

A

B

C

D

E

L

M

N

O

P

Q

R

S

T

V

W

Z

Ce trente-troisième *Album* de la Pléiade
a été mis en pages par Isabelle Flamigni.
La photocomposition des textes a été réalisée
par les Imprimeries Maury.
La photogravure a été réalisée
en bichromie par Bussière Arts Graphiques
et par Art-Nord pour les hors-texte couleurs.
Il a été achevé d'imprimer le 10 mars 1994
sur les presses de l'Imprimerie Jombart à Évreux
et tiré sur chromomat club 115 grammes
des Papeteries Arjomari-Prioux.

La reliure a été exécutée par Babouot à Lagny,
en pleine peau dorée à l'or fin 23 carats.

N° d'édition : 63436 ; dépôt légal : mars 1994.
N° d'imprimeur : 5807
Imprimé en France

ISBN : 2-07-011295-0